DEVAGAR

CARL HONORÉ

DEVAGAR
COMO UM MOVIMENTO MUNDIAL ESTÁ DESAFIANDO O CULTO DA VELOCIDADE

Tradução de
CLÓVIS MARQUES

8ª edição

EDITORA RECORD
RIO DE JANEIRO • SÃO PAULO
2019

CIP-BRASIL. CATALOGAÇÃO NA PUBLICAÇÃO
SINDICATO NACIONAL DOS EDITORES DE LIVROS, RJ

H748d
8ª ed.
Honoré, Carl
 Devagar : como um movimento mundial está desafiando o culto da velocidade / Carl Honoré; tradução Clóvis Marques. – 8ª ed. – Rio de Janeiro: Record, 2019.

Tradução de: In praise of slow
Inclui índice
ISBN 978-85-01-11449-5

1. Estilo e vida. 2. Qualidade de vida. I. Marques, Clóvis. II. Título.

18-49834

CDD: 158.1
CDU: 159.947

Leandra Felix da Cruz – Bibliotecária – CRB-7/6135

Copyright © Carl Honoré, 2004

Publicado originalmente por Alfred A. Knopf Canada.

Título original em inglês: In praise of slow

Todos os direitos reservados. Proibida a reprodução, armazenamento ou transmissão de partes deste livro, através de quaisquer meios, sem prévia autorização por escrito.

Texto revisado segundo o novo Acordo Ortográfico da Língua Portuguesa.

Direitos exclusivos de publicação em língua portuguesa para o Brasil adquiridos pela
EDITORA RECORD LTDA.
Rua Argentina, 171 – 20921-380 – Rio de Janeiro, RJ – Tel.: (21) 2585-2000, que se reserva a propriedade literária desta tradução.

Impresso no Brasil

ISBN 978-85-01-11449-5

Seja um leitor preferencial Record.
Cadastre-se em www.record.com.br e receba
informações sobre nossos lançamentos e nossas promoções.

Atendimento e venda direta ao leitor:
mdireto@record.com.br ou (21) 2585-2002.

Para Miranda, Benjamin e Susannah

SUMÁRIO

INTRODUÇÃO:	A era da fúria	11
UM:	Faça tudo mais depressa	27
DOIS:	Devagar está com tudo	43
TRÊS:	Comida: virando a mesa da velocidade	57
QUATRO:	Cidades: misturando o velho e o novo	85
CINCO:	Mente/corpo: *mens sana in corpore sano*	115
SEIS:	Medicina: os médicos e a paciência	139
SETE:	Sexo: a mão vagarosa do amante	155
OITO:	Trabalho: as vantagens de trabalhar menos	173
NOVE:	Lazer: a importância de descansar	199
DEZ:	Crianças: criar filhos sem pressa	225
CONCLUSÃO:	Encontrar o *tempo giusto*	247

Notas 255
Fontes de consulta 263
Agradecimentos 267
Índice 269

A vida não se limita a ir cada vez mais rápido.

GANDHI

INTRODUÇÃO

A ERA DA FÚRIA

*As pessoas nascem e se casam, vivem e morrem
num tumulto tão frenético que ficamos
pensando que podem enlouquecer.*

WILLIAM DEAN HOWELLS, 1907

NUMA TARDE ENSOLARADA DO VERÃO DE 1985, MINHA PERAMbulação adolescente pela Europa é interrompida por uma parada imprevista numa praça nas proximidades de Roma. O ônibus de volta para a cidade está vinte minutos atrasado e não dá sinais de aparecer. Mas não me sinto incomodado com o atraso. Em vez de ficar andando para baixo e para cima na calçada ou de telefonar à empresa de transportes para reclamar, lanço mão do meu walkman, deito-me num banco e ouço Simon e Garfunkel cantarem as alegrias que encontramos ao diminuir a velocidade e saborear o momento. Cada detalhe daquela cena ficou gravado na minha memória: dois garotinhos jogando bola em volta de uma fonte medieval; os ramos de uma árvore acariciando o alto de um muro de pedra; uma velha viúva levando legumes para casa numa bolsa de rede.

Mude de canal rapidamente para quinze anos depois, e tudo é diferente. Estamos no movimentado aeroporto Fiumicino, em Roma, e sou um correspondente estrangeiro apressado para pegar um voo de volta a Londres. Em vez de ficar contando as pedras do piso e me deixar levar, atravesso às pressas o saguão, amaldiçoando com meus botões qualquer um que atravesse o meu caminho em ritmo mais lento. Em vez de ouvir música folk num walkman barato, estou falando no celular com um editor que está a milhares de quilômetros de distância.

No portão de embarque, entro numa longa fila, na qual nada mais há a fazer senão... nada mesmo. Só que já não sou capaz de não fazer nada. Para tornar a espera mais produtiva, para fazer com que não pareça tanto uma espera, começo a passar os olhos num jornal. E de repente dou com um artigo que acabaria me inspirando a escrever um livro sobre a necessidade de ir mais devagar.

O título que me faz parar é o seguinte: "A história para fazer dormir em um minuto". Para ajudar os pais a enfrentar a gurizada que consome tempo demais, vários autores condensaram contos de fada clássicos em versões de sessenta segundos. Como se Hans Christian Andersen fosse passado no crivo de uma agenda eletrônica. Minha primeira reação foi gritar Eureca! Na época, eu estava num constante cabo de guerra noturno com meu filho de dois anos, que gosta de longas histórias lidas com calma e muitos rodeios. Toda noite, contudo, eu apresento a ele os livros mais breves e trato de lê-los rapidamente. Muitas vezes brigamos. "Você está indo depressa demais", queixa-se ele. Ou então, quando já me encaminho para a porta: "Quero outra história!" Uma parte de mim se sente terrivelmente egoísta quando acelero o ritual da hora de dormir, mas uma outra simplesmente não resiste à tentação de estar sempre correndo para o próximo item na minha agenda — jantar, e-mails, leitura, contas a pagar, mais trabalho, o noticiário da televisão. Um longo e demorado passeio pelo mundo do Dr. Seuss não entra em cogitação. É devagar demais.

À primeira vista, portanto, a série da "História para fazer dormir em um minuto" quase chega a parecer boa demais para ser verdade. Metralhar seis ou sete "histórias" e ainda assim acabar em menos de dez minutos — o que poderia ser melhor? Mas eu já estava começando a tentar adivinhar o tempo que a Amazon levaria para me mandar a série inteira quando vem a redenção, na forma de uma outra pergunta: Mas será que eu fiquei completamente maluco? Enquanto a fila vai se encaminhando para o controle final, ponho de lado o jornal e começo a pensar. A minha vida se transformou numa corrida de obstáculos, para conseguir encaixar sempre mais e mais coisas em cada hora do dia. Sinto-me um Scrooge com um cronômetro, obcecado com o aproveitamento de cada migalha de tempo, um minuto aqui, alguns segundos ali. E não sou só eu. Ao meu redor, todo mundo — colegas, amigos, família — foi apanhado na mesma vertigem.

Em 1982, o médico americano Larry Dossey criou a expressão "doença do tempo" para se referir à suposição obsessiva de que "o tempo está fugindo, vai acabar faltando e é preciso estar sempre pedalando cada vez mais rápido para não perder o trem". Hoje em dia o mundo inteiro está com a doença do tempo. Estamos todos mergulhados no mesmo culto da velocidade. Caminhando lentamente naquela fila para pegar o avião para Londres, começo a ruminar as questões que estão no centro deste livro: Por que estamos sempre com tanta pressa? Qual a cura para a doença do tempo? Será que é possível ou mesmo desejável moderar o ritmo?

Nesses primeiros anos do século XXI, tudo e todo mundo está sempre sob pressão para ir mais depressa. Não faz muito tempo, Klaus Schwab, fundador e presidente do Fórum Econômico Mundial, delineou em termos contundentes a necessidade de andar depressa: "Estamos passando de um mundo em que o grande come o pequeno para outro em que o rápido come o lento." Uma advertência com ressonâncias muito além do universo darwiniano do comércio. Nestes nossos tempos de intensa correria, tudo é uma corrida contra o relógio. O psicólogo britânico Guy Claxton considera que hoje a aceleração é para nós uma segunda natureza: "Desenvolvemos uma psicologia íntima da velocidade, da economia de tempo e da maximização da eficiência, que se torna mais forte a cada dia que passa."

Pois chegou o momento de questionar nossa obsessão de fazer tudo mais depressa. A velocidade nem sempre é a melhor política. A evolução se escora no princípio da sobrevivência do mais apto, e não do mais rápido. Basta lembrar quem venceu a corrida entre a tartaruga e a lebre. Ao passar a vida correndo, preocupados em atulhar cada vez mais coisas em cada horinha do dia, estamos nos estressando a um ponto que pode levar à ruptura.

Antes de prosseguir, contudo, deixemos clara uma coisa: este livro não é uma declaração de guerra à velocidade. A velocidade contribuiu para modificar nosso mundo de maneira incrivelmente libertadora. Quem pensaria em viver sem a internet ou o avião a jato? O problema é que o nosso amor à velocidade, nossa obsessão em estar sempre fazendo cada vez mais em tempo cada vez menor foi longe demais; transformou-se num vício, numa espécie de idolatria. Até mesmo quando a velocidade começa a dar para trás, invocamos o evangelho do sempre-mais-depressa. Está ficando para trás no trabalho? Encontre um link mais rápido na internet. Está sem tempo para ler o romance que ganhou no Natal? Aprenda leitura dinâmica. A dieta não funciona? Vá para a lipoaspiração. Sem tempo para cozinhar? Compre um micro-ondas. Mas acontece que certas coisas não podem nem devem ser apressadas. Elas levam tempo, precisam da lentidão. Quando aceleramos coisas que não devem ser aceleradas, quando esquecemos como é possível moderar o ritmo, sempre pagamos um preço.

Os argumentos contra a velocidade começam na economia. O capitalismo moderno é extraordinariamente capaz de criar riqueza, mas ao custo de devorar os recursos naturais com mais rapidez do que a Mãe Natureza é capaz de substituí-los. Todo ano são destruídos milhares de metros quadrados de floresta tropical na região amazônica, e os abusos da pesca acabaram pondo o esturjão, a perca e outros peixes na relação das espécies em risco de extinção. O capitalismo está se apressando demais até mesmo para o seu próprio bem, pois a pressa de acabar primeiro não deixa tempo suficiente para o controle de qualidade. Veja-se a indústria da informática. Nos últimos anos, os fabricantes de programas de computação passaram a lançar seus produtos antes mesmo de serem satisfatoriamente testados. O resultado é uma verdadeira epidemia de erros, defeitos e disfunções que anualmente custam bilhões de dólares às empresas.

E existe também o custo humano do turbocapitalismo. Hoje em dia, existimos para servir à economia, e não o contrário. O excesso de horas no trabalho acaba nos tornando improdutivos, sujeitos a erros, infelizes e doentes. Os consultórios médicos estão cheios de pessoas acometidas de problemas causados pelo estresse: insônia, enxaqueca, hipertensão arterial, asma e distúrbios gastrointestinais, para citar apenas alguns exemplos. A atual cultura do trabalho também vem solapando nossa saúde mental. "O esgotamento era um problema que costumava ser constatado sobretudo em pessoas de mais de 40 anos", comenta um treinador londrino. "Atualmente, encontro homens e mulheres na casa dos 30 e mesmo na casa dos 20 que já estão completamente exauridos."

A ética do trabalho, que em doses moderadas pode ser saudável, está saindo do controle. Basta considerarmos a disseminação da "síndrome das férias", a aversão a um bom e merecido período de férias plenamente desfrutadas. Em pesquisa realizada pela empresa Reed com cinco mil trabalhadores britânicos, 60% disseram que não usariam integralmente as férias a que tinham direito em 2003. Em média, os americanos não chegam a usar um quinto de seus períodos de férias remuneradas. Nem mesmo a doença é capaz, já agora, de manter um empregado moderno longe do escritório: um em cada grupo de cinco americanos aparece no trabalho mesmo quando devia estar de cama ou num consultório médico.

Para se ter uma ideia desalentadora do tipo de situação a que podem levar tais comportamentos, basta considerar o caso do Japão, onde existe uma palavra — *karoshi* — para designar "morte por excesso de trabalho". Uma das mais famosas vítimas de *karoshi* foi Kamei Shuji, um corretor hiperativo que invariavelmente trabalhava 90 horas por semana durante o boom do mercado de ações no Japão, no fim da década de 1980. Sua empresa alardeava toda essa energia super-humana nos boletins internos e nos manuais de treinamento, transformando-o no padrão ouro a ser imitado por todos os empregados. Numa rara iniciativa de rompimento do tradicional protocolo japonês, Shuji foi convidado a treinar colegas mais graduados na arte das vendas, o que significou pressão ainda mais forte em seus ombros já sobrecarregados. Quando explodiu em 1989 a bolha japonesa do mercado de ações, Shuji passou a trabalhar ainda maior número de horas para compensar as perdas. Em 1990, morreu subitamente de um ataque cardíaco. Tinha 26 anos.

Embora o caso de Shuji costume ser apresentado como advertência, a cultura do trabalho-até-cair ainda tem raízes profundas no Japão. Em 2001, o governo registrou um recorde de 143 vítimas de *karoshi*. Os críticos dessa tendência estimam em milhares o número anual de mortes causadas por excesso de trabalho no Japão.

Muito antes de se chegar ao extremo do *karoshi*, no entanto, o fato é que uma força de trabalho esgotada pelos excessos já é ruim para a produtividade. O Conselho Nacional de Segurança calcula que, diariamente, um milhão de americanos deixam de trabalhar por causa de estresse, o que custa à economia mais de 150 bilhões de dólares por ano. Em 2003, o estresse tomou o lugar das dores lombares como principal causa de absenteísmo na Grã-Bretanha.

Existem ainda outras maneiras pelas quais o excesso de trabalho também constitui um risco de saúde. Ele deixa menos tempo e menos energia para os exercícios, tornando-nos mais passíveis de beber álcool demais ou recorrer a alimentos pouco saudáveis. Não é mera coincidência que os países mais rápidos também sejam os mais gordos. Cerca de um terço dos americanos e um quinto dos britânicos são hoje considerados obesos do ponto de vista clínico. Até mesmo o Japão está acumulando quilos. Em 2002, um levantamento de alcance nacional sobre nutrição revelou que um terço dos homens japoneses com mais de 30 anos estava acima do peso.

Para se manter no ritmo do mundo moderno, para acompanhar a velocidade, muita gente já não considera o café suficiente e começa a buscar estimulantes mais potentes. Entre os profissionais de colarinho branco, a cocaína continua sendo a carga de reforço favorita, mas as anfetaminas, também conhecidas como *"speed"* [velocidade], estão chegando perto. A utilização dessa droga nos locais de trabalho nos Estados Unidos aumentou em 70% desde 1998. Muitos empregados dão preferência à metanfetamina cristal, que proporciona um surto de euforia e disposição que se prolonga pela maior parte do dia de trabalho. Também livra o usuário da embaraçosa prolixidade que costuma ser um efeito colateral do consumo de cocaína. O problema é que as formas mais potentes de *speed* viciam mais que a heroína, e a euforia pode ser seguida de depressão, agitação e comportamento violento.

Um dos motivos pelos quais precisamos de estimulantes é que muitos de nós não dormimos o suficiente. Com tantas coisas para fazer, e tão pouco tempo para fazê-las, o americano hoje em dia passa menos noventa minutos de olhos fechados por noite do que há um século. No sul da Europa, território de eleição da *dolce vita*, a sesta da tarde tomou o mesmo rumo que o tradicional emprego de 9h às 17h: apenas 7% dos espanhóis ainda têm tempo para uma soneca depois do almoço. Dormir um número insuficiente de horas pode prejudicar os sistemas cardiovascular e imunológico, provocar diabetes e doenças cardíacas e causar indigestão, irritabilidade e depressão. Passar menos de seis horas por noite na cama pode comprometer a coordenação motora, a fala, os reflexos e o tirocínio. A fadiga teve parte em alguns dos piores desastres da era moderna: Chernobyl, o vazamento do navio Valdez, da Exxon, o acidente na usina nuclear de Three Mile Island, o da Union Carbide e o ônibus espacial Challenger.

O sono atrasado provoca mais acidentes de automóvel do que o álcool. Numa recente pesquisa Gallup, 11% dos motoristas britânicos reconheceram ter caído no sono no volante em algum momento. Um estudo realizado pela Comissão Nacional sobre Distúrbios do Sono dos EUA concluiu que metade de todos os acidentes de trânsito é devida ao cansaço. Junte-se isto a nossa tendência para correr, e o resultado é uma verdadeira carnificina nas rodovias. Hoje, o número de baixas fatais no trânsito em todo o mundo, anualmente, é de 1,3 milhão, mais que o dobro do total de 1990. Embora o aperfeiçoamento das normas de segurança tenha diminuído o número de vítimas mortais nos países desenvolvidos, a ONU prevê que o trânsito será em 2020 a terceira maior causa de morte no mundo. Mesmo hoje, mais de quarenta mil pessoas morrem e 1,6 milhão ficam feridas nas rodovias europeias todo ano.

Nossa impaciência torna até o lazer mais perigoso. Anualmente, milhões de pessoas em todo o mundo sofrem ferimentos decorrentes da prática de esportes ou de ginástica. Muitos são causados pela tentativa de exigir demais do corpo, rápido demais e antes da hora. Nem mesmo a ioga está imune. Uma amiga minha recentemente estirou o pescoço ao ensaiar uma postura iogue de cabeça para baixo quando seu corpo ainda não estava preparado. Mas podem acontecer acidentes mais graves. Em Boston, Massachusetts, um professor impaciente quebrou o osso pélvico de uma aluna ao forçá-la a assumir uma posição de pernas abertas. Um homem na casa dos 30 anos está hoje com paralisia parcial de um dos músculos da coxa direita por ter rompido um nervo sensitivo durante uma aula de ioga numa academia da moda em Manhattan.

É inevitável que uma vida de correrias acabe se tornando superficial. Quando nos apressamos, podemos apenas aflorar a superfície, deixando de estabelecer uma ligação efetiva com o mundo e com as outras pessoas. Escreveu Milan Kundera em 1996, em sua novela *Slowness* [A lentidão]: "Quando as coisas acontecem depressa demais, ninguém pode ter certeza de nada, de absolutamente coisa alguma, nem de si mesmo." Todas as coisas que nos unem e fazem a vida valer a pena — comunidade, família, amizade — dependem para prosperar exatamente daquilo de que nunca dispomos em quantidade suficiente: tempo. Em recente pesquisa realizada pela ICM, metade dos adultos britânicos declararam que haviam perdido contato com os amigos por causa de suas agendas enlouquecidas.

Vejam-se os danos que viver na pista de alta velocidade podem causar à vida em família. Em muitas residências, com o permanente entra e sai de todo mundo, a comunicação passou a ser feita principalmente através de adesivos na porta da geladeira. De acordo com estatísticas divulgadas pelo governo britânico, os pais que trabalham passam em média duas vezes mais tempo cuidando dos e-mails do que brincando com os filhos. No Japão, os pais passaram a confiar as crianças a centros de cuidados infantis que funcionam 24 horas por dia. Em todo o mundo industrializado, as crianças de volta da escola encontram suas casas vazias, sem ninguém para ouvir suas histórias, seus problemas, suas conquistas e seus medos. Em pesquisa realizada pela revista *Newsweek* entre adolescentes americanos em 2000, 73% disseram que os pais passam muito pouco tempo com eles.

As crianças são talvez as principais vítimas da orgia de aceleração. Estão crescendo mais rapidamente que nunca. Hoje, muitas crianças vivem tão ocupadas quanto os pais, permanentemente consultando agendas cheias de compromissos que vão das aulas particulares depois da escola a aulas de piano e partidas de futebol. Uma charge publicada recentemente num jornal dizia tudo: duas meninas estão de pé no ponto de ônibus em frente à escola, cada uma agarrada a uma agenda. Uma diz para a outra: "Tudo bem, eu antecipo o balé em uma hora, marco outra hora para a ginástica e cancelo a aula de piano... você transfere a aula de violino para quinta-feira e mata a partida de futebol... com isto, temos de 3h15 a 3h45 na quarta-feira, dia 16, para brincar."

Levar a vida como se fossem adultos deixa muito pouco tempo para as crianças desfrutarem o que faz realmente a infância: andar com os amigos, brincar sem supervisão de adultos, sonhar de olhos abertos. Também cobra dividendos em matéria de saúde, pois as crianças são ainda menos capazes de enfrentar a privação do sono e o estresse que são o preço inevitavelmente pago por quem leva uma vida excessivamente apressada e frenética. Os psicólogos especializados no tratamento de adolescentes que sofrem de ansiedade estão com as salas de espera cheias de crianças de não mais que cinco anos, acometidas de problemas gástricos, enxaquecas, insônia, depressão e distúrbios de alimentação. Em muitos países industrializados, os suicídios de adolescentes vêm aumentando. O que não chega a surpreender, considerando-se a pressão que muitos sofrem na escola. Em 2002, Louise Kitching, uma adolescente de 17 anos de Lincolnshire, Inglaterra, fugiu em prantos de uma sala onde era aplicado um exame. A aluna mais brilhante estava para começar o seu quinto exame naquele dia, depois de um rápido intervalo de dez minutos.

Se continuarmos nesse ritmo, o culto da velocidade só poderá piorar. Quando todo mundo opta pela alternativa mais rápida, a vantagem de andar depressa desaparece, obrigando todos a ir ainda mais depressa. No fim, o que nos resta é uma corrida armamentista baseada na velocidade, e todos sabemos aonde vão dar as corridas armamentistas: no sombrio impasse da Destruição Recíproca Garantida.

Muita coisa já foi destruída. Esquecemos como cultivar a expectativa das coisas e como desfrutar do momento quando elas acontecem. Ficamos sabendo nos restaurantes que os frequentadores, sempre apressados, com frequência cada vez maior pagam a conta e chamam um táxi enquanto ainda estão comendo a sobremesa. Muitos torcedores deixam as partidas antes do fim, não importando se o placar está apertado, simplesmente para sair antes do trânsito. E há também a maldição das tarefas múltiplas. Fazer duas coisas ao mesmo tempo parece tão inteligente, tão eficiente, tão moderno. Mas é claro que muitas vezes significa fazer duas coisas não muito bem. Como tantas pessoas, eu lia o jornal enquanto via televisão — para me dar conta de que assim extraía menos de ambos.

Em nossa era saturada de mídias e informações, uma era de jogos eletrônicos e permanente mudança de canal, esquecemos a arte de não fazer nada, de deixar de lado as distrações e os ruídos circundantes, de moderar o ritmo e simplesmente ficar em companhia exclusiva de nossos pensamentos. O tédio é uma invenção moderna. Basta que todos os estímulos sejam eliminados, e começamos a nos impacientar, entramos em pânico e tratamos de inventar alguma coisa, qualquer coisa, para fazer e, assim, dar algum emprego ao tempo. Quando foi a última vez em que você viu alguém simplesmente olhando pela janela de um trem? Todo mundo está ocupado demais lendo o jornal, curtindo jogos de vídeo, ouvindo iPods, trabalhando no laptop, se lamuriando no celular.

Em vez de pensar profundamente, ou permitir que uma ideia fique germinando em algum ponto do cérebro, nosso instinto hoje em dia é de lançar mão do ruído mais ao alcance. Na guerra moderna, os correspondentes em campo e os analistas de plantão no estúdio vão destilando análises instantâneas enquanto os fatos ainda estão acontecendo. Muitas vezes suas deduções revelam-se equivocadas. Mas hoje em dia não faz diferença: no mundo da velocidade, o sujeito com a resposta instantânea é o rei. Com as velocidades de satélite e os canais noticiosos que ficam no ar 24 horas por dia, a mídia eletrônica é dominada por aquilo que um sociólogo francês chamou de *"le fast thinker"*, o pensador instantâneo — alguém capaz de, sem pestanejar, sair-se com uma resposta fluente para qualquer pergunta.

De certa maneira, hoje somos todos pensadores instantâneos. Nossa impaciência é tão implacável que, como ironizou a escritora e atriz Carrie Fisher, até mesmo "a gratificação instantânea demora demais". É o que até certo ponto explica a frustração crônica que borbulha logo abaixo da superfície da vida moderna. Qualquer coisa ou pessoa que se interponha em nosso caminho, que nos force a moderar o ritmo, que nos impeça de conseguir exatamente o que queremos no momento em que queremos passa a ser um inimigo. De tal modo que a menor contrariedade, o mais leve atraso, uma simples suspeita de lentidão hoje em dia deixam roxas de fúria pessoas que de outra forma poderiam ser consideradas perfeitamente normais.

Anedotas neste sentido podem ser encontradas em toda parte. Em Los Angeles, um sujeito começa uma briga na fila do supermercado porque o cliente à sua frente está demorando demais para ensacar as compras. Uma mulher arranha deliberadamente a pintura de um carro que ocupou antes dela uma vaga num estacionamento londrino. Um executivo investe contra uma aeromoça porque seu avião é forçado a passar mais vinte minutos fazendo círculos sobre o aeroporto de Heathrow para poder aterrissar. "Quero aterrissar agora!", berra ele, como uma criança mimada. "I-me-dia-ta-men-te!"

Um furgão de entregas pára em frente à casa do meu vizinho, engarrafando o trânsito enquanto o motorista descarrega uma pequena mesa. Em não mais que um minuto, a empresária de seus quarenta e tantos anos que está ao volante do primeiro carro começa a se agitar no assento, sacudindo os braços e balançando a cabeça para a frente e para trás. Pela janela aberta do carro podemos ouvir um gemido gutural. Parece uma cena de *O exorcista*. Chego à conclusão de que ela deve estar tendo um ataque epilético e desço correndo as escadas para tentar ajudar. Mas quando chego à calçada, vejo que ela está simplesmente irritada por causa da retenção. Ela bota a cabeça para fora da janela do carro e grita, sem se dirigir especificamente a ninguém: "Se você não tirar essa porra dessa van daí eu vou te matar, desgraçado!" O entregador dá de ombros, como se já tivesse visto a cena antes, volta a se sentar ao volante e vai em frente. Chego a abrir a boca para dizer à Mulher-Berro que maneire um pouco, mas minhas palavras são anuladas pelo cantar dos pneus no asfalto.

É a isto que leva nossa obsessão de andar depressa e ganhar tempo. À fúria do trânsito, à fúria aérea, à fúria das compras, à fúria dos relacionamentos, à fúria do escritório, à fúria das férias, à fúria da ginástica. Graças à velocidade, vivemos na era da fúria.

Depois da revelação que me iluminou a propósito das histórias para dormir no aeroporto de Roma, volto para Londres com uma missão: investigar o preço da pressa e as perspectivas de um abrandamento do ritmo num mundo obcecado com a ideia de andar cada vez mais rápido. Todos nos queixamos das agendas enlouquecidas, mas será que alguém faz realmente alguma coisa a respeito? Sim, é o que parece. Enquanto o resto do mundo vai em frente vociferando, uma minoria considerável e cada vez maior opta por não fazer tudo com o pé no acelerador. Em todas as esferas de ação humana que você possa imaginar, de sexo, trabalho e exercícios a alimentos, medicina e urbanismo, esses rebeldes vêm fazendo o impensável — estão abrindo espaço para a lentidão. E o bom disso é que a desaceleração funciona. Apesar dos resmungos dos mercadores de velocidade transformados em cassandras, constata-se que mais devagar frequentemente é o mesmo que melhor — melhor saúde, melhor trabalho, melhores negócios, melhor vida em família, melhores exercícios, melhor cozinha e melhor sexo.

Já vimos tudo isto antes. No século XIX, as pessoas resistiam às pressões para acelerar de formas que bem conhecemos hoje em dia. Os sindicatos pressionavam por mais tempo para o lazer. Citadinos estressados buscavam refúgio e recuperação das forças no campo. Pintores e poetas, escritores e artesãos tentavam encontrar maneiras de preservar a estética da lentidão na era da máquina. Hoje, contudo, a reação à velocidade contamina as tendências centrais com mais urgência que nunca. A cada passo da vida cotidiana, nas cozinhas, nos escritórios, nas salas de concerto, nas fábricas, nos ginásios, na cama, nas vizinhanças, nas galerias de arte, nos hospitais, nos centros de lazer e nas escolas perto de você, é cada vez maior o número de pessoas que se recusam a aceitar a ditadura do mais-rápido-é-sempre-melhor. E em seus muitos e diversos atos de desaceleração encontram-se as sementes de um movimento global em favor do Devagar.

Precisamos então definir aqui o nosso propósito. Neste livro, Depressa e Devagar não se limitam a definir uma alternativa. Remetem também a maneiras de ser, ou filosofias de vida. Depressa é agitado, controlador, agressivo, apressado, analítico, estressado, superficial, impaciente, ativo, quantidade-mais-que-qualidade. Devagar é o oposto: calmo, cuidadoso, receptivo, tranquilo, intuitivo, sereno, paciente, reflexivo, qualidade-mais-que-quantidade. É uma questão de estabelecer ligações reais e significativas — com pessoas, a cultura, o trabalho, a comida, tudo. O paradoxo é que Devagar nem sempre quer dizer devagar. Como veremos, desempenhar uma tarefa Devagar frequentemente produz resultados mais rápidos. Também é possível fazer as coisas com rapidez, mas mantendo Devagar o estado de espírito. Um século depois de Rudyard Kipling ter escrito sobre a necessidade de manter a cabeça fria enquanto todos ao seu redor a estão perdendo, as pessoas aprendem a se manter tranquilas, a permanecer Devagar por dentro, mesmo quando se apressam para cumprir um prazo no trabalho ou pegar as crianças na escola no horário. Um dos objetivos deste livro é mostrar como conseguem fazê-lo.

Apesar do que dizem certos críticos, o movimento Devagar não está preocupado em fazer as coisas em ritmo de cágado. Nem é uma tentativa como a do movimento luddita, que outrora tentou arrastar todo o planeta de volta a uma utopia pré-industrial. Pelo contrário, o movimento é constituído de pessoas como você e eu, pessoas que querem viver melhor no moderno mundo da velocidade. Por isto é que a filosofia Devagar pode ser resumida numa única palavra: equilíbrio. Seja rápido quando fizer sentido ser rápido, e vá devagar quando for necessário. Procure viver naquilo que os músicos chamam de *tempo giusto* — o andamento certo.

Um dos grandes defensores da desaceleração é Carlo Petrini, o italiano que fundou o movimento internacional conhecido como Slow Food [Comer Devagar], centrado no conceito extremamente civilizado de que aquilo que comemos deve ser cultivado, cozinhado e consumido em ritmo de tranquilidade. Embora a mesa do jantar seja seu principal campo de batalha, Slow Food é muito mais que uma desculpa para refeições prolongadas. O manifesto do grupo é um brado de guerra contra o culto da velocidade em todas as suas formas: "Nosso século, que começou e se desenvolveu sob o signo da civilização industrial, inventou a máquina e em seguida tomou-a como modelo de vida. Estamos escravizados pela velocidade e sucumbimos ao mesmo vírus insidioso: a Vida Rápida, que perturba nossos hábitos, permeia a privacidade de nossas casas e nos obriga a comer fast-food."

Numa quente tarde de verão em Bra, a pequena cidade do Piemonte onde está sediado o movimento Slow Food, encontrei-me com Petrini para uma conversa. Sua receita de vida tem um reconfortante viés moderno. "Quem anda sempre devagar é burro — e não é em absoluto o que estamos procurando", explica ele. "Ser Devagar significa controlar os ritmos de nossa vida. É você quem decide em que velocidade deve andar em determinado contexto. Se hoje eu quiser andar depressa, vou depressa; se amanhã quiser andar devagar, vou devagar. Estamos lutando pelo direito de determinar nosso próprio andamento."

Essa filosofia muito simples vem conquistando terreno em vários campos de ação. No local de trabalho, milhões de pessoas vêm fazendo pressão por um melhor equilíbrio entre o trabalho e a vida, e conseguindo o que querem. Na cama, muitos começam a descobrir as alegrias do sexo devagar, através do tantra e outras formas de desaceleração erótica. A ideia de que fazer as coisas mais devagar é melhor está por trás do boom das diferentes formas de exercícios — do ioga ao tai chi — e das medicinas alternativas — das ervas medicinais à homeopatia — que tratam do corpo de maneira suave e holística. Cidades do mundo inteiro reorganizam o espaço urbano para estimular as pessoas a dirigir menos e andar mais. Muitas crianças também vêm deixando de lado a pista de alta velocidade, vendo suas agendas aliviadas pelos pais.

Inevitavelmente, o movimento Devagar se entrecruza com a cruzada contra as atuais formas de globalização. Em ambos os casos, os militantes acreditam que o turbocapitalismo representa uma passagem de ida sem volta para o esgotamento, para o planeta e para as pessoas que nele vivem. Sustentam que podemos viver melhor se consumirmos, fabricarmos e trabalharmos em ritmo mais razoável. Tal como os opositores moderados da atual globalização, contudo, os ativistas do Devagar não estão empenhados em destruir o sistema capitalista. O que pretendem é dotá-lo de uma face humana. O próprio Petrini fala de uma "globalização virtuosa". Mas o movimento Devagar vai muito mais fundo e abarca muito mais do que uma simples reforma econômica. Ao investir contra o falso deus da velocidade, ele vai bem no coração da questão de saber o que é ser humano na era do chip de silício. O credo do Devagar rende dividendos quando é aplicado de forma gradual. Mas para aproveitar plenamente o movimento Devagar precisamos ir mais adiante e repensar nosso comportamento em relação a tudo. Um mundo autenticamente Devagar requer nada menos que uma revolução em nossos estilos de vida.

O movimento Devagar ainda está tomando forma. Não tem uma sede nem um site na internet, não tem um líder, um partido político para divulgar sua mensagem. Muitas pessoas decidem diminuir o ritmo sem nunca chegarem a se sentir parte de alguma tendência cultural, e muito menos de uma cruzada global. O que importa, todavia, é que uma minoria cada vez maior está optando pelo ritmo moderado, em detrimento da velocidade. Cada ato de desaceleração dá novo impulso ao movimento Devagar.

Como as multidões que se opõem às atuais formas de globalização, os militantes do Devagar estão criando laços, ganhando impulso e depurando sua filosofia em conferências internacionais, na internet e nos meios de comunicação. Grupos a favor do Devagar vêm surgindo em todas as partes. Alguns, como Slow Food, focalizam especialmente determinada esfera da vida. Outros defendem de maneira mais ampla a filosofia Devagar. Entre estes encontram-se o *Japan's Sloth Club* [Clube da Preguiça no Japão], a *Long Now Foundation* [Fundação Longo Agora] sediada nos EUA e a *Europe's Society for the Deceleration of Time* [Sociedade Europeia para a Desaceleração do Tempo]. Grande parte do crescimento do movimento Devagar decorrerá da polinização recíproca. O Slow Food já deu origem a grupos afins. Reunidas sob o estandarte das Cidades do bem viver, mais de sessenta cidades italianas e de outros países vêm tentando transformar-se em oásis de tranquilidade. Em Bra também está a sede do Sexo Devagar, um grupo dedicado a acabar com a pressa na cama. Nos Estados Unidos, a doutrina Petrini levou um importante educador a lançar um movimento em favor da "Educação Devagar".

Meu objetivo neste livro é apresentar o movimento Devagar a um público mais amplo, explicar o que ele pretende, como vem evoluindo, que obstáculos enfrenta e o que tem a oferecer a todos nós. Minha motivação, contudo, não é completamente altruísta. Sou viciado em velocidade, de modo que este livro também é uma viagem pessoal. Ao concluí-lo, pretendo recuperar pelo menos uma parte da serenidade que sentia ao esperar aquele ônibus em Roma. Quero ser capaz de ler para o meu filho sem ficar olhando para o relógio.

Como a maioria das pessoas, quero encontrar uma maneira de viver melhor, conseguindo equilibrar o rápido e o devagar.

CAPÍTULO UM

FAÇA TUDO MAIS DEPRESSA

Afirmamos que a magnificência do mundo foi enriquecida por uma nova beleza: a beleza da velocidade.
— Manifesto Futurista, 1909

Qual a primeira coisa que você faz ao acordar de manhã? Abrir as cortinas? Rolar na cama para se enroscar com o(a) companheiro(a) ou o travesseiro? Saltar da cama para fazer dez flexões e bombear o sangue? Não, a primeira coisa que você faz, a primeira coisa que todo mundo faz, é olhar a hora. Do alto da mesinha de cabeceira, o relógio nos dá nossas coordenadas, dizendo-nos não só qual nossa posição em relação ao resto do dia, mas também como agir. Se ainda é cedo, fecho os olhos e tento voltar a dormir. Se é tarde, pulo da cama e vou direto para o banheiro. Desde este primeiro momento do despertar, é o relógio que dá as ordens. E assim será ao longo do dia, enquanto vamos vencendo compromissos e prazos, um após o outro. Cada momento está integrado a uma tabela de horário, e para onde quer que viremos nosso olhar — a mesinha de cabeceira, a lanchonete do escritório, o cantinho da tela do computador, nosso próprio pulso — o relógio segue com seu tique-taque, acompanhando nosso progresso, cuidando para que não fiquemos para trás.

Neste acelerado mundo moderno em que vivemos, está sempre parecendo que o trem do tempo já vai saindo da estação no exato momento em que chegamos à plataforma. Por mais que nos apressemos, por mais cuidadosamente que nos programemos, as horas do dia nunca são suficientes. Em certa medida, sempre foi assim. Mas hoje sentimos mais do que nunca a pressão do tempo. Por quê? Em que somos diferentes de nossos antepassados? Se quisermos de alguma forma diminuir o ritmo, precisamos entender antes de mais nada por que chegamos a acelerar tanto, por que o mundo passou a girar com tanta pressa, com horários tão apertados. E para isto, precisamos começar do início, examinando nossa relação com o próprio tempo.

A humanidade sempre esteve escravizada ao tempo, sentindo sua presença e sua força, mas nunca soube muito bem como defini-lo. No século IV, Santo Agostinho ponderava: "Que vem a ser, então, o tempo? Se ninguém me pergunta, eu sei; mas se quisesse explicá-lo a alguém que me perguntasse, simplesmente não saberia." Mil e seiscentos anos depois, tendo já tentado abrir caminho por algumas páginas de Stephen Hawking, sabemos perfeitamente como ele se sentia. Mas embora o tempo continue a ser um conceito difícil de apreender, o fato é que todas as sociedades criaram maneiras de medir sua passagem. Os arqueólogos acreditam que há mais de vinte mil anos os caçadores da era glacial na Europa contavam os dias entre as fases lunares entalhando linhas e buracos em varetas e ossos. Todas as grandes culturas do mundo antigo — os sumérios e os babilônios, os egípcios e os chineses, os maias e os astecas — criaram um calendário próprio. Um dos primeiros documentos a saírem da máquina impressora criada por Gutenberg foi um "Calendário de 1448".

Tendo nossos antepassados aprendido a medir os anos, os meses e os dias, o passo seguinte consistiu em dividir o tempo em unidades ainda menores. Um dos mais antigos instrumentos para dividir o dia em partes iguais que chegaram até nós é um quadrante solar egípcio de 1500 a.C. Os primeiros "relógios" consistiam em instrumentos para medir o tempo que a água ou a areia levava para passar por um buraco, ou o tempo de combustão de uma vela ou de um prato de óleo. O controle do tempo deu um grande salto à frente com a invenção do relógio mecânico na Europa, no século XIII. Pelo final do século

XVII, já era possível cronometrar com precisão não só as horas, como também os minutos e os segundos.

Um dos principais estímulos para marcar o tempo era a própria sobrevivência. As civilizações antigas usavam os calendários para decidir quando plantar e quando colher. Desde o início, contudo, a demarcação do tempo revelou-se uma faca de dois gumes. Do ponto de vista positivo, o estabelecimento de horários pode tornar qualquer um mais eficiente, do agricultor ao engenheiro de computação. Mas basta que comecemos a compartimentar o tempo para que ele vire a mesa e assuma o controle. Tornamo-nos escravos dos horários. Os horários representam prazos, e os prazos, por sua própria natureza, nos fazem correr. Diz um provérbio italiano: O homem mede o tempo, e o tempo mede o homem.

Ao tornar possível o estabelecimento de horários diários, os relógios trouxeram a promessa de maior eficiência — e também de mais estrito controle. Mas os primeiros mecanismos de controle do tempo não eram suficientemente confiáveis para dominar a humanidade como faz hoje o relógio. Os quadrantes solares não funcionavam à noite ou em tempo nublado, e a duração de uma hora por eles demarcada variava de dia para dia, de acordo com a inclinação da Terra. Ideais para cronometrar um ato específico, a ampulheta e o relógio d'água de nada serviam para informar a hora do dia. Por que será que tantos duelos, batalhas e outros fatos históricos aconteciam ao alvorecer? Não porque nossos antepassados gostassem de acordar cedo, mas porque o nascer do sol era o único momento que todos eram capazes de identificar e escolher de comum acordo. Na ausência de relógios precisos, a vida era determinada pelo que os sociólogos chamam de tempo natural. As pessoas faziam as coisas quando sentiam que era o momento, e não em obediência a um relógio de pulso. Comiam quando tinham fome, dormiam quando estavam com sono. Ainda assim, desde muito cedo marcar a hora era algo que caminhava de mãos dadas com o estabelecimento do que as pessoas deviam fazer.

Já no século VI, os monges beneditinos obedeciam diariamente a uma rotina que deixaria orgulhoso um moderno gestor do tempo.

Valendo-se de relógios primitivos, eles tocavam os sinos a intervalos determinados durante o dia e à noite para se obrigarem uns aos outros a cumprir seguidas tarefas, das orações ao estudo, da agricultura ao descanso, e de novo às orações. Quando os relógios mecânicos começaram a aparecer nas praças das cidades de toda a Europa, diminuiu ainda mais a distinção entre marcar as horas e manter o controle. Um caso interessante é o de Colônia. Os registros históricos indicam que um relógio público foi instalado nessa cidade alemã por volta de 1370. Em 1374, foi adotado em Colônia um regulamento estabelecendo o início e o fim da jornada dos trabalhadores, limitando seu horário de almoço a "uma hora e não mais". Em 1391, foi imposto na cidade o toque de recolher às 21h (20h no inverno) para visitantes estrangeiros, medida que seria seguida em 1398 por um toque de recolher geral às 23h. No espaço de uma geração, a população de Colônia passou do estado de nunca saber ao certo que horas eram ao de permitir que o relógio determinasse quando devia trabalhar, quanto tempo podia levar almoçando e quando devia voltar para casa à noite. O tempo do relógio começava a levar a melhor sobre o tempo natural.

Seguindo o caminho aberto pelos beneditinos, os europeus modernos começaram a usar horários diários para viver e trabalhar com mais eficiência. Filósofo, arquiteto, músico, pintor e escultor no Renascimento italiano, Leon Battista Alberti era um homem ocupado. Para aproveitar ao máximo o tempo, ele começava cada dia estabelecendo um esquema de horário: "Ao me levantar de manhã, antes de qualquer outra coisa pergunto a mim mesmo o que precisarei fazer naquele dia. Trato então de relacionar todas as coisas, penso nelas e a cada uma delas atribuo o tempo necessário: isto, pela manhã, aquilo, à tarde, e mais aquilo, à noite." Donde fica evidente que Alberti teria adorado poder contar com uma assessoria digital particular.

A compartimentalização do tempo tornou-se um estilo de vida durante a Revolução Industrial, quando o mundo deu a guinada para a marcha acelerada. Antes da era da máquina, ninguém era capaz de mover-se mais rapidamente que o galope de um cavalo ou um veleiro à plena força do vento. A força dos motores mudou tudo. De uma hora para outra, acionando-se um interruptor, pessoas, informações e objetos podiam viajar grandes distâncias com velocidade inédita até então. Uma fábrica era capaz de produzir mais bens num dia do que um artesão durante a vida inteira. A nova velocidade prometia excitação e prosperidade inimagináveis, e as pessoas não hesitaram. Ao fazer sua viagem inaugural em Yorkshire, na Inglaterra, em 1825, o primeiro trem de passageiros movido a vapor foi saudado por uma multidão de quarenta mil pessoas, merecendo vinte e uma salvas de canhão.

O capitalismo industrial alimentava-se da velocidade, recompensando-a como nunca antes. O empreendimento que fabricasse e despachasse seus produtos com maior rapidez levava a melhor sobre os concorrentes. Quanto mais rapidamente o capital fosse transformado em lucro, mais rapidamente seria possível reinvesti-lo para obter ganhos ainda maiores. Não foi por acaso que a expressão "ganhar dinheiro rápido" entrou para a linguagem comum no século XIX.

Em 1748, no alvorecer da era industrial, Benjamin Franklin saudou o casamento do lucro com a pressa com um aforismo que ainda hoje salta da língua com a maior facilidade: Tempo é dinheiro. Nada serviu mais claramente para refletir ou reforçar o novo estado de espírito do que o novo hábito de pagar os trabalhadores por hora de trabalho, e não mais pelo que produziam. A partir do momento em que cada minuto custava dinheiro, as empresas se viram apanhadas numa corrida interminável para acelerar a produção. Quanto maior o número de engenhocas por hora, maior o lucro. Para manter-se à frente da concorrência, era preciso instalar a mais atualizada tecnologia para ganhar tempo, antes que os concorrentes o fizessem. O capitalismo moderno chegava com o imperativo intrínseco de aperfeiçoar, acelerar e tornar-se cada vez mais eficiente.

A urbanização, outra característica da era industrial, contribuiu para apressar ainda mais o passo. As cidades sempre atraíram pessoas dinâmicas e ativas, mas a própria vida urbana funciona como um gigantesco acelerador de partículas. Quando se mudam para a cidade, as pessoas começam a fazer tudo mais depressa. Em 1871, um morador anônimo da capital britânica anotou em seu diário: "O desgaste dos nervos e a descarga mental em Londres são enormes. O londrino vive depressa. Em Londres, o homem se desgasta, em outros lugares, se embota. (...) A mente está constantemente tensionada, ante a rápida sucessão de novas imagens, novas pessoas e novas sensações. Todos os negócios são feitos em ritmo acelerado. A compra e a venda, a contagem e a pesagem e até mesmo a conversa no balcão, tudo é feito com rapidez e gestos concisos. (...) Os lentos e enfadonhos logo verificam que não têm oportunidade; e, passado algum tempo, como um cavalo vagaroso numa carruagem rápida, ganham um ritmo até então desconhecido."

À medida que se disseminavam a industrialização e a urbanização, o século XIX assistiu a um infindável desfile de invenções destinadas a ajudar as pessoas a viajar, trabalhar e se comunicar com mais rapidez. A maioria das mil e quinhentas máquinas registradas no Escritório de Patentes dos Estados Unidos em 1850 eram, no dizer de um visitante sueco, "para a aceleração da velocidade e para economizar tempo e trabalho". A primeira linha do metrô londrino foi inaugurada em 1863; Berlim deu a partida em seu primeiro bonde elétrico em 1879; a Otis lançou a primeira escada rolante em 1900. Em 1913, saíam da primeira linha de montagem do mundo os automóveis Ford modelo T. As comunicações também ganharam velocidade com o início das operações do telégrafo em 1837, seguido pelo primeiro cabo transatlântico em 1866 e, dez anos depois, pelo telefone e o rádio sem fio.

Nenhuma dessas novas tecnologias poderia ser plenamente utilizada, contudo, sem a precisão no controle do tempo. O relógio é o sistema operacional do capitalismo moderno, aquilo que torna tudo mais possível — reuniões, prazos, contratos, processos de fabricação, cronometragem, transporte, turnos de trabalho. O grande crítico social Lewis Mumford considerava o relógio a "principal máquina" da Revolução Industrial. Mas só no fim do século XIX o estabelecimento do tempo padrão viria a liberar todo o seu potencial. Até então, cada cidade marcava as horas pelo meridiano solar, aquele estranho momento em que as sombras desaparecem e o Sol parece estar em posição perpendicular sobre nossas cabeças. O resultado era uma verdadeira anarquia na demarcação dos diferentes horários locais. No início da década de 1880, por exemplo, Nova Orleans estava vinte e três minutos atrás de Baton Rouge, que fica 130 quilômetros a oeste. Quando ninguém era capaz de viajar mais rápido que um cavalo, tais absurdos não importavam muito, mas já agora os trens atravessavam a paisagem com rapidez suficiente para que a coisa fosse notada. Para tornar eficientes os horários dos transportes ferroviários, os países começaram a harmonizar seus relógios. Em 1855, a maioria das localidades da Grã-Bretanha adaptou-se ao horário transmitido por telégrafo do Observatório Real de Greenwich. Em 1884, vinte e sete países decidiram reconhecer Greenwich como meridiano de referência, o que acabou levando ao estabelecimento do horário padrão mundial. Em 1911, a maior parte do mundo seguia a mesma hora.

Não foi fácil convencer os primeiros operários industriais a viver de acordo com o relógio. Muitos trabalhavam em seu próprio ritmo, faziam intervalos a seu bel-prazer ou simplesmente não apareciam para trabalhar — um verdadeiro desastre para os patrões que pagavam salários por hora nas fábricas. Para ensinar aos operários a nova disciplina horária exigida pelo capitalismo moderno, as classes dominantes começaram a promover a pontualidade como dever cívico e virtude moral, apresentando a morosidade e o atraso como pecados cardeais. Em seu catálogo de 1891, a Electric Signal Clock Company advertia para os males da incapacidade de se manter no devido ritmo: "Se existe uma virtude a ser cultivada mais que qualquer outra por aquele que pretende ter êxito na vida, é a pontualidade: se existe um erro a ser evitado, é o atraso." Um dos relógios fabricados por esta empresa, muito apropriadamente chamado de Autocrata, prometia "mudar radicalmente os desgarrados e as pessoas que se atrasam".

A pontualidade ganhou um grande aliado quando os primeiros despertadores chegaram ao mercado em 1876. Poucos anos depois, as fábricas começaram a instalar relógios de ponto para serem acionados pelos operários no início e no fim de cada turno, transformando o princípio do "tempo é dinheiro" num ritual diário. À medida que aumentava a pressão para contabilizar cada segundo, o relógio portátil foi-se transformando em símbolo de status. Nos Estados Unidos, os pobres se associavam a clubes que rifavam um relógio por semana. As escolas também aderiam ao movimento pela pontualidade. Uma das lições da edição de 1881 do manual McGuffey advertia as crianças sobre os horrores causados pelo atraso: colisões de trens, falências de empresas, derrotas militares, execuções por engano, amores contrariados: "É sempre assim na vida: os planos mais meticulosamente traçados, as questões mais importantes, o destino dos indivíduos, a honra, a felicidade e a própria vida são diariamente sacrificados porque alguém está atrasado."

Enquanto o relógio ia apertando seu controle e a tecnologia permitia que tudo fosse feito mais rapidamente, a pressa e o açodamento vieram a permear cada momento da vida. Esperava-se que cada um pensasse mais depressa, trabalhasse mais depressa, falasse mais depressa, lesse mais depressa, escrevesse mais depressa, comesse mais depressa e se movesse mais depressa. Um observador ironizou no século XIX que o nova-iorquino médio "caminha sempre como se tivesse um belo jantar à sua frente, e um beleguim atrás". Em 1880, Nietzsche identificava uma cultura cada vez mais disseminada "da pressa, de uma indecente e transpirante afobação, que pretende que 'tudo seja feito' imediatamente".

Os intelectuais começaram a perceber que a tecnologia nos moldava tanto quanto nós a ela. Em 1910, o historiador Herbert Casson escreveu que "com o uso do telefone, surgiram novos hábitos mentais. A disposição para a calma e a indolência foi eliminada (...) a vida tornou-se mais tensa, intensa e animada". Casson não ficaria surpreso se fosse informado de que o fato de passar longas horas trabalhando em computadores pode deixar as pessoas impacientes com qualquer um que não seja capaz de se mover à velocidade dos programas de informática.

A cultura da pressa marcou mais um ponto no fim do século XIX, graças a um precursor da consultoria de gerenciamento que atendia pelo nome de Frederick Taylor. Na Fábrica de Aço de Bethlehem, na Pensilvânia, Taylor usava um cronômetro e uma régua de cálculo para estabelecer quanto devia durar cada tarefa, com precisão de fração de segundos, passando em seguida a programá-las para a máxima eficiência. "No passado, o homem esteve em primeiro lugar. No futuro, o Sistema deverá estar em primeiro lugar", declarava ele, ameaçador. Mas embora seus escritos fossem lidos com interesse em todo o mundo, Taylor teve êxito apenas parcialmente ao tentar pôr em prática seu método de "gerenciamento científico". Na Fábrica de Aço de Bethlehem, ele ensinou um operário a transportar quatro vezes mais quantidade de ferro-gusa diariamente do que a média que então prevalecia. Muitos outros operários foram embora, contudo, queixando-se de estresse e fadiga. Taylor era um homem de trato difícil, e acabou sendo demitido em 1901. Mas embora tenha vivido os últimos anos de vida em relativa obscuridade, figura verdadeiramente odiada pelos sindicatos, o seu credo — primeiro o horário, depois o homem — deixou marca indelével na psique ocidental. E não apenas nos locais de trabalho. Comenta Michael Schwarz, que em 1999 produziu para a TV um documentário sobre o taylorismo: "Taylor pode ter morrido na infâmia, mas provavelmente riu por último, pois suas ideias sobre a eficiência passaram a definir a maneira como vivemos hoje, não apenas no trabalho, mas também em nossa vida pessoal."

Mais ou menos na mesma época em que Taylor calculava quantos centésimos de segundo eram necessários para trocar uma lâmpada, Henry Olerich publicava um romance intitulado *A Cityless and Countryless World* [Um mundo sem cidades nem países], descrevendo uma civilização marciana na qual o tempo é tão precioso que foi transformado em moeda. Um século depois, sua profecia praticamente realizou-se: hoje mais do que nunca o tempo se assemelha ao dinheiro. Chegamos até a falar de ficar "ricos em tempo" ou, mais frequentemente, "pobres em tempo".

Por que então, em meio a tanta riqueza material, a pobreza de tempo é tão endêmica? A culpa cabe em grande parte à nossa mortalidade. A medicina moderna pode ter acrescentado mais ou menos uma década extra às três vintenas de anos mais dez inicialmente fixados pela Bíblia, mas o fato é que continuamos vivendo à sombra do mais fatal dos prazos: a morte. Não surpreende que achemos que o tempo urge e que tentemos valorizar cada momento. Mas se o instinto neste sentido é universal, por que então certas culturas se mostram mais inclinadas que outras a correr contra o relógio?

A resposta pode estar em parte na maneira como pensamos sobre o próprio tempo. Em certas tradições filosóficas — a chinesa, a hindu e a budista, para citar apenas três —, o tempo é um fenômeno cíclico. Na ilha de Baffin, no Canadá, os inuítes designam com a mesma palavra — *uvatiarru* — algo que se encontra "no passado remoto" e alguma coisa "no futuro distante". Nessas culturas, o tempo está sempre vindo e indo embora. Está sempre ao nosso redor, se renovando, como o ar que respiramos. Na tradição ocidental, o tempo é linear, uma flecha voando sem hesitação de A para B. É um recurso finito e, portanto, precioso. O cristianismo nos pressiona para que façamos bom uso de cada momento. Os monges beneditinos observavam os horários com rigor porque acreditavam que o demônio sempre acharia ocupação para mãos desocupadas. No século XIX, Charles Darwin resumiu a obsessão ocidental com o máximo aproveitamento de cada minuto com a severa advertência: "Um homem que desperdiça uma hora não descobriu o significado da vida."

Na religião xintoísta japonesa, que coexiste em harmonia com a forma local do budismo, o tempo é cíclico. Mas a partir de 1868 o Japão passou a se empenhar em acertar o passo com o Ocidente, com um fervor quase sobre-humano. Para criar uma economia capitalista moderna, o governo da era Meiji importou do Ocidente o relógio e o calendário, começando a alardear as virtudes da pontualidade e do bom aproveitamento do tempo. O culto da eficiência aprofundou-se depois que a Segunda Guerra Mundial deixou o Japão em ruínas. Hoje, observando na estação ferroviária de Shinjuku, em Tóquio, os passageiros que se apressam a entrar num trem quando outro vai chegar em apenas dois minutos, podemos ter certeza de que os japoneses realmente engoliram a ideia do tempo como recurso escasso.

O consumismo, que o Japão também passou a dominar, é outro poderoso incentivo para andar depressa. Já na década de 1830, o escritor francês Alexis de Tocqueville denunciava o instinto das compras por apressar o ritmo da vida: "Aquele que volta seu coração exclusivamente para a busca do bem-estar material está sempre com pressa, pois tem a sua disposição um tempo limitado para tocar, capturar e desfrutar." Esta análise parece ainda mais verdadeira hoje, quando o mundo inteiro é uma loja, e todos os homens e mulheres, simples compradores. Tentados e provocados a cada passo, passamos a querer fazer cursos de arte, malhar em academias de ginástica, ler o jornal e todos os livros da lista de bestsellers, sair para jantar com os amigos, frequentar clubes, praticar esportes, ver televisão durante horas, ouvir música, passar tempo com a família, comprar todas as novidades da moda, ir ao cinema, desfrutar de intimidade e de um sexo maravilhoso com nossos parceiros, passar férias em lugares exóticos e talvez até mesmo fazer alguma coisa útil como voluntário. O resultado é uma desgastante disparidade entre o que queremos da vida e o que realisticamente podemos ter, o que aumenta a sensação de que o tempo nunca é suficiente.

Minha vida pode servir de exemplo. As crianças dão muito trabalho, e a única maneira de sobreviver à condição de pai consiste em peneirar a agenda. Mas eu tenho dificuldade para isto. Quero ter tudo. De modo que, em vez de reduzir os meus hobbies, fico tentando encaixá-los numa rotina que já está a ponto de botar água pelo ladrão. Depois de dar uma fugida para uma partida de tênis extra, passo o resto do dia correndo para compensar o atraso. Dirijo mais depressa, caminho mais depressa e tento economizar nas histórias para dormir.

Como todo mundo, recorro à tecnologia para conseguir mais tempo e ter assim a oportunidade de sentir-me menos apressado. Mas a tecnologia é uma falsa amiga. Mesmo quando economiza tempo, frequentemente estraga tudo, gerando toda uma nova série de deveres e desejos. O advento da máquina de lavar roupa no início do século XX liberou as donas de casa de horas de labuta à beira do tanque. Com o passar dos anos, no entanto, elevando-se os padrões de higiene, começamos a lavar as roupas com mais frequência. Resultado: a cesta de roupa suja sobrecarregada é tão característica de um lar moderno quanto o monte de contas sobre o capacho da porta da frente. Outro exemplo é a utilização dos e-mails. No lado das vantagens, eles aproximam as pessoas como nunca antes. Mas a facilidade do uso levou ao generalizado abuso, e todo mundo passou a clicar em "enviar" por qualquer dá-cá-aquela-palha. Diariamente, trafegam pelos ares mais de 5 bilhões de e-mails, consistindo em grande parte em lembretes supérfluos, piadas grosseiras e publicidade indesejável. Para a maioria de nós, o resultado é uma montanha de mensagens se acumulando a cada dia.

Com tanta pressão exercida sobre o nosso tempo, até mesmo o mais fervoroso dos apóstolos da calma encontra dificuldades para deixar de correr. Veja-se por exemplo o caso de Satish Kumar, o ex-monge jainista que, na década de 1960, foi caminhando de sua Índia natal até a Grã-Bretanha e desde então já percorreu a maior parte do mundo a pé. Hoje, ele vive em Devon, no sudoeste da Inglaterra, onde publica a revista bimensal *Resurgence*, que esposa muitas das ideias caras ao movimento Devagar. Encontrei Kumar numa esplêndida noite de verão no Hyde Park londrino. Figura pequena e magra num terno de linho, ele caminha serenamente em meio àquelas enervantes hordas de corredores, passantes apressados e patinadores. Sentamos à sombra de uma árvore. Kumar tira os sapatos e as meias e mergulha os pés que tanto conhecem o mundo na relva alta. Pergunto-lhe o que pensa da doença do tempo.

"Essa coisa de tornar o tempo escasso para então impor a velocidade a todos os aspectos da vida é uma doença ocidental", começa ele. "Minha mãe costumava dizer: 'Quando Deus fez o tempo, fez de sobra', e estava certa."

Eu ressalvo, no entanto, que sua mãe passou a vida inteira no interior da Índia. Mas no mundo moderno, a pressão para correr e ganhar do relógio parece irresistível.

"Sim, até certo ponto é verdade. Vivendo aqui, eu também acabo sucumbindo à pressa, à velocidade. Às vezes não há outra maneira de cumprir os prazos na revista. Vivendo no Ocidente, a gente está sempre lutando para não ser dominado pelo relógio."

Um avião ronca de passagem lá em cima. Kumar olha para o relógio. Seu próximo compromisso, o lançamento de um livro, vai começar daqui a quinze minutos.

"Está na hora de ir", diz ele, esboçando um sorriso. "Não quero me atrasar."

A doença do tempo também pode ser sintoma de um problema existencial mais profundo. Nos últimos estágios antes de chegar ao esgotamento completo, as pessoas muitas vezes aceleram para evitar encarar de frente a própria infelicidade. Kundera considera que a velocidade nos ajuda a ignorar o horror e a esterilidade do mundo moderno: "Nossa época é obcecada com o desejo de esquecer, e é para satisfazer esse desejo que se entrega ao demônio da velocidade; ela apressa o passo para nos mostrar que não quer mais ser lembrada, que está cansada de si mesma, enojada de si mesma; que quer apagar a minúscula e trêmula chama da memória."

Outros consideram que a velocidade não é uma fuga da vida, mas da morte. Mark Kingwell, professor de filosofia na Universidade de Toronto, escreveu coisas interessantes sobre o culto moderno da velocidade. Ao nos encontrarmos para um café, ele trata de desviar a conversa de assuntos como foguetes e internet de banda larga. "Apesar do que pensam as pessoas, o debate sobre a velocidade não diz respeito realmente aos atuais avanços da tecnologia. Ele vai muito mais fundo que isto, voltando até o desejo humano de transcendência", explica. "É difícil pensar no fato de que morreremos; é desagradável, de modo que estamos constantemente buscando maneiras de desviar nossa atenção da consciência de nossa própria mortalidade. A velocidade, com o estímulo sensorial que proporciona, é uma estratégia de distração."

Gostemos ou não, nosso cérebro está plugado na velocidade. Nós somos estimulados pelo perigo, o risco, o eletrizante, palpitante e vertiginoso surto de energia sensorial que nos acomete quando vamos depressa. A velocidade provoca a liberação de duas substâncias químicas — a epinefrina e a norepinefrina — que também percorrem o corpo durante o ato sexual. Kundera acerta na mosca ao falar do "êxtase da velocidade".

E não só nós gostamos de ir depressa como nos acostumamos a isto, tornamo-nos "velocizados". Quando dirigimos pela primeira vez numa autoestrada, 110 quilômetros por hora parecem bastante rápidos. Passados alguns minutos, já dão a impressão de rotina. Se tomarmos uma estrada vicinal, reduzindo para 50 quilômetros por hora, a velocidade parecerá irritantemente lenta. A velocização está constantemente alimentando a necessidade de mais velocidade ainda. Ao nos acostumarmos aos 110 quilômetros por hora, somos tentados a pisar um pouco mais fundo no acelerador, levando o ponteiro do velocímetro até 130 ou mesmo 150 quilômetros por hora. Em 1899, um engenheiro belga construiu o primeiro carro concebido especificamente para quebrar recordes de velocidade. Com forma semelhante à de um torpedo e movido por dois motores elétricos, esse veículo foi batizado com um nome que bem resume nossa ânsia de estar sempre indo mais depressa: *La Jamais Contente* — Nunca Satisfeito.

A maldição da velocização não se limita às rodovias. Veja-se a navegação pela internet. Nunca estamos satisfeitos com a velocidade da nossa conexão à rede. Quando comecei a navegar pela net com um modem de banda larga, parecia ter à minha disposição a velocidade do relâmpago. Já agora a coisa parece corriqueira, e até mesmo um pouco arrastada. Se uma página não se abre instantaneamente, eu perco a paciência. Uma simples demora de dois ou três segundos é suficiente para que eu comece a clicar no mouse, para apressar as coisas. A única solução parece ser uma conexão ainda mais rápida.

À medida que vamos sempre acelerando, nossa relação com o tempo torna-se cada vez mais sobrecarregada e disfuncional. Qualquer manual de medicina explica que uma obsessão excessivamente minuciosa com os detalhes é um clássico sintoma de neurose. A constante preocupação de estar sempre dividindo o tempo em pedaços cada vez menores — estalar os dedos, por exemplo, leva quinhentos milhões de nanossegundos — nos deixa mais conscientes de sua passagem, mais ansiosos por aproveitá-lo ao máximo, mais neuróticos.

Por outro lado, a própria natureza do tempo parece ter mudado. Nos velhos tempos, a Bíblia ensinava que "para cada coisa há a estação apropriada, assim como há um momento certo para cada desígnio debaixo do céu" — o tempo de nascer, de morrer, de curar, de chorar, de rir, de amar e assim por diante. Em *Dom Quixote*, Cervantes escreve:

"*Que no son todos los tiempos unos*" — nem todos os tempos são o mesmo. Num mundo como o nosso, contudo, que funciona 24 horas por dia, sete dias por semana, o tempo é sempre o mesmo: pagamos contas no sábado, fazemos compras no domingo, levamos o laptop para a cama, varamos a noite trabalhando, devoramos as refeições. Zombamos das mudanças de estação, comendo morangos importados em pleno inverno e bolinhos de Páscoa o ano inteiro. Com os telefones celulares, os *Blackberrys*, os pagers e a internet, tudo e todo mundo está permanentemente disponível.

Há quem argumente que essa cultura do 24 horas por dia pode fazer as pessoas se sentirem menos apressadas, por lhes dar a liberdade de trabalhar e fazer o que precisam fazer quando bem entenderem. Mas isto seria iludir-se. Uma vez derrubados os limites, a competição, a cobiça e o medo acabam nos levando a aplicar o princípio do tempo-é--dinheiro a cada momento do dia e da noite. Por isto é que até mesmo o sono deixou de ser um refúgio da pressa. Milhões de pessoas se preparam para provas, aprendem línguas estrangeiras e rememoram técnicas de gerenciamento ouvindo gravações enquanto dormitam. No site Sleep Learning [Aprender Dormindo] da internet, a investida contra aquele que costumava ser o único momento em que podíamos diminuir o ritmo sem nos sentir culpados é apresentada como uma excitante oportunidade de autoaperfeiçoamento: "Atualmente, as horas em que você não está desperto — um terço da sua vida — são improdutivas. Explore esse gigantesco potencial para promover a sua carreira, a sua saúde e a sua felicidade!"

Nossa neurose em relação ao tempo é tão grande que inventamos um novo tipo de terapeuta para nos ajudar a enfrentá-la. Entraram em cena os gurus da gestão do tempo. Alguns de seus conselhos, prodigalizados em incontáveis livros e seminários, fazem sentido. Muitos recomendam que façamos menos coisas para fazê-las melhor, um dos princípios essenciais da filosofia Devagar. Mas a maioria não chega a atacar a causa primordial do nosso mal-estar: a obsessão de economizar tempo. Pelo contrário, eles a cultivam. Em 2000, David Cottrell e Mark Layton publicaram *175 Ways to Get More Done in*

Less Time [175 maneiras de fazer mais coisas em menos tempo]. Escrito numa ininterrupta prosa do tipo vamos-ao-que-interessa, o livro é um manual para a maximização da eficiência, para a aceleração. A dica nº 141 é simplesmente: "Faça tudo mais depressa!"

Nessas quatro palavras, os autores resumem claramente o que está errado com o mundo moderno. Basta pensar por um minuto: Faça tudo mais depressa. Será que realmente faria sentido ler Proust em alta velocidade, fazer amor na metade do tempo ou cozinhar todas as refeições no micro-ondas? Certamente que não, mas o fato de alguém ser capaz de escrever "Faça tudo mais depressa" deixa claro o quanto já nos desviamos do caminho, e como é urgente a necessidade de repensar todo o nosso estilo de vida.

Ainda não é tarde demais para consertar as coisas. Mesmo na era das histórias de dormir de um minuto, existe uma alternativa para fazer tudo mais depressa. E embora possa parecer um paradoxo, o movimento Devagar está crescendo rapidamente.

CAPÍTULO DOIS

DEVAGAR ESTÁ COM TUDO

Para pronto alívio do estresse, tente diminuir o ritmo.
— Lily Tomlin, atriz americana

Wagrain, uma cidade de veraneio aninhada bem no fundo dos Alpes austríacos, vive em ritmo lento. Ela é procurada por quem quer escapar da agitação de Salzburgo e Viena. No verão, os visitantes fazem caminhadas pelas trilhas nos bosques e piqueniques junto aos regatos da montanha. Chegando a estação da neve, esquiam pelas florestas ou pela encosta íngreme. Seja qual for a estação, o ar alpino enche os pulmões com a promessa de uma excelente noite de sono ao voltar ao chalé.

Uma vez por ano, contudo, a cidadezinha não se limita a viver em ritmo lento, transformando-se em plataforma de lançamento da filosofia Devagar. Todo mês de outubro, Wagrain abriga a conferência anual da Sociedade para a Desaceleração do Tempo.

Sediada na cidade austríaca de Klagenfurt e com membros que se espalham por toda a Europa central, a sociedade assumiu uma posição de liderança no movimento Devagar. Seus mais de mil membros são verdadeiros soldados na guerra contra o culto de estar sempre fazendo tudo mais depressa. Na vida cotidiana, isto significa moderar o ritmo quando faz sentido. Se determinado membro da sociedade é médico, pode insistir, por exemplo, em passar mais tempo conversando com os pacientes. Um consultor de gerenciamento pode se recusar a atender solicitações de trabalho no fim de semana. Um *designer* pode ir a seus encontros de bicicleta, dispensando o carro. Os Desaceleradores usam uma palavra alemã — *eigenzeit* — para resumir suas convicções. *Eigen* quer dizer "próprio" e *Zeit*, "tempo". Em outras palavras, estão querendo dizer que todo ser vivo, todo acontecimento, todo processo e todo objeto tem o seu próprio ritmo e o seu próprio andamento inerentes, o seu próprio *tempo giusto*.

Além de publicar estudos dos mais sérios sobre a relação do homem com o tempo, a sociedade estimula o debate com recursos publicitários de choque. Seus membros percorrem o centro das cidades ensanduichados entre cartazes que dizem: "Por favor, apresse-se!" Não faz muito tempo, a sociedade sugeriu ao Comitê Olímpico Internacional que conferisse medalhas de ouro aos atletas com desempenho mais lento.

"Pertencer ao movimento Devagar não significa que devamos ser sempre lentos — nós também andamos de avião! — ou que tenhamos de ser sempre sérios e profundos, ou que queiramos estragar o prazer dos outros", explica Michaela Schmoczer, a muito eficiente secretária da sociedade. "Não há nada de errado com a seriedade, mas não precisamos perder o bom humor."

Com isto em mente, os desaceleradores estão frequentemente montando "armadilhas de velocidade" no centro das cidades. Munidos de um cronômetro, controlam o ritmo dos pedestres entregues a seus afazeres cotidianos. Os que são apanhados percorrendo cinquenta metros em menos de trinta e sete segundos são chamados à parte e convidados a explicar por que tanta pressa. O castigo consiste em percorrer os mesmos cinquenta metros conduzindo um cágado marionete pela calçada. "É sempre um enorme sucesso", conta Jürgen Adam, um professor que preparou uma dessas armadilhas de velocidade na cidade alemã de Ulm. "A maioria das pessoas nunca sequer parou para pensar por que corre tanto. Mas quando puxamos o assunto da velocidade e do tempo, ficam muito interessadas. Apreciam a ideia de diminuir o ritmo. Há inclusive as que voltam no mesmo dia, pedindo para guiar outra vez o cágado. Acham que tem um efeito muito calmante."

Na conferência anual da sociedade em 2002, setenta membros da Alemanha, da Áustria e da Suíça chegaram a Wagrain para passar três dias consertando o mundo em torno de garrafas de vinhos e de Wiener schnitzel. Todos se vestem informalmente, como informais são também os horários. O *slogan* afixado na principal sala de reuniões fala por si mesmo: Começamos quando estiver na hora. Tradução: muitas das oficinas começam tarde. Devido a um erro de impressão, ficou faltando meia hora de programação na agenda do sábado. Eu chamo a atenção de um dos delegados para o problema, e ele fica perplexo. Até que dá de ombros, sorri e diz: "Ora, ora, o que vem fácil, vai fácil."

Não fiquem com a impressão errada. Os desaceleradores não são sobreviventes enferrujados da era *hippie*. Longe disto. São exatamente aqueles cidadãos ativos que encontramos em reuniões comunitárias em qualquer parte do mundo — advogados, consultores, médicos, arquitetos, professores. Mas também acontece de vez em quando de a conferência resvalar para a farsa. Em determinada oficina, realizada no saguão de um hotel, dois estudantes de filosofia cabeludos discutem sobre a arte de não fazer absolutamente nada. Cerca de uma dúzia de membros vão chegando aproximadamente dez minutos depois do início da reunião. Sentam-se calados, acomodando-se desconfortavelmente em suas cadeiras desarmáveis. O silêncio só é perturbado pelo ronco distante de um aspirador de pó, acionado numa escada próxima.

Em outras partes do hotel, contudo, outros militantes exploram formas mais pragmáticas de diminuir o ritmo. Um empresário apresenta uma oficina sobre seu projeto para o primeiro hotel Devagar do mundo. "Hoje em dia as férias são quase sempre tão estressantes", explica Bernhard Wallmann, corpulento sujeito de meia-idade com olhos de cãozinho peralta. "A coisa começa com a viagem de avião ou automóvel, e aí já começamos a nos apressar para ver tudo ao redor. Checamos o e-mail num cyber café, vemos CNN ou MTV na televisão do hotel, usamos o celular para conferir as coisas com amigos ou colegas na nossa cidade. E acabamos voltando mais cansados do que estávamos ao sair." Isolado num parque nacional austríaco, o seu Hotel Devagar, com trezentos leitos, será diferente. Os hóspedes viajarão até uma aldeia próxima em trem a vapor, seguindo para o hotel a pé ou numa carruagem puxada a cavalo. Todo tipo de tecnologia que induza à pressa será proibido: televisão, celular, laptop, *Palm Pilot*, carro. Em contrapartida, os hóspedes desfrutarão de prazeres simples e Devagar como jardinagem, caminhadas, leitura, ioga e tratamentos em spa. Conferencistas convidados irão falar sobre tempo, velocidade e calma. Enquanto Wallmann expõe seu ideal, alguns desaceleradores torcem o nariz. É grande demais, elitista demais, comercial demais, reclamam. Mas Wallmann, que calça os sapatos de verniz preto do verdadeiro homem de negócios, não se deixa impressionar. "Existe atualmente uma grande necessidade de calma no mundo", explica-me ele mais tarde, entre garfadas de Apfelstrudel. "Acho que está na hora certa de abrir um hotel que realmente deixe as pessoas desacelerar em tudo."

Deixar para trás a cultura da velocidade é um mergulho na fé — e sempre é mais fácil mergulhar quando sabemos que outros também o estão fazendo. Erwin Heller, advogado comercial em Munique, explica-me que o encontro com outros membros da Sociedade para a Desaceleração do Tempo ajudou-o a dar esse passo: "Percebi que a constante aceleração de tudo não era algo bom, mas quando estamos sozinhos, sempre achamos que podemos estar errados, e que os outros é que estão com a razão", conta ele. "O fato de saber que muitas outras pessoas pensam da mesma maneira e chegam a agir de acordo com isto deu-me confiança para realmente desacelerar."

Os membros da sociedade não estão sozinhos. Em todo o mundo, as pessoas estão se reunindo em grupos a favor do Devagar. Mais de setecentos japoneses já se filiaram ao Clube da Preguiça, que preconiza um estilo de vida menos apressado e mais preocupado com a preservação ambiental. O grupo abriu em Tóquio um café que serve alimentos orgânicos, oferece concertos à luz de vela e vende camisetas e canecas com o slogan "Devagar está com tudo". As mesas são deliberadamente dispostas à maior distância umas das outras do que se costuma fazer no Japão, para estimular as pessoas a relaxar e ir ficando. Graças em parte ao Clube da Preguiça, a desaceleração está na onda no Japão.

Os publicitários japoneses passaram a usar a palavra inglesa *"slow"* [devagar] para vender de tudo, de cigarros a férias e conjuntos habitacionais. A admiração pelo estilo de vida mais relaxada da Europa mediterrânea está tão disseminada que já houve quem falasse da "latinização do povo japonês".

Em 2001, um dos fundadores do Clube da Preguiça, o antropólogo e militante ambiental Keibo Oiwa publicou um levantamento sobre as várias campanhas a favor da lentidão empreendidas em todo o mundo. O livro chamava-se *Devagar está com tudo*, e já está na décima segunda impressão. Quando chego para me encontrar com Oiwa em seu escritório na Universidade Meiji Gakuin, nas proximidades de Tóquio, ele acaba de voltar de três dias de seminário sobre a calma promovidos pela prefeitura de Hyogo, e que atraíram muita gente. "É cada vez maior no Japão o número de pessoas, especialmente jovens, que se dão conta de que é ótimo viver devagar", conta ele. "Para nós, isto representa uma mudança de atitude de 180 graus."

Do outro lado do oceano Pacífico, a partir de sua sede em San Francisco, a Fundação Longo Agora dá sua contribuição ao movimento. Seus membros advertem que estamos correndo tanto para não perder a corrida de obstáculos cotidiana que raramente somos capazes de projetar o olhar além do próximo prazo a ser cumprido, a próxima meta de estatísticas trimestrais. "A civilização está se confinando deliberadamente num horizonte patologicamente acanhado", sustentam. Para nos fazer desacelerar, abrindo nossos olhos para os amplos horizontes e a imagem geral da vida, a fundação está construindo gigantescos e complicados relógios que só fazem tique-taque uma vez por ano e medem o tempo em escala de dez milênios. O primeiro deles, um belo animal de bronze e aço, já está em exibição no Museu de Ciências de Londres. Um segundo, muito maior que este, será incrustado na rocha calcária de um penhasco perto do Parque Nacional de Great Basin, no leste do estado americano de Nevada.

Muitos militantes do movimento Longo Agora trabalham com tecnologia. Danny Hillis, que ajudou a inventar os supercomputadores, está entre eles. Entre os patrocinadores encontram-se gigantes da tecnologia avançada como PeopleSoft, Autodesk e Sun Microsystems. Por que os protagonistas da indústria mais rápida do planeta haveriam de apoiar uma organização que promove a lentidão? Porque também eles se deram conta de que o culto da velocidade está fugindo ao controle.

As atuais organizações em favor do Devagar pertencem a uma tradição de resistência que começou muito antes da era industrial. Já na Antiguidade nossos antepassados se insurgiam contra a tirania dos horários. Em 200 a.C., o dramaturgo romano Plauto escreveu o seguinte lamento:

> *Que os deuses amaldiçoem o homem que descobriu*
> *Como distinguir as horas — amaldiçoem também*
> *Aquele que aqui instalou um quadrante solar*
> *Para cortar e esmigalhar meus dias tão miseravelmente*
> *Em pedacinhos!*
>
> *(...) Não posso (nem mesmo sentar-me para comer)*
> *se o Sol não se puser.*
> *A cidade está tão cheia desses malditos quadrantes...*

Enquanto os relógios mecânicos se iam espalhado pela Europa, os protestos não se faziam esperar. Em 1304, Daffyd ap Gwvilyn, um poeta galês, fulminava: "Ao inferno o relógio de cara negra ao lado do banco que me acordou! Que sua cabeça, sua língua, seus dois cabos e suas rodas apodreçam; e também seu sistema de pesos e suas obtusas esferas, seus orifícios, seu martelo e seu pato grasnando como se já estivesse vendo o dia e sua incessante movimentação."

À medida que os horários passavam a tomar conta de todos os momentos da vida e de cada um deles, os humoristas zombavam da devoção europeia pelo relógio. Nas *Viagens de Gulliver* (1726), os liliputianos chegam à conclusão de que Gulliver consulta o relógio tantas vezes que só pode ser o seu deus.

Ganhando ritmo a industrialização, também crescia a reação à adoração do relógio e ao culto da velocidade. Muitos denunciavam a imposição de uma hora universal como uma forma de escravidão. Em 1884, o editor e ensaísta americano Charles Dudley Warner expressou o descontentamento popular, ao mesmo tempo fazendo eco a Plauto: "O retalhamento do tempo em períodos rígidos constitui um desrespeito à liberdade individual, passando por cima das diferenças de temperamento e sensibilidade." Outros queixavam-se de que as máquinas estavam tornando a vida rápida demais, muito frenética, menos humana. O movimento dos artistas plásticos, escritores e músicos românticos que varreu a Europa a partir de 1770 era em parte uma reação à moderna cultura da agitação, um gesto de nostalgia de tempos idílicos para sempre perdidos.

Ao longo de toda a Revolução Industrial, as pessoas buscavam maneiras de desafiar, conter ou evitar o ritmo acelerado da vida. Em 1776, os encadernadores de Paris convocaram uma greve para limitar a quatorze o número de horas de trabalho por dia. Mais tarde, nas recém-criadas fábricas, os sindicatos faziam campanha pela redução da jornada. O slogan mais comum era: "Oito horas de trabalho, oito horas de sono, oito horas do que quisermos." Num gesto que bem indicava a relação entre o tempo e o poder, sindicalistas radicais quebraram os relógios instalados acima dos portões das fábricas.

Nos Estados Unidos, enquanto isto, um grupo de intelectuais conhecidos como transcendentalistas fazia a exaltação da doce simplicidade da vida ligada à natureza. Um deles, Henry David Thoreau, retirou-se em 1845 para uma cabine de um único compartimento perto do lago Walden, nas imediações de Boston, de onde desancava a vida moderna como uma máquina de "infinito alvoroço (...) apenas trabalho, trabalho, trabalho".

Em 1870, o movimento britânico das Artes e Ofícios deu as costas à produção em massa, passando a adotar as lentas e meticulosas formas de trabalho manual do artesão. Em cidades as mais diferentes de todo o mundo industrial, citadinos exaustos encontravam consolo no culto do idílio rural. Richard Jeffries fez carreira escrevendo romances e reminiscências sobre as verdejantes e amenas terras da Inglaterra, enquanto pintores românticos como Caspar David Friedrich na

Alemanha, Jean-François Millet na França e John Constable na Inglaterra enchiam suas telas com suaves cenas campestres. A necessidade urbana de passar algum tempo repousando e recarregar as baterias na Arcádia contribuiu para o surgimento do moderno turismo. Por volta de 1845, já havia mais turistas que ovelhas no Lake District britânico.

No fim do século XIX, os médicos e psiquiatras começaram a chamar a atenção para os efeitos nocivos da velocidade. O pontapé inicial foi dado em 1881 por George Beard, com seu livro *American Nervousness* [Nervosismo americano], que culpava o estilo de vida apressado por quase tudo, das nevralgias à deterioração dos dentes e à queda dos cabelos. Beard sustentava que a obsessão moderna com a pontualidade, essa necessidade de dar um destino a cada segundo, acabava dando às pessoas a sensação de que "um atraso de poucos minutos poderia destruir as esperanças de uma vida inteira".

Três anos depois, *Sir* James Crichton-Browne culpava o andamento acelerado da vida moderna pelo acentuado aumento, na Inglaterra, do número de mortes por falência renal, doenças cardíacas e câncer. Em 1901, John Girdner cunhou a expressão "nova-iorquite" para falar de uma doença entre cujos sintomas estavam irritabilidade, rapidez de movimentos e impulsividade. Um ano depois, o francês Gabriel Hanoutax se antecipava ao moderno ambientalismo, advertindo que o implacável culto da velocidade estava acelerando a extinção das reservas mundiais de carvão: "Estamos queimando o caminho à nossa frente para viajar mais depressa."

Alguns dos temores expressos pelos primeiros críticos da velocidade eram evidentemente absurdos. Os médicos alegavam que os passageiros dos trens a vapor seriam esmagados pela pressão, ou que a simples visão de uma locomotiva em movimento poderia enlouquecer as pessoas. Quando as bicicletas se popularizaram na década de 1890, houve quem temesse que andar de bicicleta no vento pudesse desfigurar irremediavelmente as pessoas, provocando a chamada "cara de bicicleta". Os moralistas advertiam que as bicicletas corromperiam os jovens, permitindo que se entregassem a aventuras românticas longe dos olhares atentos de seus guardiães. Por mais ridículas que parecessem tais apreensões, o fato é que, pelo fim do século XIX, já estava claro que a velocidade realmente cobrava um preço. Todo ano morriam milhares de pessoas envolvidas em acidentes com as novas máquinas de velocidade — bicicletas, automóveis, ônibus, bondes, trens, embarcações a vapor.

Acelerando-se o ritmo da vida, muitos se insurgiam contra os efeitos desumanizantes da velocidade. O escritor francês Octave Mirabeau observou em 1908: "(Nossos) pensamentos, sentimentos e amores são um turbilhão. Por toda parte a vida investe enlouquecidamente como uma carga de cavalaria. (...) Tudo que tem vida ao redor de um homem salta, dança e galopa, num movimento que nada tem a ver com o seu próprio." Ao longo do século XX, aumentou a resistência ao culto da velocidade, passando a disseminar-se por movimentos sociais mais amplos. O terremoto da contracultura na década de 1960 serviu de inspiração para que milhões de pessoas diminuíssem o ritmo e passassem a viver com mais simplicidade. Uma filosofia semelhante deu origem ao movimento Simplicidade Voluntária. No fim da década de 1980, o Instituto de Pesquisa de Tendências de Nova York identificou um fenômeno conhecido como *"downshifting"* [mudança para menos], que significava a troca de um estilo de vida de alta pressão, alta renda e alta velocidade por uma existência mais tranquila e menos consumista. Ao contrário dos desaceleradores da geração hippie, os adeptos da mudança para menos estão menos preocupados com questões políticas ou ambientais do que com a necessidade de levar uma vida mais gratificante. Estão dispostos a abrir mão do dinheiro em troca de tempo e vagar. A empresa de pesquisas de mercado Datamonitor, de Londres, calcula que os adeptos da mudança para menos na Europa passem de 12 milhões em 2002 para mais de 16 milhões em 2007.

Hoje em dia, muitas pessoas buscam refúgio da velocidade no regaço seguro da espiritualidade. Enquanto as grandes igrejas cristãs veem suas congregações ming'iarem, suas concorrentes evangélicas estão prosperando. O budismo experimenta um verdadeiro boom no Ocidente, assim como as livrarias, os espaços de trocas de ideias na internet e os centros de cura voltados para as doutrinas ecléticas e metafísicas do New Age. Tudo isto faz sentido numa época em que as pessoas querem tudo com mais vagar. Por sua própria natureza, o espírito é Devagar. Por mais que tentemos, não podemos acelerar a iluminação e o esclarecimento. Toda religião ensina a necessidade de diminuir o ritmo para entrar em contato com o eu, com os outros e com uma força superior. No Salmo 46, diz a Bíblia: "Aquietai-vos, e sabei que eu sou Deus."

No início do século XX, clérigos cristãos e judeus conferiram seu peso moral à campanha em favor da diminuição do número de horas semanais de trabalho, argumentando que os operários precisavam de mais tempo de lazer para alimentar o espírito. Hoje, a mesma defesa do vagar volta a ser proferida em púlpitos de todo o mundo. Uma busca no Google revela uma infinidade de sermões invectivando o demônio da velocidade. Em fevereiro de 2002, na Primeira Igreja Unitária de Rochester, Nova York, o reverendo Gary James fez uma eloquente defesa da filosofia Devagar. Num sermão intitulado "Arrefeçam o ritmo!", ele explicou sua congregação que a vida "impõe momentos de intensa diligência e ritmo acelerado. (...) Mas também exige aqui e ali uma pausa — um momento de sabá para avaliar aonde estamos indo, e com que velocidade queremos chegar — e, mais importante, por quê. Fazer as coisas devagar pode ser excelente." Quando o conhecido líder budista Thich Nhat Hahn visitou Denver, no Colorado, em 2002, mais de cinco mil pessoas foram ouvi-lo. Ele as exortou a abrandar o ritmo de vida, a "dar-se o tempo de viver mais profundamente". Os gurus do New Age pregam uma mensagem semelhante.

Quer isto dizer que precisamos ser espiritualizados, ou entrar na onda do New Age, para ser Devagar? Em nosso mundo cético e secularizado, é uma pergunta importante. Muitas pessoas, inclusive eu, estão desiludidas de qualquer movimento que prometa abrir as portas para o nirvana espiritual. A religião nunca esteve muito presente na minha vida, e muitas dessas práticas do New Age me parecem pura superstição. Eu quero desacelerar sem ser induzido a encontrar Deus ou aceitar a ideia dos cristais e da astrologia. Em última análise, o êxito do movimento Devagar dependerá de sua capacidade de reconciliar pessoas como eu com desaceleradores de teor mais espiritualizado.

Dependerá também das consequências econômicas do não à velocidade. Em que medida teremos de sacrificar alguma riqueza material, se é que teremos, individual ou coletivamente, para viver Devagar? Seremos capazes e estaremos dispostos a pagar este preço? E em que medida arrefecer o ritmo é um luxo para ricos? São questões importantes que o movimento Devagar não pode ignorar.

Se quiserem exercer algum impacto, os militantes do Devagar precisam extirpar o preconceito profundamente enraizado contra a própria ideia da desaceleração. Em muitos ambientes, "devagar" ainda é um palavrão. Veja-se por exemplo a definição do *Oxford English Dictionary*: "Incapaz de entender prontamente, obtuso, desinteressante, incapaz de aprender com rapidez, tedioso, vagaroso, preguiçoso." Nem de longe algo que você poria no seu currículo. Em nossa cultura superexcitada e obcecada com a rapidez, levar uma vida completamente turbinada ainda é o troféu mais cobiçado. Quando as pessoas se queixam, "Puxa vida, estou tão ocupado, minhas pernas nem dão mais conta, minha vida é uma droga, não tenho tempo para nada", muitas vezes o que estão querendo dizer na realidade é "Olhe só para mim: veja como sou incrivelmente importante, atraente e cheio de vida". Embora os homens pareçam apreciar mais a velocidade que as mulheres, ambos os sexos se entregam à autovalorização competitiva baseada na rapidez. É com uma mistura de orgulho e comiseração que os nova-iorquinos se espantam com o ritmo mais lento de vida no resto dos Estados Unidos. "Parece que eles estão de férias o tempo todo", resmunga uma habitante de Manhattan. "Se tentassem viver assim em Nova York, estariam fritos."

Talvez o maior desafio do movimento Devagar seja resolver a questão do nosso relacionamento neurótico com o próprio tempo. Para nos ensinar — nas palavras de Golda Meir, a ex-dirigente israelense — como "governar o relógio, e não ser governado por ele". Talvez isto já esteja acontecendo, fora do alcance dos nossos radares. Na função de curador de questões relacionadas ao tempo no Museu de Ciências de Londres, David Rooney supervisiona uma esplêndida coleção de quinhentos dispositivos de controle do tempo, desde antigos quadrantes de sol e ampulhetas até modernos relógios de quartzo e atômicos. Não surpreende, assim, que o cavalheiro de óculos, com seus 28 anos, tenha uma relação claustrofóbica com o tempo. No pulso, ele traz um relógio controlado por rádio que é assustador em sua precisão. Diariamente uma atualização do horário é enviada de Frankfurt e captada por uma antena oculta na pulseira do relógio. Se o relógio deixa de captar algum sinal, aparece o número 1 no canto inferior esquerdo do mostrador. Se deixa de captar o sinal do dia seguinte, o número muda para 2, e assim por diante. Toda esta precisão deixa Rooney bastante ansioso.

"Tenho uma sensação muito real de perda quando perco o meu sinal", explica-me ele, enquanto caminhamos pela exposição Medição do Tempo organizada pelo museu, tratando de elevar a voz para sermos ouvidos um pelo outro por cima do persistente tique-taque. "Quando o mostrador do relógio chega ao 2, eu fico preocupado. Uma vez ele foi até 3, e tive de deixá-lo numa gaveta em casa. Fico estressado só de saber que ele se atrasou um milésimo de segundo que seja."

Rooney sabe perfeitamente que não é um comportamento saudável, mas acha que nem tudo está perdido para o resto de nós. A tendência histórica para a adoção de mecanismos de controle do tempo cada vez mais precisos finalmente chegou ao fim com o relógio de pulso controlado por rádio, que não chegou a emplacar como produto de consumo. As pessoas acham mais importante o estilo que a precisão, preferindo usar um Swatch ou um Rolex. Rooney acha que isto é sinal de uma sutil mudança em nossa sensibilidade em relação ao tempo.

"Na Revolução Industrial, quando a vida passou a ser governada pelo trabalho, perdemos o controle do emprego do tempo", explica. "Pois, hoje, o que estamos vendo é possivelmente o início de uma reação a isto. As pessoas parecem ter chegado à conclusão de que não querem mais ver o seu tempo retalhado em pedacinhos cada vez menores, com precisão sempre maior. Não querem ficar obcecadas com o tempo, nem se transformar em escravas do relógio. Talvez haja aí alguma reação do tipo 'o patrão controla o tempo, portanto eu não quero'."

Poucos meses depois de nosso encontro, Rooney decidiu enfrentar sua própria obsessão com o controle do tempo. Em vez de se preocupar com milésimos de segundos transviados, passou a usar um relógio de corda da década de 1960 que geralmente está cinco minutos atrasado. "É o meu jeito de reagir a esse excesso de precisão", explica-me. Rooney escolheu um relógio de corda de propósito, para simbolizar a retomada do controle sobre o tempo. "Se eu não der corda todo dia, ele pára, de modo que sou eu que estou no controle", prossegue. "Agora tenho a sensação de que o tempo trabalha para mim, e não o contrário, o que me faz sentir menos pressionado. Já não tenho tanta pressa."

Há quem esteja indo ainda mais longe. Numa recente viagem à Alemanha, o meu intérprete mostrou-se loquaz sobre as vantagens de nem sequer usar um relógio de pulso. Ele nunca perde a pontualidade, graças ao relógio embutido em seu telefone celular, mas já não tem mais aquela mesma obsessão com minutos e segundos. "O fato de não ter um relógio no pulso certamente me deixa mais tranquilo em relação ao tempo", explicou. "Fica mais fácil moderar o ritmo, pois o tempo não está sempre lá no meu campo de visão, dizendo 'Não, você não pode diminuir o ritmo, não pode me perder, precisa se apressar'."

A questão do tempo certamente é um tema quente no momento. Como devemos empregá-lo? Quem o controla? Que podemos fazer para ser menos neuróticos a esse respeito? O economista americano Jeremy Rifkin considera que o tempo pode ser a questão essencial do século XXI. "Está começando uma batalha em torno da política do tempo", escreveu ele em seu livro *Guerras do tempo*, publicado em 1987. "Seu resultado pode determinar o futuro político em todo o mundo no século vindouro." Uma coisa é certa: ele vai influenciar o futuro do movimento Devagar.

CAPÍTULO TRÊS

COMIDA: VIRANDO A MESA DA VELOCIDADE

Nós somos o que comemos.

— LUDWIG FEUERBACH, FILÓSOFO
ALEMÃO DO SÉCULO XIX

VOCÊ ALGUMA VEZ JÁ VIU *OS JETSONS*, O VELHO DESENHO animado americano sobre a vida num futuro distante de alta tecnologia? Foi o que deu a muitas crianças uma primeira ideia de como poderia ser o século XXI. Os Jetsons eram uma família tradicional de pai, mãe e dois filhos que vivia num mundo onde tudo era super-rápido, ultraconveniente e de ponta a ponta feito pelo homem. Espaçonaves deixavam rastros de fogo no céu, os casais tiravam férias em Vênus, robôs botavam para quebrar nos afazeres domésticos. Em matéria de cozinha, os Jetsons deixavam o McDonald's no lixo. Bastava apertar um botão, e seu "provedor doméstico de alimentação" distribuía todo tipo de delícias sintéticas — lasanha, frango assado, brownie de chocolate. A família traçava tudo. Às vezes, os Jetsons comiam apenas comprimidos no jantar.

Mesmo tendo crescido numa família bastante voltada para a comida, lembro-me de ter gostado da ideia da pílula que valia por uma refeição. Eu imaginava que a engolia e saía correndo de volta para brincar com meus amigos. Naturalmente, a ideia da comida instantânea não foi inventada nos *Jetsons* — é uma fantasia inevitável numa cultura desesperada para fazer tudo sempre mais depressa. Em 1958, quatro anos antes de ser exibido o primeiro episódio de *Os Jetsons*, a revista *Cosmopolitan* previu, sem o mais leve remorso, que um dia todas as refeições seriam preparadas no micro-ondas, que chegou ao mercado consumidor no início da década de 1950. Para evocar a lembrança da época em que cozinhar era algo menos apressado e mais real, haveríamos de espargir na cozinha aromas artificiais — de pão fresco, salsichas chiando, alho frito. No fim das contas, a profecia da revista revelou-se verdadeira apenas em parte: hoje em dia andamos com pressa demais para nos preocupar com aromas inventados. Como tudo mais, a comida foi sequestrada pela pressa. Embora a refeição instantânea em pílula continue no mundo da ficção científica, todos herdamos algo do livro de culinária dos Jetsons.

    A pressa sentou-se à mesa do jantar durante a Revolução Industrial. No século XIX, muito antes da invenção das lanchonetes drive-thru, um observador resumiu o jeito americano de comer como "mandar ver, engolir e pronto". Em seu livro *The Rituals of Dinner* [Os rituais do jantar], Margaret Visser observa que as sociedades em processo de industrialização passaram a apreciar a velocidade como "sinal de controle e eficiência" nos jantares formais. Pelo fim da década de 1920, Emily Post, a decana da etiqueta nos Estados Unidos, decretou que uma recepção com jantar nunca deveria durar mais que duas horas e meia, do primeiro som de campainha à despedida do último convidado. Hoje a maioria das refeições é pouco mais que a parada de reabastecimento no pit stop. Em vez de sentar com a família ou os amigos, muitas vezes comemos sozinhos, em trânsito ou fazendo alguma outra coisa — trabalhando, dirigindo, lendo o jornal, navegando na internet. Quase metade dos britânicos atualmente comem sua refeição noturna em frente à TV, e a família britânica média passa mais tempo junta dentro do carro do que em volta da mesa. Quando as famílias efetivamente comem juntas, muitas vezes é em antros de fast-food como o McDonald's, onde as refeições duram em média onze minutos. Visser reconhece que as refeições em comum são lentas demais para o mundo moderno: "Em comparação com ceder de repente àquela vontade de consumir uma caneca de sopa aquecida no micro-ondas em não mais que cinco minutos, comer com os amigos pode até parecer algo formal, excessivamente organizado e demandando tempo demais (...) ao passo que correr por conta própria parece preferível pela sensação de liberdade."

A aceleração à mesa tem eco na fazenda. Fertilizantes e pesticidas químicos, alimentação intensiva, facilitadores antibióticos de digestão, hormônios de crescimento, criação assistida, modificação genética — nenhum truque científico conhecido pelo homem deixou de ser explorado para cortar custos, turbinar a produtividade e fazer com que o gado e as colheitas cresçam mais depressa. Dois séculos atrás, um porco levava em média cinco anos para pesar 60 quilos; hoje, chega a mais de 100 quilos passados apenas seis meses, e é abatido antes mesmo de perder a dentição de leite. O salmão norte-americano é geneticamente modificado para crescer de quatro a seis vezes mais rápido que a média. O pequeno proprietário agrícola dá lugar à fazenda agroindustrial, que despeja no mercado alimentos rápidos, baratos, abundantes e padronizados.

Ao se mudarem para as cidades, perdendo o contato com a terra, nossos antepassados se apaixonaram pela ideia da alimentação rápida numa era de rapidez. Quanto mais processada e mais cômoda, melhor. Na década de 1950, os restaurantes ostentavam orgulhosamente em seu cardápio sopas enlatadas. Na cadeia americana Tad's 30 Varieties of Meals [variedades de refeições], os frequentadores esquentavam refeições congeladas em fornos de micro-ondas dispostos nas mesas. Mais ou menos pela mesma época, as grandes cadeias de fast-food começaram a aplicar a lógica implacável da produção em massa, que acabaria por nos dar o hambúrguer de 99 centavos de dólar.

Como a vida se tornasse cada vez mais rápida, as pessoas se apressaram a reproduzir a comodidade da fast-food em casa. Em 1954, Swanson lançou o primeiro jantar de TV — uma travessa de alimentos altamente processados contendo peru com pão de milho e molho de carne, batata-doce e ervilhas na manteiga. Maridos furiosos porque suas mulheres não iam mais para a cozinha inundaram a empresa com cartas indignadas, mas o culto da comodidade seguiu em frente com a delicadeza de uma jamanta. Cinco anos depois, outro clássico da economia de tempo na culinária, o macarrão instantâneo, fazia sua estreia no Japão. Por toda parte, os alimentos passaram a ser comercializados menos por seu sabor ou seu valor nutritivo do que pelo pouco tempo de preparo. Ficou famosa a maneira como a marca Uncle Ben's seduzia as donas de casa oprimidas com o slogan: "Arroz pronto em... cinco minutos!"

A partir do momento em que os fornos de micro-ondas colonizaram as cozinhas na década de 1970, o ato de cozinhar passou a ser medido em segundos. De repente, o jantar de TV lançado pela Swanson, que levava vinte e cinco minutos para cozinhar num fogão convencional, ficou parecendo de uma lentidão de quadrante solar. O mercado dos preparados para bolo ruiu como um suflê fracassado, pois não havia número suficiente de fregueses dispostos a sacrificar trinta minutos preparando a receita. Hoje, até mesmo as comidas mais simples, dos ovos mexidos ao purê de batatas, podem ser encontradas em preparados instantâneos. Os supermercados estocam versões prontas para comer de praticamente todas as refeições encontráveis na Terra — *curries*, hambúrgueres, carne assada, sushi, saladas, cozidos, caçarolas, sopas. Para acompanhar o passo da impaciência dos seus fregueses, a Uncle Ben's lançou no mercado um arroz que pode ser preparado no micro-ondas em dois minutos.

Naturalmente, a atitude em relação à comida não é a mesma em todo lugar. Os americanos dedicam menos tempo que qualquer outro povo — cerca de uma hora por dia — para comer, sendo mais propensos a comprar alimentos processados e a jantar sozinhos. Os britânicos e os canadenses não se saem muito melhor. No sul da Europa, onde a boa alimentação ainda é culturalmente considerada um direito de nascença, nem por isto as pessoas deixam de estar aprendendo a comer com pressa anglo-saxônica durante a semana. Em Paris, que se considera a capital mundial da gastronomia, os cafés que se especializam em *restauration rapide* estão roubando fregueses dos tranquilos bistrôs de outros tempos. No Goûts et Saveurs, no nono *arrondissement*, almoçar é uma questão de vinte minutos: o vinho é vertido no seu copo assim que você se senta e a comida vem direto do micro-ondas. No Hôtel Montalembert, na Rive Gauche, o *chef* serve os três pratos do almoço numa mesma bandeja estilo avião.

Quase duzentos anos atrás, o lendário gastrônomo francês Anthelme Brillat-Savarin observou que "o destino das nações depende da maneira como se alimentam". A observação aplica-se hoje mais do que nunca. Em nossa pressa, nós nos alimentamos mal e sofremos as consequências. Os índices de obesidade estão disparando, em parte porque devoramos alimentos processados cheios de açúcar e gordura. Todos conhecemos perfeitamente as consequências de colher alimentos naturais antes do pleno amadurecimento, despachando-os para todo o planeta em contêineres refrigerados para em seguida amadurecê-los artificialmente: abacates que da noite para o dia passam de uma dureza de pedra ao apodrecimento; tomates com sabor de pano. Na busca dos custos baixos e da rotatividade dos estoques, a agroindústria causa danos ao gado, ao meio ambiente e até ao consumidor. A agricultura intensiva é hoje em dia uma das principais causas da poluição de águas na maioria dos países ocidentais. Em seu bestseller *Fast Food Nation* [País fast-food], Eric Schlosser revelou que a carne produzida em massa nos Estados Unidos frequentemente está contaminada com substâncias fecais e outras matérias patogênicas. Todo ano, milhares de americanos são intoxicados com coliformes fecais encontrados em hambúrgueres. Basta olhar um pouco além da superfície para perceber que a "comida barata" que nos é fornecida pela agroindústria constitui na verdade uma falsa economia. Em 2003, pesquisadores da Universidade de Essex calcularam que os contribuintes britânicos gastam até 2,3 bilhões de libras por ano para consertar os danos causados pela agroindústria ao meio ambiente e à saúde humana.

Muitos de nós já engolimos a ideia de que, em matéria de alimentação, quanto mais rápido, melhor. Estamos sempre com pressa, e queremos que as refeições nos acompanhem. Mas muitas pessoas estão constatando as desvantagens da ética do mandar ver, engolir e ir em frente. Nas fazendas, na cozinha e à mesa, tratam agora de diminuir o ritmo. À frente dessa investida está um movimento internacional com um nome que diz tudo: Slow Food, a comida Devagar.

Roma é capital de um país apaixonado por comida. Nos terraços arborizados que dão para as encostas cheias de videiras da Toscana, o almoço se estende prolongadamente pela tarde. Quando o relógio bate meia-noite nas *osterie* de toda a Itália, os casais ainda estão flertando em torno de pratos de *prosciuto* e ravióli artesanal. Mas, hoje em dia, os italianos muitas vezes já tratam a alimentação com mais pressa. Os jovens romanos se inclinam mais para lançar mão de um Big Mac às pressas do que para passar a tarde preparando *pasta* fresca. Espeluncas de fast-food pipocaram por todo o país. Mas nem tudo está perdido. A cultura do *mangiare bene* ainda está impregnada na psique italiana, e é por isto que a Itália está na vanguarda do movimento em favor do vagar culinário.

Tudo começou em 1986, quando o McDonald's abriu uma filial bem ao lado da famosa Piazza di Spagna em Roma. Para muitos italianos, já era um pouco demais: os bárbaros haviam adentrado nosso território, e era preciso fazer alguma coisa. Para fazer frente ao tsunami de fast-food que avassalava o planeta, o carismático escritor Carlo Petrini, especializado em culinária, lançou a Slow Food. Como indica o nome, o movimento defende tudo que o McDonald's ignora: produtos frescos e sazonais da própria região; receitas transmitidas de geração a geração; agricultura sustentável; produção artesanal; refeições tranquilas com a família e os amigos. Slow Food também defende a "ecogastronomia" — a ideia de que comer bem pode e deve andar de mãos dadas com a proteção do meio ambiente. No fundo, contudo, o movimento está preocupado mesmo é com o prazer.

Petrini considera que está aí um bom ponto de partida para fazer frente à nossa obsessão com a velocidade em todos os aspectos da vida. Reza o manifesto do grupo: "A firme defesa do tranquilo prazer material é a única maneira de se opor à loucura universal da vida apressada. (...) Nossa defesa deve começar à mesa, com Slow Food."

Com sua mensagem das mais modernas — comer bem e ainda assim salvar o planeta —, Slow Food atraiu setenta e oito mil membros em mais de cinquenta países. Em 2001, a *New York Times Magazine* considerou-o uma das "80 ideias que sacudiram o mundo (ou pelo menos mexeram um pouco com ele)". Muito apropriadamente, Slow Food adotou a lesma como símbolo, o que não significa que seus membros sejam preguiçosos ou apáticos. Até mesmo no pegajoso calor de julho, a sede do movimento em Bra, uma cidadezinha ao sul de Turim, fervilha com sua equipe jovem e cosmopolita cuidando dos e-mails, preparando material de imprensa e dando os toques finais no boletim enviado aos membros de todo o mundo. Slow Food também publica uma revista trimestral em cinco línguas e toda uma série de reputados guias de gastronomia e enologia. Entre seus projetos está igualmente a criação de um catálogo online de todos os tipos de comida artesanal do planeta.

Em todas as partes do mundo, militantes do Slow Food organizam jantares, workshops, visitas a escolas e outros eventos para promover as vantagens da dedicação do devido tempo àquilo que comemos. A educação é um fator fundamental. Em 2004, Slow Food abriu em Pollenzo, perto de Bra, sua Universidade de Ciências Gastronômicas, onde os alunos não estudam apenas a ciência da alimentação, mas também sua história e suas características de sensualidade. O movimento já convenceu o governo italiano a introduzir "estudos alimentares" nos currículos escolares. Em 2003, o próprio Petrini ajudou o governo alemão a lançar as bases de um programa nacional de "educação do paladar".

Do ponto de vista econômico, Slow Food sai em busca dos elementos artesanais que estão em vias de extinção, ajudando-os a se posicionar no mercado global. Põe pequenos produtores em contato uns com os outros, mostra-lhes como vencer a burocracia e promove seus produtos junto a *chefs*, lojas e *gourmets* de todo o mundo. Na Itália, já foram salvas mais de 130 iguarias em processo de extinção, entre elas as lentilhas dos Abruzzi, as batatas da Ligúria, o aipo preto de Trevi, o damasco do Vesúvio e o aspargo roxo de Albenga. Não faz muito tempo, Slow Food salvou uma espécie de javali silvestre de Siena, que na Idade Média era muito apreciado nas cortes da Toscana.

Os animais estão atualmente sendo criados — e transformados em suculentos presuntos, salames e salsichas — numa próspera fazenda toscana. Operações de salvamento equivalentes estão em andamento em outros países. Slow Food está tentando salvar na Grécia a maçã Firiki e o tradicional queijo ladotiri embebido em azeite de oliva. Na França, jogou todo o peso de seu prestígio na ameixa Pardigone e num delicado queijo de cabra conhecido como Brousse du Ruve.

Como se poderia esperar, Slow Food é forte sobretudo na Europa, que tem uma rica tradição de culinária própria, e onde a cultura do fast-food está menos enraizada. Mas o movimento também vem avançando do outro lado do Atlântico. O número de seus membros na América já chegou a oito mil, e continua aumentando. Nos Estados Unidos, Slow Food contribuiu para convencer a revista *Time* a publicar uma matéria sobre o pêssego Sun Crest do norte da Califórnia, uma fruta de sabor sublime mas que não resiste ao transporte. Depois da publicação da reportagem, o pequeno produtor desse pêssego foi procurado por uma quantidade de compradores interessados em amostras de sua colheita. Slow Food também está promovendo uma bem-sucedida campanha para ressuscitar as saborosas espécies raras de perus — Naragansett, Jersey Buff, Standard Bronze, Bourbon Red — que faziam a festa das ceias de Ação de Graças de toda família americana até que os sensaborões sucedâneos da agroindústria tomassem seu lugar.

Slow Food não hesita em enfrentar os poderes constituídos. Em 1999, colheu mais de meio milhão de assinaturas numa campanha que acabou convencendo o governo italiano a emendar um projeto de lei que teria obrigado até mesmo os menores produtores de alimentos a cumprir os rígidos padrões de higiene impostos a gigantes corporativos como a Kraft Foods. Em consequência, milhares de produtores tradicionais foram salvos de uma enxurrada de papelada desnecessária. Com apoio do Slow Food, os produtores artesanais de queijo formaram uma aliança em toda a Europa em 2003 para lutar pelo direito de usar leite cru. A campanha contra a pasteurização logo haverá de chegar à América do Norte.

Fiel a seu credo ecológico, Slow Food opõe-se à modificação genética dos alimentos, promovendo a agricultura orgânica. Ninguém até hoje foi capaz de provar de maneira conclusiva que os alimentos orgânicos são mais nutritivos ou saborosos que os não orgânicos, mas é evidente que os métodos utilizados por muitos agricultores convencionais causam prejuízos ao meio ambiente, poluindo o lençol freático, matando outras plantas e exaurindo o solo. De acordo com o Smithsonian Migratory Bird Center [Centro Smithsonian de Pássaros Migratórios], todo ano pelo menos sessenta e sete milhões de pássaros americanos são mortos direta ou indiretamente pelos pesticidas. Em contraste, uma fazenda agrícola bem gerida pelos métodos orgânicos pode recorrer à rotatividade das colheitas para enriquecer o solo e enfrentar as pragas — e ainda assim mostrar-se muito produtiva.

Slow Food também combate a favor da biodiversidade. Na indústria de alimentos, a pressa leva à homogeneização: os fabricantes conseguem processar os produtos — sejam perus, tomates ou nabos — com mais rapidez se forem todos iguais. Assim é que os agricultores são pressionados a se concentrar nas mesmas espécies ou variedades. Ao longo do último século, por exemplo, o número de variedades de alcachofra plantadas na Itália caiu de duzentas para cerca de uma dúzia. Além de limitar as opções de sabores, esse encolhimento da fauna desequilibra os ecossistemas mais delicados. Limitando as alternativas, estamos cortejando o desastre. Quando só dispomos de uma espécie de peru, um único vírus pode ser capaz de extirpar a espécie inteira.

Em seu amor pelo que é pequeno, local e sem pressa, Slow Food parece um inimigo nato do capitalismo global. Mas nada poderia estar mais longe da verdade. Os militantes do Slow Food não se opõem à globalização em si mesma. Muitos produtos artesanais, do queijo parmesão ao tradicional molho de soja, podem ser transportados sem problemas — e precisam mesmo de mercados em outros continentes para prosperar. Quando Petrini fala de uma "globalização virtuosa", tem em mente acordos comerciais que permitam aos *chefs* europeus importar *quinoa* de uma lavoura familiar no Chile, ou ainda o tipo de tecnologia da informação que permita a um especialista em salmão defumado da Escócia encontrar fregueses no Japão.

As virtudes da globalização podem ser percebidas claramente no Salone del Gusto, o grande encontro bienal do Slow Food. Realizado numa antiga fábrica da Fiat em Turim, o Salone de 2002 acabou sendo a mãe de todos os *smorgasbords*, atraindo quinhentos produtores artesanais de alimentos de trinta países. Durante cinco dias ideais para ganhar cintura, 138.000 pessoas passearam pelos estandes, sentindo aqueles maravilhosos aromas e provando os magníficos queijos, presuntos, frutas, salsichas, vinhos, massas, pães, mostardas, conservas e chocolates. Durante todo o Salone, as pessoas trocavam contatos enquanto iam beliscando. Um fabricante japonês de saquê discutia questões de comercialização através da internet com um criador de lhamas da Bolívia. Padeiros franceses e italianos trocavam experiências sobre as vantagens da farinha artesanal.

Por toda parte, havia sempre alguém transformando em possibilidade de lucro os princípios do Slow Food. Susana Martinez viera de Jujuy, província do agreste norte da Argentina, para promover o *yacon*, uma antiga raiz andina que começava a cair no esquecimento. Doce e crocante, como a jicama e a castanha-d'água, o *yacon* não é muito engordativo porque o seu açúcar não é metabolizado pelo organismo humano. Com a ajuda do Slow Food, Martinez e quarenta outras famílias passaram a cultivá-lo com métodos orgânicos, em pequenos lotes, para exportação. Chovem pedidos de outros continentes, graças a restaurantes espanhóis de luxo ansiosos por incluir a raiz em seu cardápio e varejistas japoneses querendo mais e mais engradados de geleia de *yacon*. No Salone de 2002, Martinez estava eufórica. "Quando a gente vê o que acontece aqui no Salone, todos esses diferentes produtores, percebemos que não é preciso ser grande e rápido para sobreviver", resume ela. "A gente pode ser pequeno e devagar, e ainda assim ter sucesso. Em todo o mundo, é cada vez maior o número de pessoas que querem comer coisas produzidas de forma natural e não industrial."

Com toda essa importância ali conferida à comida, era de se esperar que todo mundo no Salone tivesse proporções dignas de um Pavarotti. Longe disto. É muito mais fácil encontrar carnes em excesso tremulando por perto de um bom Dunkin' Donuts à americana. Mas, definitivamente, os prazeres sensuais da mesa são mais importantes para o pessoal do Slow Food do que poder usar um modelito que caiba na Calista Flockhart. Por isto é que Elena Miro, a estilista italiana que se especializa em roupas para mulheres que usam tamanhos maiores, montou um estande no Salone de 2002. Quando apareci por lá, uma curvilínea jovem modelo chamada Viviane Zunino estava distribuindo panfletos e zombando das rainhas do paliteiro que vivem de água mineral e folhas. "As dietas só servem para tornar as pessoas infelizes", dizia. "Uma das melhores coisas da vida é sentar numa mesa com os amigos e a família para se deleitar com boa comida e bom vinho." Um sujeito de meia-idade com uma enorme barriga passou por nós, respirando com dificuldade e secando o suor da testa com um lenço de seda. Pudemos então vê-lo tomar uma reta até os biscoitos recobertos de geleia de *jalapeño* no estande americano. Zunino deu um sorriso: "Mas é claro que há limites."

O movimento Slow Food faz parte de uma reação muito mais ampla contra a cultura de alta velocidade e alta rotatividade da indústria global de alimentos. Depois de meio século de crescimento irrefreável, a McDonald's registrou seus primeiros prejuízos em 2002, e imediatamente começou a fechar lojas no exterior. Em todo o mundo, os consumidores começam a tomar distância do símbolo dos dois arcos dourados, por considerarem a comida ali oferecida sem graça e nada saudável. Para muitos, boicotar o Big Mac é uma maneira de dizer não à padronização global do gosto. Como observou o comentarista britânico Philip Hensher, as pessoas finalmente estão se dando conta de que "sua cultura não depende nem pode depender de um hambúrguer tostado num pãozinho com cheiro de peróxido de cálcio". Em casa, a McDonald's enfrenta uma verdadeira avalanche de processos judiciais movidos por americanos que alegam que se tornaram obesos por causa de sua comida.

Pelo mundo afora, fabricantes de alimentos de todos os tipos estão constatando que pouco e devagar não só é melhor como também dá lucro. Quinze anos atrás, por exemplo, o mercado americano de cerveja era dominado por duas grandes empresas, Miller e Busch. Hoje, mil e quinhentas cervejarias de menor porte fabricam de acordo com os princípios do Slow Food. Os padeiros artesanais também estão voltando, para mostrar que o tempo é um ingrediente essencial de qualquer pão de qualidade. A maioria deles usa farinha de moinho de pedra em vez do equivalente industrializado, que é mais barato mas vem processado em rolos compressores que destroem boa parte dos nutrientes naturais. Os verdadeiros padeiros também dão preferência a períodos mais prolongados de prova — algo entre dezesseis horas e três dias — para permitir que a massa fermente e ganhe sabor. O resultado é um pão mais saboroso e nutritivo. A padaria do bairro também é útil para que as pessoas possam voltar a se ligar à comunidade. Na esquina da minha casa em Londres, dois ex-editores abriram em 2001 a Padaria do Farol. Além de fazer um pão divino, um de seus objetivos era criar um ponto de animação social. Atualmente, a fila do sábado de manhã é o lugar ideal para encontrar vizinhos e se atualizar com as últimas do bairro.

As galinhas também passaram a desfrutar ultimamente de mais vagar. Com uma expectativa de vida de miseráveis quatro semanas, passadas quase o tempo todo em galinheiros apinhados, a galinha agroindustrial produz uma carne com o mesmo sabor e textura que um pedaço de tofu. Hoje, contudo, é cada vez maior o número de criadores de aves que adotaram o estilo Devagar. Na fazenda Leckford, em Hampshire, Inglaterra, as galinhas passam até três meses circulando livremente pela propriedade. À noite, dormem em galpões espaçosos. Produzem, assim, uma carne firme, suculenta e saborosa. Para reconquistar a confiança dos consumidores fartos de aves industrializadas, os criadores japoneses também estão voltando a dar preferência a espécies de galinhas que crescem mais devagar e são mais saborosas, como a Akita hinaidori e a Nagoya cochin.

Mas nada ilustra tão nitidamente a disseminação do evangelho Slow Food quanto o ressurgimento dos mercados tradicionais de produtos agrícolas. Em cidades e aldeias de todo o mundo industrializado, e não raro a poucos quarteirões dos grandes supermercados, os fazendeiros voltaram a vender frutas, legumes, queijos e carnes diretamente ao público. Não só os consumidores gostam de sentir de perto o cheiro e a textura dos alimentos como seu sabor frequentemente é melhor. As frutas e os legumes são sazonais, amadurecem naturalmente e não vêm de muito longa distância. E não se pode dizer que os novos mercados do produtor ao consumidor sejam um brinquedinho de uma minoria de *gourmets*. Os preços freqüentemente são mais baixos que os dos supermercados, que gastam uma fortuna com transporte, publicidade, empregados e estocagem. Hoje, os três mil mercados do produtor ao consumidor em funcionamento nos Estados Unidos movimentam anualmente mais de um bilhão de dólares, permitindo que quase vinte mil agricultores passem ao largo da linha de montagem da comida industrializada.

Muitas pessoas estão indo ainda mais longe e cultivando seus próprios produtos. Em toda a Grã-Bretanha, jovens profissionais urbanos fazem fila para alugar pequenos lotes de terra disponibilizados pelas autoridades locais. No "loteamento" perto da minha casa, é possível encontrar yuppies saltando de seus Roadsters BMW para fazer sua provisão de rúcula, cenoura, batata e pimenta malagueta.

À medida que os consumidores se conscientizam mais, todo mundo é obrigado a botar mais fichas no jogo. Os restaurantes mais ambiciosos fazem questão de cozinhar com ingredientes comprados diretamente nas fazendas próximas. O fabricantes passam a produzir alimentos prontos para levar de melhor qualidade. Os supermercados abrem espaço em suas prateleiras para queijos, frios e outros produtos fornecidos por produtores artesanais.

Um denominador comum de todas essas tendências é o sabor. Os métodos industriais eliminam boa parte do sabor natural dos alimentos. Veja-se por exemplo o caso do queijo cheddar. O do tipo industrial vendido em supermercados tende a ser sem graça e previsível. Já o cheddar artesanal, feito à mão com ingredientes naturais, oferece uma enorme variedade de finos sabores que mudam de uma partida para outra.

A leiteria Neal's Yard, no Covent Garden londrino, oferece cerca de 80 diferentes tipos de queijos fornecidos por pequenos produtores da Grã-Bretanha e da Irlanda. A loja é um verdadeiro banquete para os sentidos. Por trás do balcão, nas estantes de madeira pintada, os farelentos Wensleydales convivem harmoniosamente com os cremosos Stiltons, produzindo um delicioso festival de aromas. Aqui, o sabor é o rei. A leiteria oferece também uma variedade de cheddars artesanais, cada um com personalidade própria. O cheddar da marca Keen é macio, algo oleoso, com uma certa acidez silvestre. O cheddar Montgomery é mais seco e firme, com um paladar mais picante. O Lincolnshire Poacher é tenro e acetinado, com um toque de doçura alpina. O cheddar escocês da ilha de Mull, onde a relva é escassa e as vacas se alimentam sobretudo da borra fornecida por uma cervejaria local, é mais claro que os outros, com um paladar algo selvagem.

Em matéria de prazer, os queijos de fábrica simplesmente não têm como competir. A maioria deixa muito pouca impressão nas papilas gustativas. Os sabores de um queijo artesanal, em contraste, desabrocham aos poucos na boca, e permanecem, estimulando o paladar como um bom vinho. "Muitas vezes o cliente prova um queijo, não sente nada especial e vai em frente", explica Randolph Hodgson, fundador e gerente da leiteria Neal's Yard. "Passados alguns segundos, no entanto, ele sente. Volta-se subitamente e diz: 'Caramba, é mesmo muito saboroso!'"

Produzir alimentos ao estilo Devagar é apenas o início. Mesmo em nossos tempos que só pensam na comodidade, muitos de nós passamos a reservar mais tempo para cozinhar e comer. Os programas de férias que têm a culinária como forte atraem cada vez mais interessados para a Tailândia, a Toscana e outros lugares exóticos. Jovens italianos matriculam-se em cursos para aprender os segredos da cozinha que a *mamma* esqueceu de lhes transmitir. Empresas norte-americanas estimulam os empregados a preparar juntos uma magnífica refeição, como forma de fortalecer o espírito de equipe. *Chefs* célebres como Nigella Lawson, Jamie Oliver e Emeril Lagasse reinam na televisão e vendem milhões de exemplares de livros de receitas. É verdade que muitos de seus fãs não passam de voyeurs, mastigando macarrão instantâneo ou pizza pedida por telefone enquanto veem as estrelas operar maravilhas na cozinha. Mas a mensagem que elas transmitem — diminua o ritmo e desfrute do prazer de fazer e comer sua própria comida — está deixando traços, até mesmo em alguns dos lugares mais apressados do planeta.

No Japão, onde o fast-food é endêmico, o Slow Food está em ascensão. Entre os jovens, está na moda cozinhar para curtir. Depois de passarem anos engolindo o jantar em frente à televisão, alguns japoneses redescobrem as alegrias das refeições feitas em comum. As lojas informam o aumento das vendas da *chabudai*, uma mesa redonda portátil ao redor da qual se ajoelham os convivas.

O evangelho Slow Food também vem ganhando terreno na apressada Nova York. Numa de minhas visitas, a cidade está fervilhando como sempre. As pessoas andam nas ruas cheias de energia e determinação, apesar do pesado calor de verão. Ao meio-dia, todo mundo parece lançar mão às pressas de uma salada ou *bagel* recheado. A primeira revista que cai em minhas mãos tem um artigo afirmando que a média de duração de um almoço de negócios caiu para trinta e seis minutos. E, no entanto, alguns nova-iorquinos estão reservando mais tempo para a comida. Vejamos, por exemplo, Matthew Kovacevich e Catherine Creighton, um casal na casa dos 30 que trabalha numa empresa de marketing em Manhattan. Como tantos habitantes da Big Apple, eles estavam sempre de passagem pela cozinha. As coisas mais parecidas com cozinhar que faziam eram esquentar sopas prontas ou jogar molhos enlatados no macarrão, e o jantar quase sempre consistia em comida pronta para levar, consumida diante da televisão. Até que umas férias passadas no sul da Europa mudaram tudo.

Recebido em seu apartamento no Brooklin, sento-me com eles na mesa de jantar, bebericando *chardonnay* californiano e saboreando um queijo de cabra orgânico com geleia de pimentão feita em casa. Matthew, corpulento nos seus 31 anos, explica sua conversão ao vagar gastronômico com o fervor de um autêntico fiel: "Aqui nos Estados Unidos, ficamos achando que fazemos as coisas melhor porque as fazemos mais depressa. E é muito fácil ser tragado por esse estilo de vida. Mas quando a gente vê como os italianos e os franceses comem, o tempo e o respeito que dedicam à comida, percebemos como o estilo americano pode estar errado."

Mal haviam desembarcado da Europa, Matthew e Catherine começaram a levar a vida de acordo com o manual Slow Food. Em vez de ficar beliscando na cozinha ou de fazer um lanche sozinho em frente da TV, eles agora tentam, sempre que possível, sentar-se juntos para uma refeição preparada em casa. Mesmo quando o dia de trabalho se estende por doze horas, o casal ainda encontra tempo para alguns toques de Slow Food, o que pode significar, por exemplo, acompanhar um frango assado de supermercado com uma salada preparada em casa. Ou simplesmente pôr a mesa para comer uma pizza comprada pronta.

Hoje, tudo que eles comem tem mais sabor, e todo fim de semana traz alguma coisa especial relacionada à comida. Nas manhãs de sábado, percorrem o mercado de produtores em Grand Army Plaza. Catherine assa tortas com frutas da estação — morango e ruibarbo, mirtilo, pêssego, maçã — e Matthew prepara o pesto. O preparo de um delicioso molho de churrasco ocupa toda a manhã de domingo, numa longa e lenta dança: picar, ralar, mexer, ferver, provar, temperar e simplesmente esperar. "Grande parte do prazer está no fato de não se apressar nada", explica ele.

Cozinhar pode ser muito mais que uma obrigação chata. É uma atividade que nos liga com aquilo que comemos — sua procedência, a maneira como funcionam os sabores, a influência que terá em nossa saúde. Preparar pratos que deem prazer a outras pessoas pode ser uma grande alegria. Quando dispomos de tempo suficiente, quando a pressa não faz parte da receita, cozinhar também é uma esplêndida maneira de relaxar. Tem alguma coisa de meditação. A possibilidade de diminuir o ritmo mexendo com comida faz com que o resto da vida de Matthew pareça menos agitado. "Numa cidade como Nova York, é muito fácil ser de tal maneira apanhado na engrenagem que acabamos correndo em tudo", diz ele. "Cozinhar é como um pequeno oásis de vagareza. Serve para pôr de novo os pés na terra, o que nos ajuda a evitar a superficialidade da vida urbana."

Matthew e Catherine também consideram que o tratamento Devagar conferido aos alimentos fortaleceu sua relação, o que não chega a surpreender. Existe na própria natureza do ato de cozinhar e das refeições feitas em comum alguma coisa que cria laços entre as pessoas. Não é por acaso que a palavra "companheiro" deriva de palavras latinas que significam "com pão". Uma refeição tranquila e convivial tem um efeito calmante e até civilizatório, amenizando a pressa avassaladora da vida moderna. A população kwakiutl da Colúmbia Britânica considera que comer apressadamente pode "levar à destruição do mundo mais depressa, aumentando o grau de agressividade" nele existente. Oscar Wilde expressou sentimento semelhante num aforismo caracteristicamente sarcástico: "Depois de um bom jantar, podemos perdoar qualquer um, até mesmo nossos parentes."

Compartilhar uma refeição não serve apenas para ajudar a nos entendermos melhor. Estudos realizados em vários países indicam que as crianças de famílias que costumam comer juntas têm mais probabilidade de êxito na escola, sendo menos passíveis de sofrer de estresse ou começar a beber ou fumar muito cedo. Reservar o tempo necessário para fazer uma refeição adequada também pode pagar dividendos no trabalho, onde a regra costuma ser a improvisação. Jessie Yoffe, que trabalha numa empresa de contabilidade em Washington, costumava almoçar em frente ao computador. Achava que seu patrão, viciado em trabalho, não aprovaria se ela saísse para comer fora do escritório, mesmo nos dias mais tranquilos. Até que, certa tarde, estava mastigando uma salada ao mesmo tempo em que passava os olhos num contrato quando se deu conta de que acabava de ler o mesmo parágrafo pela sexta vez sem entendê-lo. Decidiu então, ali mesmo, passar a sair do escritório para almoçar, não importando o que dissesse o patrão. Quase sempre, agora, ela passa meia hora fazendo sua refeição num parque próximo ou numa cafeteria, muitas vezes com uma amiga. Perdeu dois quilos e meio e descobriu em si mesma novas reservas de energia. "É engraçado, pois achamos que se ficarmos menos tempo na mesa de trabalho adiantaremos menos as tarefas, o que não é verdade", comenta Yoffe. "O fato de separar um tempo para comer me deixa mais relaxada, e agora consigo ser muito mais produtiva de tarde." Sem fazer qualquer referência a seus novos hábitos na hora do almoço, seu chefe cumprimentou-a recentemente por seus progressos no trabalho.

Comer calmamente também é bom para a silhueta, pois dá tempo para que o estômago diga ao cérebro que está cheio. O Dr. Patrick Serog, nutricionista no Hospital Bichat em Paris, explica: "O cérebro leva quinze minutos para registrar o sinal de que comemos demais, e se comermos depressa demais, o sinal chega com atraso. Nessas condições, podemos facilmente comer mais que o necessário sem perceber, e por isto é que é melhor comer lentamente."

Como pode confirmar qualquer adepto de regimes, não é fácil mudar nossos hábitos alimentares — o que comemos e a maneira como comemos. Mas é possível emancipar as pessoas do estilo Rápido de comer, especialmente se ainda são jovens. Em certas escolas britânicas, atualmente, as crianças são levadas a visitar fazendas agrícolas para aprender de onde vêm as refeições. Em outras, são estimuladas a cozinhar e preparar cardápios para a lanchonete da escola. Quando têm oportunidade de escolher, muitas crianças preferem bons alimentos que precisam de tempo para ser preparados a lanches processados.

No Canadá, Jeff Crump dedica muito tempo à reeducação de jovens palatos. Apesar de ter crescido numa família em que comida feita em casa queria dizer cachorro-quente, Crump é atualmente *chef* num restaurante situado num mercado de agricultores nas imediações de Toronto. Aos 31 anos, também está à frente do Slow Food de Ontário. "Eu sou uma prova viva de que, com um pouco de curiosidade, qualquer um pode aprender a gostar de boa comida", diz ele. Numa quente noite de verão, junto-me a Crump em sua cruzada culinária. Estamos numa escola de cozinha no centro de Toronto. Quinze crianças, com idades entre 9 e 16 anos, estão sentadas em banquetas ao redor de uma mesa de madeira na sala de aulas principal. A maioria vem de famílias de classe média nas quais os pais, sempre muito ocupados, servem comida processada com acompanhamento de sentimento de culpa. As crianças hoje vão comparar uma refeição Kraft pronta para levar com uma versão Slow Food do mesmo prato.

Envergando seu imaculado uniforme branco de *chef*, Crump começa reunindo os ingredientes para um autêntico macarrão com queijo — leite, manteiga, ovos, queijo, massa, sal e pimentão. Bem ao lado, esvazia o conteúdo de uma caixa de Kraft Dinner — macarrão desidratado e um saquinho de um tempero em pó laranja vivo. Enquanto ele fala das substâncias químicas contidas nos alimentos processados, seu assistente leva uma porção de Kraft Dinner ao fogão de aço inoxidável, fervendo a massa em água e adicionando o tempero em pó com um pouco de leite e manteiga. Quando o preparado está pronto, Crump retira do forno o seu macarrão artesanal com queijo, preparado anteriormente. Começa então o teste do paladar. Reina o silêncio enquanto as crianças comparam as massas rivais, até que os críticos amadores entram num verdadeiro pandemônio para comparar as notas. Doze das quinze crianças preferem a versão Slow Food. Comentário de Sarah, 13 anos: "Quando comemos só Kraft Dinner não ficamos pensando no gosto, apenas comemos. Mas quando temos ao lado um prato com macarrão de verdade e queijo, percebemos como tem gosto de substâncias químicas. É um escândalo. A comida do Jeff é muito melhor. Tem o gosto que o queijo deve ter mesmo." Mais tarde, Crump distribui cópias de sua receita. Várias crianças manifestam a esperança de que ela venha a substituir o Kraft Dinner em casa. Sarah promete que vai ela mesma cozinhar. "Eu é que vou fazer", afirma, guardando a receita na mochila.

Inevitavelmente, há quem descarte Slow Food como uma espécie de clube para epicuristas endinheirados — o que é fácil de explicar quando vemos alguns de seus membros gastando centenas de dólares com raspas de trufas no Salone del Gusto. Mas essas acusações de elitismo estão muito longe da verdade. A gastronomia sofisticada é apenas um dos aspectos do movimento. Slow Food também tem muito a oferecer aos de orçamento apertado.

Afinal de contas, comer Devagar nem sempre quer dizer comer caro. Frutas e legumes muitas vezes custam menos nos mercados de produtores. À medida que a demanda aumenta e melhora a eficiência, o preço dos alimentos orgânicos começa a baixar. Na Grã-Bretanha, surge cada vez maior número de cooperativas em regiões pobres, oferecendo produtos das fazendas da região — além de dicas para cozinhá-los — a preços acessíveis. Cozinhar em casa também é uma maneira certa de economizar dinheiro. As refeições preparadas integralmente em casa tendem a ser mais baratas — além de mais saborosas — que as compradas prontas. Ovos mexidos prontos para consumir custam vinte vezes mais que ovos crus comprados no mercado.

Por outro lado, muitos alimentos Devagar, por sua própria natureza, são mais caros que os concorrentes produzidos em massa. Um hambúrguer feito de carne orgânica de gado alimentado com relva nunca será tão barato quanto um Whopper, e uma galinha criada em granja sempre haverá de custar mais que a das fazendas industriais. É o preço a pagar para comer melhor. O problema é que o mundo se acostumou com comida barata. Meio século atrás, uma família europeia média gastava até metade de sua renda com alimentação. Hoje, o total está mais próximo de 15%, sendo ainda mais baixo na Grã-Bretanha e na América do Norte. Os italianos gastam 10% de sua renda com os celulares, contra 12% na alimentação. Mas mudar é preciso. Na era pós-doença da vaca louca, as pesquisas indicam uma forte disposição para gastar mais dinheiro e tempo com a alimentação.

Inspirado no crescente apetite pela desaceleração culinária e ansioso por submeter ao teste da prática os princípios de Petrini, saí em busca da perfeita refeição Slow Food. A investigação levou-me a Borgio-Varezzi, uma movimentada estação de veraneio do outro lado da baía de Gênova. Estamos em pleno verão, e as ruas que levam à praia estão cheias de italianos em férias, entrando e saindo de bares e sorveterias. Abro caminho na multidão e subo a colina em direção às ruas estreitas e pedregosas do bairro antigo. Estou a caminho do Da Casetta, um restaurante familiar particularmente elogiado no guia Slow Food.

Chego na hora em que estão abrindo, oito da noite, para confirmar minha reserva para mais tarde. Os primeiros clientes da noite, um jovem casal, já estão na entrada. Cinzia Morelli, um dos membros da família, despacha-os gentilmente. "Sinto muito, mas ainda estamos preparando os antepastos", diz ela. "Vocês podem tomar um drinque ou dar uma caminhada enquanto acabamos." O casal leva a coisa na esportiva e sai caminhando pelo bairro velho com sorrisos benevolentes que parecem dizer: sabemos que valerá a pena esperar.

Hora e meia depois, retorno ao restaurante, cheio de grandes expectativas e ainda maior apetite. Os antepastos já estão preparados, dispostos como uma esquadra de navios numa mesa lateral do salão de jantar. Cinzia conduz-me para a varanda de madeira, onde as mesas parecem saídas direto de um desses prospectos de lugares para passar férias na Itália. O Da Casetta fica no fundo de uma praça inclinada e arborizada. De um dos lados, uma igreja do século XVIII ergue-se acima dos telhados de telhas vermelhas, lançando preguiçosamente as badaladas de seu sino a cada meia hora. Na praça calçada de pedras, freiras de branco passam em pequenos grupos, cochichando como escolares. Casais se acariciam na sombra. Risos de crianças nos chegam dos balcões acima.

Meu parceiro no jantar chega ao Da Casetta vinte e cinco minutos atrasado. Vittorio Magnoni, 27 anos, é um comerciante de tecidos que faz parte do movimento Slow Food. São quase 10 horas da noite, e ele não tem a menor pressa de pedir.

Pelo contrário, senta-se na cadeira em frente à minha, acende um cigarro e começa a contar como foram suas recentes férias na Sicília. Explica, por exemplo, que os pescadores locais pescam atum lançando uma rede única entre as embarcações. Passa então a descrever as diferentes maneiras como o peixe é servido à mesa do jantar quando desembarcam — em finas fatias de carpaccio, grelhado com limão, borbulhando em suculentas sopas.

A conversa dá água na boca, de modo que ficamos aliviados quando o garçom se aproxima. Ele se chama Pierpaolo Morelli e parece com John McEnroe sem o projeto de calva. Pierpaolo explica como e por que o Da Casetta encarna o ethos do Slow Food. A maior parte das verduras, legumes e frutas do cardápio vem do quintal da família. Os pratos são todos da tradição liguriana, montados manualmente, devagar e com *passione*. Ninguém aparece ali para dar uma beliscada rápida. "Isto aqui é o oposto do fast-food", declara Pierpaolo. Enquanto ele fala, vejo algumas mesas adiante o casal que havia chegado cedo demais. O homem está levando à boca da mulher o que parece ser um camarão. Ela mastiga devagar, provocadoramente, e leva a mão ao queixo dele.

Depois de pedir os pratos, examinamos a carta de vinhos. Pierpaolo volta para nos ajudar. Murmurando baixinho os nomes dos pratos que pedimos, ele coça o queixo e passeia o olhar pela noite em busca de inspiração. Depois de uma verdadeira eternidade, finalmente dá o veredicto. "Tenho o vinho perfeito para o que vocês pediram — um liguriano branco da região", comunica. "É um *pigato*, com um pouco de *vermentino* misturado. Eu conheço o fabricante."

O vinho chega rapidamente, e é extraordinário, leve e fresco. Segue-se um prato de antepastos variados, num delicioso pot-pourri: uma minúscula pizza; uma lasca de torta de aspargos; *zucchini* recheado de ovos, mortadela, parmesão, batata e salsa. Dispostas numa pequena pilha no centro do prato estão as joias da coroa: minicebolas, ou *cipolline*, tostadas no vinagre. São uma verdadeira ambrosia, firmes e macias, doces mas com um toque amargo. "Meu pai colheu-as no quintal esta manhã", lança Pierpaolo, encaminhando-se para outra mesa.

Apesar da fome, comemos lentamente, saboreando cada garfada. Ao nosso redor, o vinho flui, aromas passam, o riso dança no fresco ar da noite. Uma dúzia de conversas se confundem num doce e sinfônico murmúrio.

Vittorio tem essa mesma paixão italiana pela comida e gosta de cozinhar. Sua especialidade são *papardelle* com camarões. Enquanto comemos, ele me explica como são preparados, passo a passo. O detalhe é tudo. "Quanto aos tomates, devem ser usados os pequenos da Sicília", explica. "E basta cortá-los ao meio, nada mais." Seu outro prato favorito é espaguete com mariscos. "Não se deve nunca deixar de coar o caldo de cozimento dos mariscos, para não deixar passar os pedacinhos duros", prossegue, segurando uma peneira imaginária. Enquanto limpamos os pratos de antepastos com um crocante pão artesanal, seguimos comparando receitas de risoto.

Chega a hora do *primo piatto*. O meu é *testaroli* com *funghi porcini*. *Testaroli* é uma massa cozida, resfriada, picada e novamente levada ao cozimento. Consegue ser ao mesmo tempo *al dente* e agradavelmente macia. Os cogumelos, colhidos na região, são densos mas leves. A combinação é sublime. Vittorio escolheu uma outra especialidade liguriana: *lumache alla verezzina* — escargots em molho de nozes. Outro triunfo.

A conversa se afasta dos temas culinários. Vittorio explica que os italianos do norte têm mentalidade mais moderna que seus compatriotas do sul. "Quando vou a Nápoles, só de me olhar eles são capazes de dizer que eu sou do norte", conta. Falamos então dessa outra grande paixão italiana, o *calcio*, o futebol. Vittorio considera que seu time, o Juventus, continua na linha de frente do panorama europeu, apesar de ter vendido Zinedine Zidane, o magistral meio de campo por muitos considerado o melhor jogador do mundo. E a conversa toma um rumo pessoal. Vittorio revela que, como tantos italianos, continua vivendo com a *mamma*. "A vida numa família italiana é muito confortável — comida na mesa, roupa lavada", diz ele, sorrindo. "Mas atualmente estou noivo, de modo que vou acabar passando a morar com ela."

Encantado com seus *escargots*, Vittorio começa a entoar loas ao Slow Food. Ele gosta sobretudo de se reunir com outros membros da confraria para refeições que se prolongam durante horas. Resume então a contribuição do Slow Food ao mundo moderno: "A comida do McDonald's não é comida de verdade; enche sem alimentar. Acho que as pessoas se cansaram de comer coisas sem sabor, história nem relação com a terra. Querem algo melhor."

Como se obedecesse a um chamado, Pierpaolo surge ao meu lado com o prato principal: *cappon magro*, a própria materialização de uma típica iguaria Slow Food. O prato consiste em camadas de frutos do mar variados, salsa verde, batata e atum defumado. Com todo o trabalho necessário para desossar e descascar, limpar e picar, quatro pessoas levam nada menos que três horas para preparar uma dúzia de pratos de autêntico *cappon magro*. Mas cada minuto vale a pena: o prato é uma verdadeira obra de arte, o perfeito casamento do mar com a terra.

Estamos a meio caminho dessa obra-prima quando Vittorio lança uma bomba. "Preciso dizer-lhe uma coisa", adianta, algo embaraçado.

"Eu às vezes como no McDonald's." Silêncio constrangedor. Numa mesa ao lado, um dos convivas, até então atracado com seu coelho assado, levanta os olhos como se Vittorio acabasse de quebrar uma vidraça.

— Você o quê? — faço eu. — Mas isto não é uma heresia? Como se um rabino comesse um sanduíche de presunto?

Estimulado pelo vinho e encorajado pela própria sinceridade, Vittorio tenta explicar sua apostasia. "Na Itália, são muito poucas as opções quando a gente precisa comer com pressa: ou sentamos num restaurante para uma refeição completa, ou comemos uma fatia de pizza, ou então um sanduíche num barzinho sujo", explica. "Pode-se dizer tudo sobre o McDonald's, mas pelo menos é limpo."

Ele faz uma pausa e bebe um gole de vinho. Agora o sujeito do coelho assado está ouvindo atentamente, com as sobrancelhas levantadas como as de um personagem de desenho animado.

"Eu sempre me sinto culpado depois de comer em algum lugar como o McDonald's", prossegue Vittorio. "Mas estou convencido de que outros membros da confraria Slow Food também comem lá. Só não dizem nada."

Com este pérfido segredinho pairando no ar, tratamos então de traçar o *cappon magro*. Chega a hora da sobremesa. E o Pierpaolo? Pierpaolo? Ah, sim, lá está ele, limpando os cacos de um copo quebrado debaixo de uma mesa próxima. Aproxima-se então para nos falar dos *dolci*. Minutos depois, chegam as sobremesas — uma torta de chocolate com um naco de mascarpone e creme zabaione; sorvete de maçã; *bavaroise* de morango. Tudo extraordinário, especialmente na companhia de um vinho Malvasia da região, frutado, suave e da cor de xarope de bordo. "Delicioso", geme Vittorio.

Oscar Wilde estava certo quando falava da capacidade de um bom jantar de nos fazer perdoar qualquer coisa. Enquanto vamos deslizando para o nirvana posterior a uma tal refeição, aquele glorioso estado em que o apetite foi aplacado e tudo está bem no mundo, a confissão de Vittorio sobre o McDonald's já parece uma lembrança distante. Tomamos um expresso forte em amigável silêncio. Pierpaolo traz uma garrafa de *grappa* e duas pequenas taças. Mais alguns momentos bebericando e conversando, e somos afinal os únicos clientes que ainda restam no Da Casetta. Os outros membros do clã Morelli deixam a cozinha em direção à varanda para tomar ar fresco. A atmosfera é de amena benevolência.

Olho então para o relógio. Já é 1h25 da manhã! Passei quatro horas à mesa sem nem de longe sentir-me entediado ou cansado. O tempo foi fluindo imperceptivelmente, como a água de um canal veneziano. Talvez por isto, aquela tornou-se uma das refeições mais memoráveis da minha vida. No momento em que escrevo, mais de um ano depois, ainda lembro do aroma agridoce das *cipolline*, das delicadas fragrâncias marítimas do *cappon magro*, do som das folhagens oscilando ao vento na *piazza* escura.

Em meio às lembranças desse jantar no Da Casetta, é fácil imaginar que o futuro pertence ao Slow Food. Mas o fato é que o movimento vem enfrentando alguns sérios obstáculos. Para começo de conversa, a indústria de alimentos global é estruturada para favorecer a alta rotatividade, a produção de baixo custo — e os fabricantes de alimentos, as companhias de transporte de longa distância, os gigantes do fast-food, as empresas de publicidade, os supermercados e os empreendimentos agroindustriais têm todo o interesse em manter as coisas assim. Na maioria dos países, o produtor Devagar tem a vida sistematicamente dificultada pela maneira como funcionam sistemas de subsídios, regulamentações e redes de distribuição.

Os admiradores do status quo argumentam que a agroindústria é a única maneira de alimentar a população mundial, que deverá chegar a 10 bilhões de almas em 2050. Parece lógico: precisamos acelerar a produção, para que ninguém passe fome. Mas o fato é que a maneira como hoje produzimos alimentos é com toda evidência insustentável. A agricultura industrial devasta o meio ambiente. Certos especialistas acreditam atualmente que a melhor maneira de alimentar o mundo é voltar ao cultivo misto em menor escala, estabelecendo entre as colheitas e o gado um equilíbrio que leve em conta as necessidades ambientais. Essas ideias já começam a criar raízes no contexto da

União Europeia. Em 2003, a UE finalmente decidiu reformar sua Política Agrícola Comum no sentido de recompensar os agricultores antes pela qualidade do que pela quantidade da produção, e também pela proteção do meio ambiente.

Quando se trata de modificar nosso próprio comportamento, o Slow Food é realista. Reconhece que nem toda refeição pode ser um banquete de iguarias artesanais durante quatro horas. Simplesmente não seria viável no mundo moderno. Vivemos em tempos apressados, e muitas vezes só é mesmo possível dar um tratamento Rápido à alimentação. Às vezes, só queremos e precisamos mesmo de um sanduíche rápido. Mas é perfeitamente possível introduzir no cotidiano de nossas cozinhas algumas das ideias do Slow Food em que se escora o cardápio do Da Casetta. O que é preciso é começar com os produtos, sempre sazonais e da região onde vivemos. Carne, queijo e pão fornecidos por produtores conscienciosos. E quem sabe até algumas folhas, como hortelã, salsa e tomilho, cultivadas no jardim ou em vasos na janela.

O próximo passo consiste em cozinhar mais. Depois de um longo e cansativo dia de trabalho, nosso reflexo é botar uma refeição pronta no micro-ondas ou telefonar para um restaurante tailandês. Mas às vezes não passa disso mesmo: pura e simplesmente, um reflexo. Dá para superar; somos capazes de encontrar tempo e energia para picar, fritar e ferver. Pela minha experiência, respirar fundo e simplesmente ir caminhando para a cozinha pode ser o suficiente para deixar para trás o baixo-astral do não-vou-me-dar-ao-trabalho-de-ficar-cozinhando. Uma vez lá, a recompensa não é meramente gastronômica. Quando o alho picado é vertido na frigideira com óleo fervente e começa a chiar, sinto como se as tensões do dia se fossem esvaindo.

Preparar uma refeição não precisa ser algo prolongado e trabalhoso. Qualquer um pode improvisar uma sopa caseira em menos tempo do que seria necessário para esperar a pizza pedida por telefone. Não se trata aqui de tentar reproduzir o *cappon magro*. Um prato Devagar pode ser simples e rápido. No Salone del Gusto, estava à venda uma revista com receitas para serem preparadas em apenas quinze minutos, desde massa com tomate até sopa de cogumelos. Outra maneira de contornar o problema do tempo é cozinhar mais do que o necessário quando for possível e estocar a sobra no congelador. Assim, em vez de simplesmente aquecer uma refeição comprada pronta ou mandar vir, por telefone, um prato de curry, podemos descongelar uma delícia feita em casa. Aqui em casa, passamos a encomendar muito menos comidas prontas — com isto, economizando uma fortuna — agora que o congelador está cheio do nosso próprio *chili con carne* e das lentilhas que preparamos.

Não resta dúvida de que todos temos a lucrar com o estilo Devagar na alimentação. É muito mais difícil gostar de comer quando engolimos a comida ou fazemos uma refeição em frente à televisão ou ao computador. Ela se transforma em mero combustível. É mais fácil saborear os alimentos quando diminuímos o ritmo para prestar atenção no que estamos fazendo. Aprecio muito mais meu jantar quando estou à mesa do que tentando equilibrá-lo no colo diante do noticiário noturno ou de *Friends*.

Poucos de nós disporão de tempo, dinheiro, energia ou disciplina suficientes para posar de modelo de comportamento em matéria de Slow Food. Assim é a vida no apressado século XXI. Mas o fato é que cada vez mais nós vamos aprendendo a diminuir o ritmo. Slow Food capturou o interesse do público e se disseminou por todo o planeta porque atende a um desejo humano essencial. Todos gostamos de comer bem, e nos sentimos mais saudáveis e felizes quando o fazemos. Anthelme Brillat-Savarin disse isso melhor que ninguém na obra-prima que publicou em 1825, *Fisiologia do gosto*: "Os prazeres da mesa falam a todos os homens, de todos os países, em todas as posições na história ou na sociedade; podem ser integrados a todos os nossos outros prazeres e são os que mais perduram, para nos consolar quando sobrevivemos a tudo mais."

CAPÍTULO QUATRO

CIDADES: MISTURANDO O VELHO E O NOVO

A onda da vida, sempre ligeira em seu curso,
Pode percorrer as cidades com mais força,
Mas em nenhum outro lugar é mais serena
Ou tão clara quanto no mundo rural.
— WILLIAM COWPER, 1782

DEPOIS DO MEU ENCONTRO COM CARLO PETRINI, FUI DAR UMA caminhada pelas ruas de Bra. Mesmo num dia de semana comum, a cidade sede do movimento Slow Food parece o lugar perfeito para se isolar de tudo. Os moradores se demoram tomando seu cafezinho nas mesas das calçadas, fofocando com amigos ou vendo o mundo passar. Nas praças tranquilas e arborizadas, onde o ar cheira a lilás e alfazema, os bancos de pedra são ocupados por velhos imóveis como estátuas. Todo mundo tem tempo para dizer um caloroso *"buon giorno"*.

E não surpreende que seja assim. Um decreto local estabeleceu que a *dolce vita* passou a ter valor de lei na cidade. Inspiradas pelo Slow Food, Bra e três outras aldeias italianas firmaram em 1999 um compromisso para se transformar em oásis de proteção do frenesi de alta velocidade do mundo moderno. Nelas, cada aspecto da vida urbana passou a ser reformulado de acordo com os princípios de Petrini — primazia do prazer sobre o lucro, dos seres humanos sobre as instituições, do vagar sobre a velocidade. O movimento foi batizado de Città Slow, ou Cidades do bem viver, e conta hoje com mais de trinta cidades afiliadas na Itália e em outros países.

Para um habitante da caótica e esbaforida Londres, a aproximação das palavras "cidade" e "devagar" tem um apelo imediato. Para conferir se o movimento é mais que um sonho vazio ou uma jogada de marketing, marco uma entrevista com Bruna Sibille, vice-prefeita de Bra e uma das principais militantes de Città Slow. Encontramo-nos no salão de conferências do primeiro andar da sede da prefeitura, um belo *palazzo* do século XIV. Sibille está de pé junto a uma janela, contemplando a vista — um mar de telhados de terracota vermelha, onde se destaca aqui e ali alguma torre de igreja, e que se estende a perder de vista. Vendo um rapaz passar languidamente de bicicleta na *piazza* lá embaixo, ela abre um sorriso de satisfação.

"No início, o movimento Devagar era encarado como uma ideia para algumas poucas pessoas que gostavam de comer e beber bem, mas hoje tornou-se um debate cultural muito mais amplo sobre as vantagens de fazer as coisas de uma forma mais humana e menos frenética", explica ela. "Não é fácil nadar contra a corrente, mas consideramos que a melhor maneira de administrar uma cidade é com a filosofia Devagar."

O manifesto do movimento Città Slow enumera cinquenta e cinco compromissos, tais como diminuir o barulho e o tráfego; aumentar os espaços verdes e as zonas de pedestres; apoiar os agricultores da região, assim como as lojas, os mercados e os restaurantes que vendem seus produtos; promover tecnologias de proteção do meio ambiente; preservar as tradições estéticas e culinárias locais; e estimular um espírito de hospitalidade e solidariedade local. A esperança é que essas reformas redundem em algo mais que a simples soma de suas partes, que consigam revolucionar a maneira como as pessoas pensam sobre a vida urbana. Sibille fala com entusiasmo de "criar um novo clima, uma maneira completamente nova de encarar a vida".

Em outras palavras, uma Cidade do bem viver é mais que apenas uma cidade rápida que diminuiu o ritmo. O que o movimento pretende é criar um ambiente em que as pessoas possam resistir à pressão para viver de acordo com o relógio e fazer tudo mais rápido. Sergio Contegiacomo, um jovem consultor financeiro de Bra, se entusiasma com a vida na Cidade do bem viver. "O principal é que deixamos de lado a obsessão com o tempo. Em vez disso, desfrutamos cada momento", diz ele. "Numa Cidade do bem viver, temos a possibilidade de relaxar, pensar, refletir sobre as grandes questões existenciais. Em vez de nos deixarmos apanhar na precipitação e na velocidade do mundo moderno, na qual tudo que sabemos fazer é entrar no carro, ir para o trabalho e voltar correndo para casa, aproveitamos o tempo para caminhar e encontrar as pessoas na rua. É um pouco como estar vivendo um conto de fadas."

Apesar de ansiarem por tempos mais calmos e amenos, os militantes do Città Slow não renegam o progresso. Ser Devagar não quer dizer ser apático, atrasado ou ter fobia de tecnologia. Sim, o movimento quer preservar as tradições arquitetônicas, artesanais e culinárias. Mas também celebra o que há de melhor no mundo moderno. Uma Cidade do bem viver faz sempre a pergunta: Será que isto contribui para melhorar nossa qualidade de vida? Se a resposta for positiva, a cidade adota. E isto se aplica também às mais novas tecnologias. Em Orvieto, uma Cidade do bem viver encravada no alto de uma colina da Úmbria, as ruas medievais são atravessadas silenciosamente por ônibus elétricos. O movimento Città Slow se vale de um descolado site na internet para promover sua filosofia de *buon vivere*. "Vamos deixar uma coisa bem clara: ser uma Cidade do bem viver não significa parar tudo e fazer o relógio voltar atrás", explica Sibille. "Não queremos viver em museus nem demonizar todo tipo de fast-food; queremos encontrar um equilíbrio entre o moderno e o tradicional que permita promover o bem-estar."

Devagar mas com firmeza, Bra está trabalhando pelo cumprimento dos cinquenta e cinco compromissos. No centro histórico da cidade, algumas ruas foram fechadas ao tráfego, sendo proibidos também as cadeias de supermercados e os luminosos de néon chamativos demais. Os melhores imóveis comerciais são destinados a pequenos negócios familiares — entre eles lojas de tecidos manufaturados e carnes especiais. A prefeitura subsidia reformas de prédios que utilizam o estuque cor de mel e as telhas vermelhas típicos da região. As lanchonetes de hospitais e escolas passaram a servir pratos tradicionais feitos com frutas e legumes orgânicos da região, no lugar de refeições industrializadas e produtos de fornecedores de outras regiões. Para que não haja perigo de cair por descuido no excesso de trabalho, e também de acordo com a tradição italiana, todas as pequenas lojas de alimentos de Bra fecham às quintas-feiras e aos domingos.

Os habitantes parecem satisfeitos com as mudanças. Apreciam as novas árvores e os novos bancos, as ruas de pedestres, os movimentados mercados de alimentos. Até os mais jovens estão reagindo bem. O ginásio aquático de Bra aboliu a música pop em respeito ao espírito Devagar. Fabrizio Benolli, seu simpático proprietário, explica-me que alguns de seus jovens clientes já começam a tentar enxergar mais longe que o estilo de vida frenético e padronizado promovido pela MTV. "Eles começam a entender que também é possível se divertir de uma maneira tranquila, Devagar", explica. "Em vez de se encherem de coca-cola num bar barulhento, estão descobrindo como pode ser agradável ficar bebendo o vinho da região num lugar com música discreta."

A adesão ao Città Slow tem ajudado as cidades a diminuir o desemprego e injetar nova vida em economias enfraquecidas. Em Bra, milhares de turistas são atraídos pelas novas lojas de frios artesanais e chocolates feitos à mão, além de festivais gastronômicos centrados em iguarias locais como as trufas brancas e o vinho tinto Dolcetto. Em setembro, a cidade é tomada por estandes de fabricantes de queijos sofisticados de toda a Europa. Para atender à crescente demanda de comida de alta qualidade, tanto por parte dos habitantes da cidade quanto dos forasteiros, o comerciante Bruno Boggetti, de 58 anos, ampliou sua delicatessen, passando a vender maior variedade de especiarias locais — pimentões assados, trufas, massa fresca, azeite de oliva apimentado. Em 2001, ele transformou seu porão numa adega cheia de vinhos da região. "O movimento Devagar me ajudou a dinamizar meu negócio", conta-me ele. "Em vez de estar sempre lançando mão do que for mais barato e mais rápido, que é o que a globalização estimula, as pessoas estão cada vez mais decidindo que é melhor diminuir o ritmo, para refletir, para desfrutar de coisas feitas à mão, e não pela máquina."

Città Slow pode até estar a ponto de virar a mesa em termos demográficos. Na Itália, como em outros países, há muito tempo os jovens vêm deixando as regiões rurais e as pequenas cidades, atraídos pelo brilho da grande cidade. Agora que o encanto do estilo de vida urbano de alta velocidade e alta tensão começa a se desfazer, muitos estão voltando para casa, em busca de um ritmo de vida mais tranquilo. E são acompanhados nesse movimento por alguns citadinos. No balcão de uma *gelateria* em Bra, encontro Paolo Gusardi, jovem consultor de tecnologia de informação em Turim, vibrante cidade industrial 45 quilômetros ao norte daqui. Ele está procurando um apartamento no centro histórico. "Em Turim, a gente está sempre correndo, correndo e correndo, estou cansado disso", explica, enquanto saboreia um sorvete de chocolate com menta. "A filosofia Devagar realmente parece oferecer uma alternativa." Gusardi pretende passar a maior parte da semana trabalhando em Bra, criando sites na internet e programas de computação de negócios e indo a Turim somente quando precisar encontrar alguém pessoalmente. Seus principais clientes já lhe deram sinal verde.

Seja como for, Città Slow ainda está dando os primeiros passos, e em suas cidades a desaceleração ainda é um processo. Já são visíveis alguns dos obstáculos que o movimento terá de enfrentar. Em Bra, embora a vida já se vá tornando mais amena, muitos habitantes ainda consideram intensivo demais o ritmo de trabalho. Luciana Alessandria tem uma loja de artigos de couro no centro histórico. Continua se sentido tão estressada quanto antes de a cidade entrar para o movimento Città Slow. "É muito bonito os políticos ficarem falando de desacelerar isto e aquilo, mas no mundo real não é tão fácil", queixa-se. "Se eu quiser manter um padrão de vida aceitável, tenho de trabalhar duro, muito duro." Em certa medida, Città Slow é vítima de seu próprio sucesso: a perspectiva de uma vida Devagar atrai turistas e forasteiros, o que traz consigo também a velocidade, o barulho e a agitação.

Os militantes do Città Slow também descobriram que certas propostas são mais fáceis de aceitar que outras. As tentativas de diminuir a poluição sonora esbarram na tendência dos italianos para gritar nos seus telefones celulares. Em Bra, a contratação de maior número de guardas de trânsito não bastou para acabar com esta outra paixão nacional: dirigir em alta velocidade. Exatamente como em outras Cidades do bem viver, os carros e as vespas passam a toda pelas ruas em que ainda podem trafegar. "Tenho a impressão de que as pessoas aqui continuam dirigindo muito mal, exatamente como no resto da Itália", suspira Sibille. "O trânsito é um terreno em que será muito difícil fazer com que os italianos diminuam o ritmo."

Na pior das hipóteses, contudo, o Città Slow terá aberto outra frente de batalha no combate mundial contra a cultura da velocidade. Em 2003, vinte e oito cidades italianas estavam oficialmente cadastradas como Cidades do bem viver, enquanto outras vinte e seis tomavam as providências para se inscrever. Os pedidos também chegavam do resto da Europa e até da Austrália e do Japão. Duas cidades da Noruega (Sokndal e Levanger) e uma da Inglaterra (Ludlow) aderiram ao movimento, devendo em breve ser seguidas por duas aldeias da Alemanha (Hersbruck e Geimende Schwarzenbruck). Ao fim de nossa conversa, Sibille parece animadíssima. "É um processo longo, mas aos pouquinhos estamos transformando Bra num lugar melhor para se viver", afiança a vice-prefeita. "Quando concluirmos nosso trabalho, todo mundo vai querer viver numa Cidade do bem viver."

Talvez ela esteja exagerando um pouco. Afinal de contas, Città Slow não é para o gosto de todo mundo. A preocupação de preservar a culinária regional, por exemplo, sempre fará mais sentido em Bra do que em Basingstoke ou Buffalo. Além disso, o movimento limita-se a cidades com menos de cinquenta mil habitantes. Para muitos que estão no movimento, o ideal urbano é a cidade da alta Idade Média, um viveiro de coelhos cheio de ruas com calçamento de pedra onde as pessoas se reúnem para fazer compras, trocar ideias e comer em encantadoras *piazzas*. Em outras palavras, o tipo do lugar que a maioria de nós só frequenta nas férias. Seja como for, a ideia central do movimento

— que é preciso diminuir um pouco a velocidade e o estresse da vida urbana — está se transformando numa tendência global.

No capítulo I, referi-me às cidades como gigantescos aceleradores de partículas. A metáfora nunca foi tão apropriada. Tudo na vida urbana — a cacofonia, os automóveis, as multidões, o consumismo — nos convida mais a correr do que a relaxar, refletir ou entrar em contato com as pessoas. A cidade nos mantém perpetuamente em movimento, ligados, sempre em busca do próximo estímulo. Mas ainda que nos estimulem, as cidades nos parecem um elemento de alienação. Não faz muito tempo, constatou-se numa pesquisa que 25% dos britânicos sequer sabem o nome de seus vizinhos. A desilusão com a vida urbana não começou ontem. Em 1819, Percy Bysshe Shelley escrevia: "O inferno é uma cidade muito parecida com Londres." Algumas décadas depois, Charles Dickens traçava a crônica dos subterrâneos sórdidos das cidades apressadas e em rápido crescimento da Grã--Bretanha industrializada. Em 1915, o romancista americano Booth Tarkington, ganhador do prêmio Pulitzer, culpava a urbanização pela transformação de sua Indianápolis natal num inferno de mau humor: "Não faz tanto tempo assim, há menos de uma geração, não havia aqui esse gigantismo ofegante, essa cidade encardida e com ânsias (...) havia tempo para viver."

Ao longo de todo o século XIX, as pessoas buscavam maneiras de se livrar da tirania da cidade. Alguns, como os transcendentalistas americanos, transferiram-se para regiões remotas do interior. Outros se viravam com surtos eventuais de turismo naturalista. Mas as cidades haviam chegado para ficar, e os militantes trataram de torná-las mais viáveis, promovendo reformas que ainda hoje têm consequências. Uma das medidas consistiu em importar os ritmos lentos e tranquilizadores da natureza, graças à construção de parques públicos. O Central Park de Nova York, iniciativa de Frederick Olmstead em 1858, tornou--se um modelo para as cidades norte-americanas. Desde o início do século XX, os planejadores urbanos procuraram construir bairros equilibrando elementos urbanos e rurais. Na Grã-Bretanha, Ebenezer Howard lançou o movimento Cidade Jardim, que propunha cidades pequenas e autossuficientes dotadas de um parque central e um cinturão verde de bosques e propriedades agrícolas. Duas cidades-jardim foram construídas na Inglaterra — Letchworth em 1903 e Welwyn em 1920 —, e em seguida a ideia cruzou o Atlântico. Nos Estados Unidos, onde o automóvel já era o rei da selva urbana, foram os arquitetos que conceberam Radburn, em Nova Jersey, uma cidade cujos habitantes nunca precisariam dirigir um carro.

À medida que o século XX avançava, os planejadores urbanos iam fazendo experiências com diferentes estilos, especialmente nos subúrbios, para combinar o dinamismo da vida na cidade com a sensibilidade mais devagar do campo. Mas o fato é que essas reformas em grande medida fracassaram, e hoje a vida urbana parece mais rápida e estressada que nunca. A necessidade de escapar aumenta a cada dia, e foi por isto que o livro *Um ano na Provence*, no qual Peter Mayle relata a transferência de sua família da Inglaterra para uma idílica aldeia na França, vendeu milhões de exemplares em todo o mundo ao ser publicado em 1991, inspirando legiões de imitadores. Hoje, estamos a toda hora lendo livros e vendo documentários sobre citadinos que vão criar galinhas na Andaluzia, fazer cerâmica na Sardenha ou abrir um hotel nas *Highlands* escocesas. Nas imediações das cidades norte-americanas, é grande a demanda de fins de semana em chalés nos bosques. Até os japoneses, que durante muito tempo esnobaram o interior como algo antimoderno, estão descobrindo os encantos de andar de bicicleta ao longo de plantações de arroz e caminhar pelas montanhas. Outrora motivo de zombaria por seu ritmo de vida devagar, a região de Okinawa atrai hoje muitos seres urbanos loucos para sair da pista de alta velocidade.

O culto da tranquilidade rural provavelmente é mais pronunciado na Grã-Bretanha, onde a urbanização começou cedo, e onde atualmente mil e quinhentas pessoas fogem semanalmente das cidades para o campo. Os agentes imobiliários britânicos tentam tornar as áreas urbanas mais atraentes, prometendo um "clima de aldeia" — tradução: lojas pequenas, espaços verdes e ruas transitáveis. Em Londres, os subúrbios urbanizados de acordo com os princípios da Cidade Jardim são muito valorizados. Os jornais britânicos estão cheios de colunas escritas por gente das cidades que conseguiu se estabelecer em seu próprio cantinho da Arcádia. Alguns dos meus trinta e tantos amigos deram o passo, trocando a metrópole por algum cantinho lamacento. Embora ainda tenha de ir para a cidade grande trabalhar, a maioria passa o resto do tempo vivendo, ou tentando viver, como personagens de um romance de H. E. Bates.

Naturalmente, não podemos todos nos mudar de Londres, Tóquio ou Toronto. E no frigir dos ovos, muitos de nós provavelmente não queremos mesmo. Gostamos da agitação da cidade grande e encaramos a ideia de uma retirada para o campo como algo para o fim da vida. Em certa medida, concordamos com o que Samuel Johnson escreveu em 1777: "Quando um homem está cansado de Londres, é porque está cansado da vida; pois em Londres temos tudo que a vida pode oferecer." Ainda assim, muitos de nós gostaríamos que a vida urbana fosse um pouco menos frenética. Por isto é que Città Slow fala à imaginação, por isto é que suas ideias estão vingando em todo o mundo.

Tóquio é um celeiro de velocidade, uma selva vibrante de arranha-céus de concreto, luminosos de néon e espeluncas de fast-food. Na hora do almoço, os bares de *noodle* se enchem de empregados que devoram em pé mesmo suas cuias de sopa. Os japoneses têm inclusive um provérbio que resume sua admiração pela velocidade: "Comer depressa e defecar depressa é uma arte." Ainda assim, muitos japoneses estão abraçando a ideia de que o devagar pode ser melhor em matéria de urbanismo. Importantes arquitetos estão criando prédios com a intenção deliberada de ajudar as pessoas a desacelerar. Com inauguração prevista para 2006, o bairro de Shiodome, que está sendo construído no centro de Tóquio, deverá ser um oásis de "Vida Devagar". Os novos blocos de escritórios abrigarão vários centros de lazer — um teatro, um museu e restaurantes. Para estimular os consumidores a zanzar por ali, o shopping center de Shiodome terá vários salões amplos com poltronas convidativas.

O princípio do Devagar também vem ganhando terreno no mercado imobiliário residencial. A maioria dos construtores japoneses produz em série casinholas apertadas de qualidade medíocre. Conseguir que um empreendimento seja rapidamente comercializado é a maior prioridade. Recentemente, todavia, os compradores começaram a se rebelar contra esse estilo apressado e mal-acabado. Muitos estão formando cooperativas que lhes facultam pleno controle do planejamento, da concepção e da construção. Embora o controle detalhado da obra possa prolongar por até seis meses a construção de um novo prédio, aumenta o número de japoneses convencidos de que a paciência é um preço a pagar por uma casa decente. O interesse pela adesão a essas cooperativas, que já ficaram conhecidas como da "Construção Devagar", aumentou muito, e até mesmo os grandes empreiteiros passaram a oferecer mais alternativas aos clientes.

Tetsuro e Yuko Saito formam um casal exemplar dessa nova tendência de construção mais cuidadosa. Na primavera de 2002, os dois, que trabalham na indústria editorial, mudaram-se para o elegante prédio de apartamentos de quatro andares construído por sua cooperativa no sofisticado bairro de Bunkyo, no centro de Tóquio. O prédio, que dá para um templo xintoísta, não foi construído em um ano, como de hábito, mas em dezesseis meses. Cada apartamento tem estilo e traçado feitos por encomenda, do tradicional japonês ao futurista. Os Saito optaram pelo minimalismo de espaços abertos — paredes completamente brancas, corrimãos e luminárias de aço. O casal teve tempo de sobra para tratar de todos os detalhes, inclusive localização e disposição dos armários, da escada e da cozinha. Também pôde encomendar um sofisticado soalho de madeira para todo o apartamento e um minijardim para a varanda. O resultado final deixa no chinelo a maioria dos apartamentos japoneses.

"Com toda certeza, valeu a pena esperar", diz Tetsuro, sorrindo diante de uma fumegante caneca de chá verde. "Quando estávamos no processo de construção, alguns dos moradores começaram a ficar impacientes — era tanto debate e discussão! — e queriam apressar as coisas. Mas no fim das contas, todo mundo entendeu as vantagens de ir devagar."

Numa cidade em que muita gente brigaria para poder escolher os vizinhos, os Saito conseguiram estabelecer um relacionamento amistoso com os outros moradores do prédio. E até para a sua conta bancária foi bom: o fato de terem dispensado serviços adicionais de arquitetura e urbanismo permitiu à cooperativa economizar uma fortuna. O único problema é que basta saírem do prédio, e os Saito estão de novo mergulhados na máquina turbinada em que se transformou Tóquio. "Nós até fomos capazes de construir nossa casa devagar, mas a cidade continua muito apressada, e parece difícil que venha a mudar", filosofa Yuko.

É uma queixa bem conhecida: as cidades grandes são rápidas e sempre serão. Não faz sentido tentar diminuir seu ritmo, não é mesmo? Não. Em grandes cidades de todo o mundo, as pessoas estão conseguindo aplicar os princípios da filosofia Devagar à vida urbana.

Um exemplo está nas "políticas do tempo urbano" que começaram a ser adotadas na Itália na década de 1980 e se disseminaram pela Alemanha, França, Holanda e Finlândia. São políticas destinadas a tornar a vida cotidiana menos agitada, graças à harmonização das horas de funcionamento de todos os serviços, desde escolas, clubes e livrarias até clínicas médicas, lojas e escritórios. Em Bra, a prefeitura passou a abrir nos sábados de manhã para que os moradores pudessem cuidar de problemas burocráticos com mais calma. Em outra cidade italiana, Bolzano, os horários escolares foram escalonados para facilitar o início do dia para as famílias. Em Hamburgo, para diminuir a pressão do tempo sobre as mães que trabalham, os médicos passaram a atender depois das 19 horas e nas manhãs de sábado. Outro exemplo da aplicação do princípio Devagar à vida urbana é a guerra contra o barulho. Empenhada em promover a paz e a tranquilidade, a União Europeia determinou que todas as cidades grandes diminuíssem os níveis de ruído depois das 19 horas. Até Madri lançou uma campanha para tentar convencer seus habitantes, notoriamente barulhentos, a moderar.

Quando se trata de tornar as cidades menos rápidas, contudo, a militância veio a identificar no todo-poderoso automóvel um inimigo e tanto. Mais que qualquer outra invenção, o automóvel ao mesmo tempo expressa e estimula nossa paixão pela velocidade. Um século atrás, ficávamos excitados com os recordes quebrados pela *La Jamais Contente* e suas rivais. Hoje, a publicidade de televisão mostra os mais recentes lançamentos de sedãs, jipes e até minivans zunindo por paisagens complicadas num rastro de poeira ou água. No mundo real, a velocidade é a forma mais comum de desobediência civil. Milhões de motoristas compram detectores de radar para poder correr impunemente. Na internet, é possível encontrar dicas sobre como se esquivar ao controle da polícia. No Reino Unido, militantes da velocidade automobilística vandalizam as câmeras instaladas à beira das estradas. Pessoas que de outra maneira jamais pensariam em infringir a lei estão constantemente quebrando a regra quando se trata de velocidade. Eu sei, porque é o meu caso.

A velocidade nos torna hipócritas. Sabemos perfeitamente que os acidentes de trânsito matam três mil pessoas por dia — mais que as vítimas dos atentados terroristas contra o World Trade Center — e nos custam bilhões de dólares. E sabemos que a velocidade frequentemente é uma das principais causas. Mas ainda assim dirigimos depressa demais. Até mesmo no Salone del Gusto de 2002, a maior celebração gastronômica do Devagar em todo o mundo, a velocidade estava no cardápio. Um dos patrocinadores do festival, o fabricante de automóveis italiano Lancia, exibia um sedã turbinado capaz de acelerar de 0 para 100 quilômetros por hora em 8,9 segundos. Recém-saídos da degustação de parmesãos envelhecidos com vagar em cabanas na montanha e *funghi porcini* colhidos à mão nos bosques, delegados do Slow Food, especialmente homens, se revezavam no volante do automóvel com os rostos iluminados pelo sonho de se transformarem em Michael Schumacher na autoestrada. Eu dei um sorrisinho maroto, diante da cena, até que me lembrei do ditado sobre o telhado de vidro. Pouco antes do Salone, fui apanhado em excesso de velocidade numa estrada italiana. Naquele dia, estava indo para o jantar de quatro horas ao estilo Slow Food no Da Casetta.

Existem muitos motivos — ou desculpas — para acelerar. Num mundo corrido como o nosso, onde cada segundo conta, dirigimos rápido para estar sempre à frente, ou simplesmente para acompanhar as coisas. Muitos carros modernos são concebidos para a velocidade, com um desempenho extraordinário nas marchas mais rápidas, e não tão bom nas mais lentas. E há também aquela desculpa que ninguém admite ao guarda de trânsito enquanto ele anota uma multa: acelerar para valer e ziguezaguear pelo trânsito são coisas divertidas demais, dão uma injeção de adrenalina. "A verdade é que, atrás de um volante, somos todos italianos", reconhece Steven Stradling, professor de psicologia dos transportes na Universidade Napier, em Edimburgo. "A gente não dirige só com a cabeça, mas também com o coração."

Mesmo quando o trânsito flui suavemente ou está completamente parado, os carros continuam dominando a paisagem urbana. Em frente a minha casa em Londres, os dois lados da rua estão permanentemente tomados por carros estacionados. Formam um verdadeiro Muro de Berlim separando as pessoas — as crianças pequenas, por exemplo, não podem ser vistas do outro lado da rua. Com carrões cada vez mais altos e vans passando para baixo e para cima, os pedestres se sentem verdadeiros intrusos. Toda a situação parece deixar claro que os carros é que têm primazia, e as pessoas só vêm depois. Certa vez, a rua ficou completamente vazia para reasfaltamento, e o clima mudou completamente durante dois dias. As pessoas se detinham na calçada e começavam a conversar com estranhos. Naquela semana, fiquei conhecendo dois dos meus vizinhos. E não estava sozinho nesse tipo de experiência. Em todo o mundo, vários estudos têm demonstrado a relação direta entre os automóveis e a comunidade: quanto menos denso é o trânsito que passa por determinada área, e quanto mais lentamente ele passa, maior é o nível de contato social entre os moradores.

Não estou querendo aqui demonizar os automóveis. Eu mesmo sou um motorista. O problema é que andar de carro veio a conquistar excessiva ascendência sobre caminhar. Durante décadas a vida urbana tem sido assombrada pela advertência do ex-presidente francês Georges Pompidou: "Precisamos adaptar a cidade ao carro, e não o contrário." Finalmente, contudo, estamos virando a mesa. Ao investir contra a cultura da velocidade e reconfigurar a paisagem urbana para reduzir ao mínimo a utilização dos automóveis, cidades de todos os tamanhos se vêm adaptando para pôr os seres humanos em primeiro lugar.

Comecemos pela guerra à velocidade.

Dirigir perigosamente é algo tão antigo quanto o próprio carro. Em 1896, Bridget Driscoll, uma dona de casa de Croydon, tornou-se a primeira pedestre do mundo a ser atropelada e morta por um veículo automotor. Tentava atravessar a rua numa esquina de Londres, bem no caminho de um automóvel que andava a 6 quilômetros por hora. Não demorou para que o índice de mortalidade fosse subindo em rodovias do mundo inteiro. Em 1904, quatro anos antes de o automóvel ser massificado com o modelo T da Ford, o parlamento britânico impôs o limite de 30 quilômetros por hora nas vias públicas. Havia começado a guerra à velocidade.

Hoje, a tendência para pôr algum tipo de freio no trânsito é mais forte que nunca. Em todo o mundo, os governos se preocupam em instalar quebra-molas, tornar as ruas mais estreitas, espalhar radares pelas estradas, sincronizar os sinais de trânsito, diminuir os limites de velocidade e lançar campanhas publicitárias contra o excesso de velocidade. Como acontece em outras frentes de batalha a favor do Devagar, a reação à velocidade viceja de baixo para cima. No interior da Grã-Bretanha, estradas estreitas e aldeias pitorescas são percorridas em velocidade por carros que assim põem em risco as vidas de ciclistas, pedestres e cavaleiros. Fartas do demônio da velocidade e de suas consequências, muitas aldeias tomaram a iniciativa de instalar placas com limite de velocidade de 45 quilômetros por hora, forçando a sua adoção oficial pelas autoridades.

Nas áreas urbanas, os moradores enfrentam a cultura da velocidade com uma campanha de obediência civil. Em 2002, uma valente vovó americana chamada Sherry Williams fincou um cartaz no gramado em frente à sua casa em Charlotte, na Carolina do Norte, exortando os motoristas que passam a assinar o compromisso de "observar em todos os bairros o limite de velocidade que adotaria se fosse o meu bairro, como se as pessoas que mais amo na vida — meus filhos, minha mulher, meus vizinhos — vivessem nele". Não demorou para que centenas de pessoas aderissem ao abaixo-assinado, e a força policial local entrou na campanha. Em questão de meses, o negociante de carros Car Smart, que opera através da internet, também abraçou a causa, proporcionando a Williams uma tribuna nacional. Hoje, milhares de pessoas nos Estados Unidos assumiram o "compromisso de diminuir a velocidade".

Outra campanha popular contra a velocidade que vem varrendo os Estados Unidos é o Programa da Velocidade de Vizinhança, que começou na Austrália. Seus membros se comprometem a dirigir dentro do limite de velocidade, dessa maneira funcionando como "quebra--molas móveis" para o trânsito que vem atrás. Iniciativas semelhantes vêm atraindo adesões em toda a Europa.

A batalha contra a velocidade chegou inclusive ao horário nobre da televisão. Num recente programa britânico, motoristas apanhados correndo demais numa região de escolas foram postos diante da alternativa de levar uma multa ou ter de enfrentar as crianças. Os que escolheram esta última alternativa apareceram na telinha, com cara de tacho, na frente da sala de aula, respondendo a perguntas irrespondíveis formuladas por crianças de 6 anos de idade: Como você se sentiria se me atropelasse? Que diria aos meus pais se me matasse? Os motoristas ficaram visivelmente abalados. Uma mulher chegou a chorar. Todos se foram jurando nunca mais ultrapassar o limite de velocidade.

Antes de prosseguir, todavia, é preciso acabar aqui com um dos grandes mitos do automobilismo: o de que correr é a melhor maneira de ganhar tempo. É claro que, numa viagem longa em autoestrada livre de engarrafamentos, podemos chegar mais cedo ao destino. Mas as vantagens numa viagem curta são mínimas. Por exemplo: levamos pouco menos que dois minutos e meio para percorrer 3 quilômetros de carro a 80 quilômetros por hora. Se elevarmos a velocidade a implacáveis 130 quilômetros por hora, chegaremos cinquenta segundos antes, o que não dá nem para checar todos os e-mails.

Em muitas viagens, a velocidade maior não serve para economizar tempo algum. Com a disseminação dos sinais de trânsito sincronizados, os motoristas que passam dos limites de velocidade simplesmente se deparam com mais sinais vermelhos. Estar sempre tentando evitar as vias de trânsito mais pesado muitas vezes é contraproducente, em parte porque as velocidades constantemente mudam de via para via. Mas nem mesmo o fato de saber que a velocidade representa uma falsa economia de tempo bastará para que as pessoas arrefeçam o ritmo. O problema da maioria das medidas contra a velocidade, das vias mais estreitas aos radares, é que funcionam na base da coação. Em outras palavras, as pessoas só diminuem a velocidade porque não têm outra alternativa — para evitar danos ao carro, ser apanhado por uma câmera ou abalroar o veículo que vai na frente. Basta a pista estar livre para que a velocidade suba novamente, às vezes ainda mais que antes. A única maneira de vencer a guerra contra a velocidade é ir mais fundo, reformulando toda a nossa relação com a própria velocidade. O que é preciso é que queiramos dirigir mais lentamente.

O que nos traz de volta a uma das questões centrais com que se defronta o movimento Devagar: Como é possível conter o instinto para acelerar? Tal como na vida de maneira geral, também na direção uma das soluções é fazer menos coisas, pois a agenda cheia demais é uma das causas primordiais da aceleração. Outra consiste em aprender a se sentir bem com a calma.

Para ajudar as pessoas a combater o hábito da aceleração, o condado inglês de Lancashire mantém um programa ao estilo "velocistas anônimos". Em 2001, a polícia local começou a oferecer uma alternativa a todo aquele que fosse apanhado dirigindo até 10 quilômetros por hora acima da velocidade permitida: em vez de pagar a multa e perder os pontos na carteira, passar um dia tomando aulas. Hoje, cerca de mil pessoas optam todo mês pela alternativa do Programa de Conscientização sobre Velocidade.

Numa cinzenta manhã de segunda-feira, numa não menos cinzenta propriedade industrial perto de Preston, junto-me aos dezoito alunos da mais recente turma. Claramente, o excesso de velocidade não conhece fronteiras de classe. Do grupo fazem parte donas de casa e mulheres profissionais, operários e empresários.

Munidos cada um de sua xícara de chá ou café, os participantes sentam-se para trocar experiências. O que se vê é uma mistura de vergonha e arrogância. "Eu não estava andando *tão* depressa assim", queixa-se uma jovem mãe. "Do jeito que eu ia, não representava perigo para ninguém." Duas ou três pessoas assentem com a cabeça. "Eu nem devia estar aqui", resmunga o homem à minha esquerda. "Fui apanhado tarde da noite, quando não havia ninguém na rua."

Ouve-se um murmúrio quando o professor, um ríspido inglês do norte chamado Len Grimshaw, entra na sala. Ele começa pedindo que enumeremos os motivos mais frequentes para acelerar demais. Começam então a ser apontados os de sempre: prazos a serem cumpridos, estar atrasado, problemas na estrada, o fluxo do trânsito, motores silenciosos. "A única coisa que ninguém aqui faz é pôr a culpa em si mesmo — é sempre alguém ou alguma coisa que nos faz dirigir em alta velocidade", diz Grimshaw. "Pois é uma grande besteira. Excesso de velocidade é simplesmente culpa nossa. Nós é que decidimos acelerar demais. De modo que também podemos decidir o contrário."

Vêm então aquelas estatísticas terríveis. Um carro andando a 60 quilômetros por hora precisa de seis metros a mais para parar do que se estivesse andando a 50 quilômetros por hora. Um pedestre atingido por um carro a 30 quilômetros por hora tem 5% de chances de morrer; a 50 quilômetros por hora, as chances pulam para 45%; a 65 quilômetros por hora, já são de 85%. Grimshaw fala muito da moderna obsessão com a economia de tempo. "Hoje em dia, estamos sempre com tanta pressa que corremos mais para economizar um minuto e meio", explica. "Será que realmente vale a pena correr o risco de estragar a própria vida ou a de alguém só para chegar noventa segundos mais cedo?"

Passamos boa parte da manhã examinando fotos de cenas rodoviárias típicas, detectando sinais visuais que nos indicam que devemos diminuir a velocidade. Balões amarrados ao portão de uma casa? Uma criança pode sair correndo para a rua de uma festa de aniversário. Rastros de lama com marcas de pneu no meio da rua? Um caminhão pesado de transportes pode dar marcha a ré intempestivamente na nossa frente. Um café à beira da estrada? O motorista à nossa frente pode parar de repente para fazer um lanche. Nada disso é cientificamente comprovado, frisa Grimshaw, mas quanto mais velocidade imprimirmos ao acelerador, menos indicações de alerta seremos capazes de detectar.

Depois do almoço, passamos ao pátio para um pouco de treinamento dentro dos carros. Meu instrutor é Joseph Comerford, sujeito franzino, barbudo e algo sombrio, de seus 40 anos. Entramos no pequeno Toyota Yaris com ele ao volante e percorremos os subúrbios da região, sempre dentro do limite de velocidade. Para um viciado em velocidade como eu, parece que estamos rastejando. Quando entramos numa rodovia mais aberta, posso até sentir meu pé direito tentando alcançar o acelerador. Comerford acelera calmamente até o limite de velocidade e nele se mantém firme. Enquanto vai avançando calmamente, ele fala sobre tudo aquilo a que o motorista deve estar atento: campos de esportes, paradas de ônibus, cruzamentos de pedestres, mudanças na cor da pavimentação da estrada, depressões no meio-fio, parques infantis, vitrines de lojas. Vai enumerando a lista como se fosse um leiloeiro. Sinto uma espécie de vertigem. Há tanta coisa a aprender.

Chega então a minha vez. Minha intenção é ficar dentro dos limites de velocidade, mas eu mesmo sou surpreendido pela facilidade como, instintivamente, não consigo fazê-lo. Toda vez que o velocímetro passa dos limites, Comerford me adverte. Ele se mostra particularmente ríspido quando eu passo por uma zona escolar 12 quilômetros por hora acima da velocidade permitida. Eu protesto: a pista está livre, e de qualquer maneira estamos nas férias de verão. Mas minhas desculpas parecem esfarrapadas. Eu sei que ele está com a razão. Aos poucos, à medida que a tarde avança, começo a me adaptar. Já agora estou sempre de olho no velocímetro. Passo a procurar em meu campo visual os sinais que aprendemos em sala de aula, fazendo meus comentários. Gradualmente, minha velocidade começa a cair sem que eu note. O que efetivamente percebo é que a impaciência que geralmente me acomete ao volante, de certa forma, cedeu.

No fim de nossa sessão, estou prontinho para uma boa dose de humildade. Outros participantes também parecem ter baixado a crista. "Depois disso tudo, ninguém mais me apanha em excesso de velocidade", garante uma jovem. "Pode crer", comenta outra. Mas será que a coisa dura? Como os presos que voltam a viver em liberdade na comunidade, voltaremos a sofrer as mesmas tentações e pressões de sempre. Será que seremos capazes de nos manter no caminho da reabilitação? Ou será que rapidinho voltaremos à pista de alta velocidade?

A julgar pelo caso de Peter Holland, o Programa de Conscientização da Velocidade tem um belo futuro pela frente. Holland é jornalista, tem 40 anos e trabalha na BBC. Em seus piores tempos, romper os limites de velocidade era quase uma questão de honra para ele. "Eu era sempre o primeiro a chegar nos lugares, dirigindo a toda", lembra. "Achava que tinha de correr para me adiantar aos prazos, mas também havia um certo machismo naquela mania de estar sempre chegando antes dos outros." Nem mesmo uma dispendiosa coleção de multas por excesso de velocidade bastou para convencê-lo a moderar o ritmo.

Até que a BBC o encarregou de fazer uma reportagem sobre o Programa de Conscientização da Velocidade. Holland chegou à sala de aula disposto a destilar uma boa dose de veneno. Mas à medida que o dia passava, a mensagem começou a encontrar certo eco. Pela primeira vez na vida, ele começou a questionar o piloto de corridas que trazia dentro de si. A grande virada ocorreu durante o treinamento prático no carro, quando ele passou a toda por uma área residencial sem se dar conta de uma placa de zona escolar. "Naquele momento, de repente, a ficha caiu, pois eu tenho dois filhos", explica. "Já quando estava de volta à BBC, depois do curso, eu sabia que nunca mais voltaria a dirigir da mesma maneira."

Holland produziu uma reportagem altamente elogiosa, e começou a pôr em prática o que havia aprendido. Hoje, quando senta ao volante, a primeira preocupação é a segurança. Percorre o campo visual com o olhar faminto de um instrutor de conscientização da velocidade e não chegou a romper algum limite de velocidade uma única vez desde que concluiu o curso. Nem por isso perdeu alguma entrevista ou algum furo jornalístico. Melhor ainda é que a diminuição do ritmo ao volante o tem ajudado a repensar o ritmo de sua vida de maneira geral. "Quando a gente começa a se questionar nessa questão da velocidade, dentro do carro, inevitavelmente passa também a fazer as mesmas perguntas sobre a vida em geral: Por que estou sempre com tanta pressa? Qual o sentido de correr tanto para ganhar um minuto ou dois?", conta ele. "Quando nos sentimos mais calmos ao volante, somos mais calmos também com a família, no trabalho, com tudo mais. Hoje, sinto-me um sujeito muito mais tranquilo."

Embora nem todo mundo chegue efetivamente a encarar o Programa de Conscientização da Velocidade como uma revelação, parece evidente que o curso influencia as pessoas. Os estudos de acompanhamento feitos após o curso revelam que a maioria dos alunos persiste na preocupação de se manter dentro dos limites de velocidade. Uma série de prefeituras de toda a Grã-Bretanha está hoje empenhada em imitar a iniciativa. Minha própria experiência também parece encorajadora. Oito meses depois de fazer o curso, sinto-me hoje menos impaciente ao volante. Observo mais as coisas e me sinto mais no controle do carro. Mesmo em Londres e imediações, onde o código da estrada se resume à sobrevivência dos mais aptos, dirigir deixou de ser a corrida desenfreada que costumava ser. Minhas multas também diminuíram. Tudo bem, não sou nenhum Peter Holland: de vez em quando, ainda dirijo depressa demais. Entretanto, como muitos outros alunos do Programa de Conscientização da Velocidade, estou começando a me emendar.

Para tornar mais viável a vida nas áreas urbanas, contudo, aprender a obedecer aos limites de velocidade é apenas o começo. Como deixou claro o movimento Città Slow, também é necessário dar menos espaço aos carros. Com este objetivo, cidades de todos os países estão abrindo espaços exclusivos para pedestres, criando vias para ciclistas, diminuindo as áreas de estacionamento, impondo pedágios e até fechando certas áreas completamente ao tráfego. Todo ano, muitas cidades europeias proíbem a circulação de automóveis durante certos dias. Há inclusive as que esvaziam as ruas uma vez por semana. Nas noites de sexta-feira, o trânsito é suspenso em certas áreas do centro de Paris, abrindo espaço para um verdadeiro exército de patinadores. Durante o mês de dezembro de 2002, Roma proibiu todo tráfego na área do centro histórico conhecida como Tridente. Em 2003, Londres começou a cobrar 5 libras diárias dos motoristas que entram no centro da cidade nos dias de semana. O volume de tráfego diminuiu em um quinto, transformando a capital britânica num lugar muito mais atraente para ciclistas e pedestres. Outras grandes cidades estudam atualmente a adoção da iniciativa londrina.

Ao mesmo tempo, os planejadores urbanos estão redesenhando os bairros residenciais para dar prioridade às pessoas e não aos carros. Na década de 1970, os holandeses inventaram a Woonerf, ou "rua viva", uma área residencial com limites mais baixos de velocidade; áreas reduzidas de estacionamento; bancos e áreas de lazer; mais árvores, arbustos e flores; e calçadas no mesmo nível que as ruas. O resultado disso tudo é um ambiente propício aos pedestres que estimula os motoristas a dirigir mais devagar, ou mesmo a esquecer do carro. A iniciativa teve tanto êxito que está sendo copiada em cidades de todo o mundo.

Num país empesteado pelo trânsito como a Grã-Bretanha, as comunidades se uniram para transformar mais de oitenta áreas em "zonas residenciais" ao estilo Woonerf. Um dos projetos experimentais é o de uma região de cinco ruas no bairro de Ealing, no oeste de Londres. Para pôr em prática a ideia, a administração local instalou quebra-molas, elevando ligeiramente o nível do solo nas entradas e pavimentando-o com tijolos vermelhos. Tratou também de nivelar a maioria das ruas com as calçadas. Hoje, os carros são estacionados em grupos escalonados num dos lados das ruas, de tal modo que raramente os motoristas se veem no tipo de pista única que induz a acelerar e as calçadas raramente são separadas por duas fileiras de veículos. Grande parte dos carros fica estacionada perpendicularmente ao meio-fio, o que diminuiu o espaço livre para circulação de automóveis. Em consequência, a região parece mais tranquila e convidativa do que a minha, embora as residências vitorianas sejam praticamente idênticas. Crianças andam de skate e jogam futebol no meio da rua. Os carros que, apesar de tudo, ainda circulam, passam mais devagar. Como tem acontecido em outros bairros, a guerra ao tráfego aproximou as pessoas. Em vez de se ignorarem polidamente uns aos outros, como tendem a fazer os londrinos, os moradores dessa parte de Ealing passaram a dar festas nas ruas, promover torneios de *rounders* e *softball* no parque próximo e se encontrar à noite. Mãe de três filhos, Charmion Boyd espera que a cultura do carro esteja recuando. "As pessoas hoje estão mais conscientes da maneira como o carro influencia o estilo de vida na área onde vivem", comenta ela. "E hoje em dia a gente pensa duas vezes antes de entrar no carro."

Mas não seria viável querer transformar toda Londres numa zona residencial voltada para o Devagar — pelo menos não a curto prazo. É simplesmente grande demais o número de carros em circulação. O tráfego que costumava fluir pelas ruas próximas da residência de Boyd não desapareceu — simplesmente passou a se disseminar pelas rodovias próximas. Além disso, o reflexo de estar sempre entrando no carro continuará existindo em cidades como Londres enquanto o transporte público continuar tão deficiente.

Induzir a América do Norte a sair de dentro do carro será ainda mais difícil. As cidades do Novo Mundo são construídas para o automóvel. Milhões de norte-americanos vivem em subúrbios que só lhes permitem ir para o trabalho, a escola ou as compras dirigindo por um bom tempo. E mesmo quando as distâncias são curtas, a opção do carro é sempre a mais imediata. No meu antigo bairro na cidade canadense de Edmonton, estado de Alberta, as pessoas não acham nada demais dirigir 300 quilômetros até uma loja mais próxima. Todas as principais concepções urbanísticas dos subúrbios refletem e reforçam a mentalidade de sempre recorrer primeiro ao carro. Certas ruas sequer têm calçadas, e a fachada da maioria das casas é dominada pela pista de entrada e uma garagem comportando vários carros.

Os subúrbios norte-americanos muitas vezes são lugares solitários e de passagem, onde as pessoas conhecem melhor os carros dos vizinhos do que os vizinhos propriamente ditos. O estilo de vida nos subúrbios também é pouco saudável. Todo esse tempo passado dentro do carro obriga as pessoas a estar sempre correndo com tudo mais, dificultando a prática de exercícios. Uma pesquisa publicada em 2003 no *American Journal of Public Health* indicou que os americanos que vivem nos maiores subúrbios pesam em média três quilos mais que os que vivem em áreas mais compactas.

À medida que aumenta a demanda de um estilo de vida mais lento e livre dos carros, o desejo de viver nos subúrbios tradicionais parece estar diminuindo. Os dados dos últimos censos nos Estados Unidos indicam que o fluxo populacional em direção aos subúrbios começou a diminuir na década de 1990. Os norte-americanos estão cansados das longas e desgastantes viagens para ir e voltar do trabalho, e muitos optaram por passar a viver nos centros revitalizados das cidades, onde podem caminhar e andar de bicicleta. Um dos mais destacados exemplos está em Portland, no Oregon. Proibidos por lei, na década de 1970, de continuarem promovendo a expansão da cidade, os dirigentes locais trataram de revitalizar o centro da cidade com bairros generosos no espaço para os pedestres, ligados uns aos outros por linhas ferroviárias de pequena monta. Em consequência, Portland pode ter-se tornado a cidade mais agradável dos EUA. Em vez de se deslocarem para shopping centers fora da cidade em seus carros, os moradores fazem compras e confraternizam a pé, propiciando o vibrante estilo de vida ao ar livre que daria orgulho ao Città Slow. Atraindo refugiados de Los Angeles e a atenção de urbanistas de todo o país, Portland foi chamada de "Meca Urbana" pelo *Wall Street Journal*.

Portland é um indício de coisas que podem estar por vir. Por toda a América do Norte, os urbanistas estão traçando nas cidades zonas centrais e bairros residenciais nos quais as pessoas têm primazia sobre os carros, sem por isto sacrificar tudo aquilo que no mundo moderno promove o bem-estar material. São muitos os que o fazem sob a bandeira do chamado Novo Urbanismo, movimento que começou no início da década de 1980. A típica zona de urbanização do novo urbanismo lembra os subúrbios cortados por bondes do início do século XX, por muitos considerados a mais bela contribuição do urbanismo norte-americano. Nela, encontramos áreas propícias aos pedestres com uma generosa distribuição de espaços públicos — praças, parques, coretos — e uma saudável convivência de diferentes níveis de renda nas áreas residenciais, nas escolas, nos equipamentos de lazer e nos centros de negócios. Os prédios são construídos bem próximos uns dos outros e perto das ruas, para dar uma sensação de intimidade e vida comunitária. Para acalmar o trânsito e estimular os habitantes a caminhar, as ruas são estreitas e ladeadas por amplas calçadas arborizadas. As garagens ficam escondidas em vias que passam por trás das casas. Mas o Novo Urbanismo, tal como o Città Slow, não tem nada a ver com se esconder por trás de um ideal passadista e cor de sépia. O objetivo, isto sim, é recorrer à melhor tecnologia e ao melhor design, novo ou antigo, para tornar a vida urbana e suburbana mais tranquila e convivial — mais Devagar.

O Novo Urbanismo já está se insinuando no inconsciente coletivo. A conferência anual do movimento atrai atualmente dois mil delegados da América do Norte e de outros continentes. Pela última contagem, mais de quatrocentos projetos da tendência estão em andamento no Canadá e nos Estados Unidos, indo desde a construção de bairros novos até a revitalização de centros urbanos antigos. O Departamento de Habitação e Desenvolvimento Urbano dos EUA está aplicando os princípios do novo urbanismo em projetos de todo o país, e até os empreiteiros convencionais passaram a aproveitar certas ideias e concepções do movimento, como a instalação das garagens por trás das residências. A rica cidade canadense de Markham, ao norte de Toronto, planeja todos os seus bairros novos de acordo com os princípios do Novo Urbanismo.

O Novo Urbanismo também tem seus críticos. Talvez pelo fato de o movimento remeter a uma época em que o carro ainda não dava as cartas, seus adeptos tendem a favorecer a arquitetura tradicional. Com isto, o que se vê frequentemente é uma mistura algo paródica de estilos vitoriano, georgiano e colonial, com muitas varandas, cercas de estacas pontiagudas e telhados de duas águas. Há quem considere o Novo Urbanismo uma fuga do mundo real em direção à terra do faz de conta — acusação que às vezes parece procedente. Seaside, pequena cidade típica do Novo Urbanismo no golfo da Flórida, foi usada como cenário do bairro irreal no filme *O show de Truman*. E mais irreal que isto, impossível.

Os objetivos não são apenas estéticos. Muitos empreendimentos do Novo Urbanismo têm procurado atrair negócios em número suficiente para criar um dinâmico centro comercial, obrigando os moradores a trabalhar e fazer compras em outros lugares. E como os transportes públicos em muitos casos são insuficientes, a viagem para o mundo exterior normalmente é feita de carro, exatamente por aquelas artérias de alta velocidade e alta tensão que são anátema para o estilo de vida Devagar. Outro problema é que muitos empreiteiros produzem versões aguadas do Novo Urbanismo — lançando mão de alguns toques superficiais mas ignorando os princípios centrais em matéria de distribuição das ruas —, com isto contribuindo para a má fama do movimento. Tom Low, arquiteto e urbanista em Huntersville, na Carolina do Norte, acha que chegou o momento de reafirmar os princípios do Novo Urbanismo e mesmo de ampliá-los com algumas ideias do Slow Food e do Città Slow. O que ele propõe é um novo e aperfeiçoado movimento chamado "Urbanismo Devagar".

O Novo Urbanismo certamente ainda tem muito caminho a percorrer. Muitos projetos hoje em andamento ainda dão uma certa impressão de tentativa e erro. Mas para qualquer um que se sinta desejoso de unir numa mesma frase as palavras "cidade" e "devagar", o movimento certamente representa uma promessa. É exatamente num momento assim que chego em Kentlands, uma das joias da coroa do Novo Urbanismo.

Construída na década de 1990 em Gaithersburg, Maryland, Kentlands é uma ilha de calma num oceano de alastramento suburbano. Cada detalhe da área de 1.400 quilômetros quadrados foi calculado para que as pessoas diminuíssem o ritmo, para estimulá-las a caminhar, misturar-se com os outros e sentir o perfume das rosas. Há três lagos, muitas árvores, parques, playgrounds e praças ajardinadas e com pavilhões. Boa parte das duas mil casas — numa mistura de estilos colonial, georgiano e federal — tem na frente varandas com poltronas confortáveis e bem cuidados vasos de flores. Os carros circulam cautelosamente, quase pedindo desculpas, por ruas estreitas, para em seguida desaparecerem em garagens escondidas nas vias traseiras. A coisa mais rápida que se vê nas imediações é algum fanático da forma física patinando pelas ruas tranquilas.

Mas isto não quer dizer que Kentlands seja uma comunidade fechada e sem vida. Longe disto. Ao contrário dos subúrbios convencionais, tem uma rua principal com cerca de sessenta lojas e negócios para atender a todas as necessidades: alfaiate, mercearia, dentista, escritórios de advocacia, oculistas, um centro de tratamento holístico, dois salões de beleza, uma galeria de arte, agência de correios, lavanderia, uma loja de animais domésticos, um punhado de agentes imobiliários, uma loja de cerâmica e um contador. A Praça do Mercado tem dois prédios de escritórios, um bar, uma cafeteria, mais de vinte restaurantes, um vasto supermercado de produtos orgânicos, spa para crianças e cinema.

Com tantas coisas para fazer perto de casa, os habitantes de Kentlands se apaixonaram por essa atividade tão pouco americana: caminhar. Jovens mamães empurram seus carrinhos de bebê até a rua principal para um café e algumas compras rápidas. As crianças vão caminhando para a escola e logo também para as aulas de futebol, natação ou piano. À noite, Kentlands fervilha, as ruas cheias de pessoas caminhando, conversando com os amigos, indo para um restaurante ou o cinema ou simplesmente perambulando. Quase poderia ser uma cena de *Pleasantville*.

Quem são, então, os felizes cidadãos de Kentlands? Pessoas de todas as idades que querem viver um pouco mais do jeito que se vive numa cidade do bem viver. Os mais abastados vivem em casas, e os menos, em apartamentos. Quase todo mundo é um refugiado dos subúrbios convencionais. A família Callaghan chegou a Kentlands fugida de um subúrbio apinhado de carros a cerca de 2 quilômetros de distância. Hoje, Missy, Chad e seu filho adolescente, Bryan, vivem numa casa que poderia compor a paisagem numa pintura de Norman Rockwell: uma grande varanda com amplas cadeiras de balanço; a bandeira americana hasteada num mastro junto à porta principal; uma cerca de estacas brancas; um jardim frontal cheio de nandinas, caúnas e rododendros. No lugar onde moravam anteriormente, os Callaghan tinham de dirigir quase 10 quilômetros para chegar ao restaurante, ao supermercado ou à livraria mais próximos. Em Kentlands, podem chegar à rua principal caminhando em cinco minutos. Como todo mundo ali, Missy adora o ritmo mais calmo de vida. "Num subúrbio comum, a gente entra no carro para fazer qualquer coisa, o que significa que estamos correndo o tempo todo", diz. "Mas aqui, vamos andando para todo lugar, o que torna as coisas muito mais tranquilas. E também fortalece o senso comunitário. Não somos do tipo que está sempre borboleteando socialmente pelo bairro, mas conhecemos gente por toda parte em Kentlands porque encontramos todo mundo caminhando."

Os laços de vizinhança são muito estreitos, bem à maneira antiga. Os pais cuidam dos filhos uns dos outros nas ruas. O índice de criminalidade é tão baixo — quando todo mundo se conhece, os intrusos se mantêm à distância — que há moradores que nem trancam a porta da rua. Há também uma bem azeitada máquina invisível de troca de informações. Reggi Norton, acupunturista no centro de tratamentos da rua principal, considera que Kentlands entrou num círculo virtuoso: o estilo de vida mais calmo leva a um fortalecimento dos laços comunitários, que por sua vez estimulam as pessoas a relaxar e viver ainda mais tranquilamente. "Quando os vínculos comunitários são fortes, as pessoas se sentem acolhidas", diz ela. "O que por sua vez tem um efeito calmante na maneira como levam a vida."

Até que ponto vai esse efeito? A maioria dos habitantes de Kentlands ainda precisa ir de carro trabalhar no horrível mundo de gigantismo lá fora. Mas o fato é que levar uma vida tranquila no lugar onde vivemos pode contribuir para abrandar as coisas nos frenéticos ambientes de trabalho modernos. Na função de vice-presidente encarregado de questões de segurança na rede de hotéis Marriott, Chad Callaghan trabalha 55 horas por semana, e ainda faz muitas viagens de negócios. Gasta quarenta minutos por dia indo para o trabalho e voltando. Quando vivia num subúrbio convencional, quase sempre passava a noite dentro de casa, geralmente afundado numa poltrona diante da televisão. Hoje, ele e Missy saem para caminhar quase toda noite. Ou então sentam-se na varanda, lendo ou conversando com gente que passa. Kentlands é o máximo em matéria de relaxamento depois de um dia difícil no escritório.

"Quando chego em casa, dá para sentir claramente o estresse começando a ceder, sinto até a pressão arterial baixando", diz Chad. "Tenho a impressão de que também existe um efeito residual no sentido oposto: vou para o trabalho num estado de ânimo mais tranquilo. E quando fico realmente estressado no escritório, penso em Kentlands, e me sinto bem de novo."

Callaghan também acha que suas melhores ideias lhe ocorrem quando está passeando pela vizinhança. "Quando estou caminhando por aqui, fico perdido em meus pensamentos", explica. "Se tenho algum problema no trabalho, muitas vezes acabo por resolvê-lo sem sequer me dar conta de que estou pensando nele."

Kentlands não é perfeita. O diário êxodo em massa dos moradores que vão trabalhar drena boa parte da vida do lugar, embora o problema possa ser em parte resolvido com o prédio de escritórios que está para ser construído por perto. Vários espaços destinados a lojas e escritórios ainda estão vazios. E os puristas consideram que algumas das ruas ainda poderiam ser mais acolhedoras para os pedestres. Mas os problemas são amplamente superados pelas vantagens. Na realidade, os habitantes de Kentlands têm todos uma devoção quase religiosa ao estilo de vida tranquilo da cidade. Raramente algum imóvel é posto à venda, e quando isto acontece geralmente é logo comprado por algum dos moradores. Até os casais que se divorciam tendem a encontrar casas separadas na vizinhança. Kentlands também tem muito prestígio com forasteiros. Muitos vêm de subúrbios convencionais para caminhar pela rua principal e a Praça do Mercado à noite. Há também os que mandam cartas implorando que os moradores vendam suas casas. Ao longo da última década, os preços imobiliários duplicaram em Kentlands. "O estilo de vida aqui pode não ser do gosto de todo mundo, mas a procura de casas está crescendo o tempo todo", diz Chad Callaghan. "Parece mais que evidente que hoje em dia muita gente está em busca de um lugar para viver com mais simplicidade e tranquilidade."

Quase no fim da minha estada em Kentlands, acontece algo que vem confirmar que o Novo Urbanismo, ou pelo menos uma de suas versões, é uma boa coisa para a América do Norte. Para me lembrar de como é a vida num subúrbio convencional, saio a pé para explorar um deles do outro lado de Gaithersburg. O dia é perfeito para uma caminhada. Pássaros batem em revoada num céu límpido de outono. Uma leve brisa balança a copa das árvores. A vizinhança dá uma impressão de ordem e riqueza — e parece tão animada quanto um cemitério. Todas as casas têm uma garagem na frente, e em muitas podemos ver um ou dois veículos estacionados. De vez em quando, alguém sai de casa, entra no carro e vai embora. Sinto-me um intruso. Passados cerca de vinte minutos, um carro de polícia pára junto ao meio-fio ao meu lado. O policial no banco do carona põe a cabeça para fora da janela e pergunta:

— Bom dia, senhor. Tudo certo?
— Tudo certo — respondo. — Estou só dando uma caminhada.
— Dando o quê?
— Uma caminhada. Passeando um pouco. Queria esticar um pouco as pernas.
— O senhor mora por aqui?
— Não, sou de outra cidade.
— Parece mesmo — ri ele. — O pessoal por aqui não costuma caminhar muito, não.
— É mesmo, parece que está todo mundo dentro de um carro — digo eu. — Talvez devessem andar mais.
— Talvez — solta o policial, acrescentando com leve ironia, quando o carro já se vai afastando: — Bom passeio!

Do outro lado da rua, a rede subterrânea de borrifadores começa a funcionar, espargindo nuvens de água pelo campo de beisebol. Fico parado na calçada, achando tudo aquilo ao mesmo tempo engraçado e estarrecedor. Acabei de ser interpelado pela polícia — por estar caminhando.

Mais tarde no mesmo dia, Kentlands também parece bastante sossegada. A maioria dos moradores está fora trabalhando. Mas há pessoas nas ruas, e estão caminhando. Todo mundo dá alô amistosamente. Encontro Anjie Martinis, que está indo às compras com os dois filhos pequenos. Ela e o marido estão para vender a casa para se mudar para uma residência mais ampla a alguns quarteirões de distância. Conversamos sobre os problemas e dificuldades de criar os filhos, e sobre o fato de Kentlands ser um lugar propício para isto. "Você adoraria viver aqui", diz ela. E sabem do que mais? Acho que ela pode estar certa.

CAPÍTULO CINCO

MENTE/CORPO: *MENS SANA IN CORPORE SANO*

Essa arte de repousar a mente e a capacidade de afastar toda preocupação é provavelmente um dos segredos da energia de nossos grandes homens.
— Capitão J. A. Hadfield

Numa límpida manhã de primavera, perdido nos campos de Wiltshire, uma caminhada parece a coisa mais natural do mundo. O gado pasta calmamente na relva verdejante. Moradores passam trotando a cavalo. Pássaros mergulham nos bosques densos. A fúria e a agitação da vida na cidade parece que está a milhares de quilômetros de distância. Enquanto vou caminhando por uma estrada vicinal, com o cascalho remoendo sob os pés, sinto nitidamente que vou desacelerando, e é precisamente o que eu esperava. Estou aqui para aprender como diminuir o ritmo da mente.

Na guerra contra o culto da velocidade, a linha de frente está dentro de nossas cabeças. A aceleração continuará sendo nosso comportamento automático até que as atitudes mudem. Mas mudar as coisas que pensamos é apenas o começo. Se quisermos que o movimento Devagar realmente crie raízes, precisamos ir mais fundo. Precisamos mudar a maneira como pensamos.

Como uma abelha num jardim, o cérebro humano naturalmente pula de um pensamento para o seguinte. Na alta velocidade do ambiente de trabalho, onde as informações e os prazos estão sempre passando depressa, ficamos todos sob pressão para pensar com rapidez. O que predomina, em vez da reflexão, é a reação. Para aproveitar ao máximo o nosso tempo e evitar o tédio, tratamos de ocupar cada momento disponível com estímulos mentais. Quando foi a última vez que você sentou numa cadeira, fechou os olhos e simplesmente relaxou?

O fato de estar constantemente mantendo a mente ativa constitui um desperdício do nosso mais precioso dom natural. É verdade que o cérebro é capaz de operar maravilhas sob intenso estímulo. Mas ainda é capaz de muito mais quando tem a oportunidade de desacelerar um pouco de vez em quando. Reduzir a atividade mental pode melhorar a saúde e proporcionar tranquilidade interior, maior concentração e a capacidade de pensar mais criativamente. Em suma, pode nos dar acesso àquilo que Milan Kundera chama de "sabedoria do vagar".

Os especialistas consideram que o cérebro opera com dois modos de pensamento. Em seu livro *Hare Brain, Tortoise Mind — Why Intelligence Increases When You Think Less* [Cérebro de lebre, mente de tartaruga — Por que a inteligência aumenta quando pensamos menos], o psicólogo britânico Guy Claxton refere-se a eles como Pensamento Rápido e Pensamento Devagar. O Pensamento Rápido é racional, analítico, linear e lógico. É o que fazemos quando estamos sob pressão, ante o tique-taque do relógio; é a maneira como os computadores pensam e também a maneira como funcionam nossos ambientes modernos de trabalho; graças a ele, podemos obter soluções claras para problemas bem definidos. O Pensamento Devagar é intuitivo, vago e criativo. É o que fazemos quando não há pressão e temos tempo para permitir que as ideias vicejem em seu próprio ritmo no quintal de nossa mente. Dele obtemos percepções ricas e sutis. Os escaneadores mostram que os dois modos de pensamento produzem ondas diferentes no cérebro — ondas alfa e teta mais lentas durante o Pensamento Devagar e ondas beta mais velozes durante o Pensamento Rápido.

Muitas vezes, relaxar é o primeiro passo para pensar Devagar. As pesquisas demonstram que as pessoas pensam de maneira mais criativa quando estão calmas, sem pressa e livres de estresse, e que a pressão do tempo leva a enxergar as coisas através de um túnel. Num desses estudos, realizado em 1952, os participantes foram convidados a escrever frases simples dentro de um código básico. Às vezes, o pesquisador fornecia as palavras sem qualquer comentário, mas outras vezes perguntava: "Será que pode fazê-lo um pouco mais depressa?" Invariavelmente, os participantes se atrapalhavam quando convidados a ir mais depressa. Em outro estudo, pesquisadores canadenses constataram que pacientes hospitalares à espera de cirurgia concluíam de forma menos criativa analogias como "gordo como..." ou "frio como...".

Minha própria experiência corrobora essas constatações. Meus momentos de eureca raramente se manifestam na pressa de um escritório ou numa reunião cheia de tensão. É mais frequente que sobrevenham quando me sinto relaxado — mergulhado na banheira, preparando uma refeição ou até correndo no parque. Os maiores pensadores da história certamente sabiam da importância de permitir que a mente entrasse em nível mais baixo de atividade. Charles Darwin considerava-se um "pensador lento". Albert Einstein ficou famoso por passar horas e horas olhando para o infinito em seu gabinete na Universidade de Princeton. Nos romances de Arthur Conan Doyle, Sherlock Holmes avalia os indícios encontrados no local de um crime entrando em estado de quase meditação, "com uma vaga expressão sonhadora no olhar".

Naturalmente, o Pensamento Devagar isoladamente não passa de indulgência, sem os rigores do Pensamento Rápido. Precisamos ser capazes de apreender, analisar e avaliar as ideias que nos vêm do subconsciente — e muitas vezes temos de fazê-lo rapidamente. Einstein entendia a necessidade de associar os dois modos de pensamento: "Os computadores são incrivelmente rápidos, precisos e burros. O seres humanos são incrivelmente lentos, imprecisos e brilhantes. Juntos, têm um poder que supera qualquer imaginação." Por isto é que as pessoas mais inteligentes e criativas sabem perfeitamente quando permitir que a mente divague e quando atacar o trabalho duro. Em outras palavras, quando ser Devagar e quando ser Rápido.

Como é então que nós, comuns mortais, podemos ter acesso ao Pensamento Devagar, especialmente num mundo que valoriza tanto a velocidade e a ação? O primeiro passo consiste em relaxar — deixar de lado a impaciência, parar de forcejar e aprender a aceitar a incerteza e a inatividade. Esperar que as ideias incubem fora do alcance do radar, em vez de lutar para trazê-las à força para a superfície. Permitir que a mente esteja quieta e tranquila. Dizia um mestre zen: "Em vez de dizer 'Não fique aí parado, faça alguma coisa', devíamos dizer o contrário: 'Não fique aí fazendo alguma coisa, esteja quieto'."

A meditação é uma forma de treinar a mente a relaxar. Ela diminui a pressão arterial e gera maior quantidade das ondas alfa e teta no cérebro. E as pesquisas demonstram que os efeitos se prolongam muito depois do fim da meditação. Num estudo realizado em 2003, cientistas do Centro Médico da Universidade da Califórnia em San Francisco constataram que as práticas budistas de meditação e concentração mental afetam a amígdala, a região do cérebro associada ao medo, à ansiedade e à surpresa, tornando seus praticantes mais tranquilos e menos inclinados a perder a calma.

A meditação não é uma novidade. Há milhares de anos vem sendo usada por homens e mulheres de todas as religiões na busca de harmonia interior ou iluminação espiritual, o que talvez explique a imagem ligeiramente excêntrica que a ela associamos. Para muitos, a ideia de meditação evoca imagens de monges de cabeça raspada fazendo "om" em templos isolados na montanha ou adeptos do New Age sentados pretensiosamente na posição de lótus.

Mas esse tipo de preconceito já começa a parecer fora de propósito. A meditação começa a ser uma tendência. Chegam hoje a dez milhões os americanos que a praticam com regularidade, e em todo o mundo industrializado pipocam espaços para meditação, em aeroportos, escolas, prisões, hospitais, escritórios. Profissionais liberais estressados e arrastados pela correria, entre eles agnósticos e ateus convictos, acorrem em massa a retiros espirituais que oferecem meditação no cardápio. Algumas das pessoas menos excêntricas do planeta, entre elas Bill Ford, diretor-executivo e presidente da Ford Motors, estão hoje em dia entre os mais empenhados na meditação.

Para ver como funciona a meditação, e como poderia se encaixar no movimento Devagar, matriculo-me nos primeiros três dias de um retiro de dez dias na região rural de Wiltshire. O curso é promovido pelo Centro Internacional de Meditação (CIM), organização budista de implantação internacional criada em 1952 em Mianmar. A filial britânica foi aberta em 1979, ocupando atualmente um casarão de tijolos vermelhos e seus anexos. Um moderno pagode destaca-se na paisagem do jardim, com seu vértice dourado brilhando ao sol da primavera.

Chego algo apreensivo numa tarde de sexta-feira. Serei capaz de ficar sentado durante horas a fio? Serei talvez a única pessoa que não estará usando sarongue? Meus companheiros de retiro, quarenta no total, vêm de toda parte: Grã-Bretanha, Alemanha, França, Austrália, Estados Unidos. Nas mesas do refeitório, garrafas de molho de soja Kikkoman convivem com potes de pasta de amendoim. Muitos dos participantes são budistas praticantes, de cabeça raspada e usando os coloridos sarongues que em Mianmar são a indumentária nacional. Outros, contudo, não são. Como eu, vieram simplesmente em busca de um lugar tranquilo para aprender a arte da meditação.

Na primeira sessão de grupo, reunimo-nos num longo e estreito salão. A iluminação é suave. Uma foto emoldurada de Sayagyi U Ba Kin, fundador da rede CIM, pode ser vista na parede principal, debaixo de uma placa com a inscrição em birmanês e inglês: "A verdade prevalecerá." Envoltos em cobertores e dispostos em quatro fileiras, os aprendizes estão sentados ou ajoelhados em colchonetes. Diante da classe, o professor está encarapitado de pernas cruzadas sobre um tamborete. Trata-se de Roger Bischoff, um suíço de jeito discreto muito parecido com Bill Gates.

Bischoff explica que estamos para entrar no Caminho das Oito Verdades Nobres ensinado por Buda. O primeiro passo consiste em purificar nossos atos, observando um código moral: não matar, não roubar, não fazer sexo (durante nossa permanência), não mentir, não consumir drogas nem álcool. Vem em seguida a meditação. O objetivo é desenvolver nossa concentração durante os cinco primeiros dias, e nos cinco últimos usar essa concentração para conquistar a introspecção e a sabedoria. Em condições ideais, os aprendizes terão alcançado a iluminação até o décimo dia — ou pelo menos se encaminhado em direção a ela.

Tudo no Centro foi concebido para relaxar e aquietar a mente. Muitos dos estímulos que nos mantêm plugados no mundo moderno estão ausentes. Assim, não há televisão, rádio, material para leitura, internet nem telefones. Também tratamos de observar o Nobre Silêncio, o que significa ausência de conversa fiada. A vida é reduzida ao essencial: comer, caminhar, dormir, tomar banho e meditar.

Existem muitas maneiras de meditar. A maioria delas consiste em focalizar a atenção num determinado ponto: um objeto, como uma vela ou uma folha; um som ou mantra; ou mesmo um conceito, como o amor, a amizade ou o envelhecimento. A técnica utilizada no CIM parece das mais simples. Fechando os olhos, inspirar e expirar pelo nariz, fixando toda a atenção num ponto logo acima do lábio superior. Numa voz suave e insinuante, Bischoff nos diz para nos aquietarmos, relaxar e concentrar a mente no leve sopro de respiração logo abaixo do nariz. Não é tão fácil quanto parece. Minha mente parece ter uma mente própria. Depois de cinco ou seis respirações, ela dispara como louca, ricocheteando agitada de uma coisa a outra. Toda vez que forço minha concentração de volta à respiração, outra bateria de pensamentos desconexos irrompe descontrolada em minha cabeça — trabalho, família, lances desportivos, trechos de canções, qualquer coisa e mais alguma coisa. Começo a achar que há algo errado comigo. Todo mundo ao meu redor parece tão quieto e concentrado. Ali enfileirado com os outros em silêncio, como escravos nas galés de um navio fantasma, sinto uma vontade incontrolável de rir ou gritar uma tolice qualquer, do tipo "Fogo!"

Felizmente, no entanto, Bischoff entrevista os aprendizes duas vezes por dia para avaliar seus progressos. É o único momento em que somos autorizados a falar, e como a coisa é feita na presença de toda a classe, é fácil espionar. Para meu alívio, fica evidente que todo mundo também está pelejando para conseguir aquietar a mente. "Parece que eu simplesmente não consigo me acalmar", diz um rapaz, traindo na voz todo o seu desespero. "Fico louco para fazer alguma coisa."

Bischoff responde com um constante fluxo de palavras encorajadoras. Até mesmo Buda tinha problemas para aquietar a mente, explica. O principal é não forçar. Se nos sentirmos tensos ou agitados, o melhor é deitar, fazer um lanche na cozinha ou dar uma caminhada. Lá fora, a paisagem é semelhante à de um hospital para convalescentes, vendo-se os alunos a seguir lentamente seu caminho através do jardim.

Mas parece claro que a meditação tem algum efeito até mesmo nas mentes mais rápidas e deterioradas pelo estresse. No fim da primeira noite, sinto-me esplendidamente harmonioso. E à medida que avança o fim de semana, começo a diminuir o ritmo até mesmo sem tentar. Na noite de sábado, observo que estou levando mais tempo para comer e escovar os dentes. Passei a subir as escadas caminhando, e não mais correndo. Sinto-me mais atento a tudo — meu corpo, seus movimentos, os alimentos que como, o cheiro da relva lá fora, a cor do céu. Na noite de sábado, até a própria meditação começa a parecer ao meu alcance. Minha mente está aprendendo a ficar tranquila e aquietada por mais tempo. Sinto-me menos impaciente e apressado. Na realidade, estou tão relaxado que nem quero ir embora.

Sem que eu me desse conta, meu cérebro também se tem empenhado numa muito útil prática de Pensamento Devagar. Encerrado o fim de semana, ideias de trabalho estão saltando do meu subconsciente como peixes num lago. Antes de voltar a Londres, trato de anotá-las sentado no carro.

Seria possível transferir essa tranquilidade meditativa de um retiro para o mundo real? A resposta é um sim com ressalvas. Naturalmente, a tentação de acelerar é muito maior em Londres que nos recônditos de Wiltshire, e são poucos os que conseguem chegar a um estado perfeitamente zen depois de passar pelo programa do CIM. Seja como for, a meditação é perfeitamente capaz de amainar o excesso de excitação da vida urbana.

Depois de minha passagem pelo retiro de Wiltshire, consulto várias pessoas para tentar descobrir como reagem à meditação. Uma delas é Neil Pavitt, publicitário de 41 anos residente em Maidenhead, perto de Londres. Ele começou a frequentar os retiros do CIM no início da década de 1990, e aos poucos foi-se tornando um budista praticante. Hoje, dedica uma hora à meditação toda noite.

A meditação lhe proporciona um sólido alicerce de calma que o ajuda a enfrentar as águas turbulentas e instáveis do mundo da publicidade. "É como uma rocha, algo com que posso sempre contar. Uma coisa sólida que me dá firmeza e um centro ao qual posso sempre voltar em busca de força", explica. "Se as coisas ficam realmente muito agitadas ou estressantes no trabalho, eu me afasto cinco ou dez minutos para fazer exercícios de respiração, e com isto recupero a tranquilidade mental."

Pavitt também considera que a meditação abre as portas do Pensamento Devagar. "É bom para a parte criativa do trabalho porque limpa e acalma a mente", diz ele. "Muitas vezes, verifico que a meditação ajuda a tornar um problema muito mais claro, ou então que ajuda as boas ideias a vir para a superfície."

Outras maneiras de meditar dão resultados equivalentes. Mais de cinco milhões de pessoas de todo o mundo praticam atualmente a meditação transcendental, uma técnica simples que requer quinze a vinte minutos duas vezes por dia. Embora tenha sido inventada em 1957 por um iogue indiano, a MT não está ligada a qualquer tradição religiosa, e é por isto que desperta o interesse de pessoas como Mike Rodriguez, consultor de gerenciamento radicado em Chicago. "Eu gostei da ideia de acalmar a mente sem precisar me vincular a nenhuma bagagem espiritual ou religiosa", comenta. Antes da MT, Rodriguez se sentia assoberbado pelo ritmo e a pressão do trabalho. Hoje, considera-se um inabalável guerreiro do trabalho em equipe. "Pode estar tudo girando ao meu redor a 200 quilômetros por hora — telefones, e-mail, solicitações de clientes — mas eu já não me sinto tão engolfado quanto antes", prossegue. "Sinto-me como uma ilha de calma num oceano de loucura."

Exatamente como Pavitt, Rodriguez se sente mais criativo: "Hoje, sinto que me ocorrem soluções mais imaginativas. Quando damos a nossa mente a oportunidade de diminuir o andamento, ela pode nos surpreender com coisas muito boas mesmo."

Existem até indícios de que a meditação pode nos fazer felizes. Em 2003, cientistas da Universidade de Wisconsin, em Madison, escanearam o cérebro de pessoas com uma longa experiência de práticas budistas. E constataram que seus lobos pré-frontais, a região do cérebro ligada às emoções de bem-estar, geralmente estavam ativos. Em outras palavras, eram pessoas fisiologicamente mais felizes. Uma das hipóteses é que a prática regular da meditação mantém o lobo pré-frontal esquerdo sob constante estímulo.

A descoberta não surpreende Robert Holford, um psicanalista de 56 anos que todo ano encontra tempo em sua carregada agenda para fazer um retiro de dez dias com o CIM em Wiltshire. Entre um e outro, empenha-se diariamente em meditar. O que ele consegue com a meditação é dar à própria mente a confiança necessária para manter afastados os pensamentos negativos. "Uma mente tranquila nos dá um gosto de liberdade", diz ele. "É como se estivéssemos sentados ao mesmo tempo no rio e à margem dele — estamos envolvidos com a vida mas também temos uma visão geral dela. Com isto, nos sentimos mais leves e felizes."

Apesar de minhas reservas iniciais, hoje a meditação faz parte da minha rotina. Faço breves pausas — mais ou menos dez minutos de cada vez — durante o dia para meditar, e realmente faz diferença. Volto então para minha mesa relaxado e com as ideias claras. Embora essas coisas sejam difíceis de mensurar, tenho a impressão de que a meditação está me tornando mais atento, mais capaz de desfrutar o momento — mais Devagar.

A meditação também pode render dividendos físicos. Embora desde René Descartes, no século XVII, a tradição filosófica ocidental tenha estabelecido uma divisão entre a mente e o corpo, é evidente que as duas coisas estão ligadas. Estudos clínicos indicam que a meditação pode ajudar a manter o corpo em bom funcionamento. Os médicos cada vez mais a recomendam aos pacientes para enfrentar uma série de problemas: enxaquecas, doenças cardíacas, aids, câncer, infertilidade, pressão alta, síndrome do cólon irritável, insônia, cólicas estomacais, tensão pré-menstrual e até depressão. Um estudo realizado nos Estados Unidos durante cinco anos constatou que pessoas que praticam a meditação transcendental têm 56% menos probabilidades de serem hospitalizadas.

O mundo do preparo físico também descobriu a ligação entre a mente e o corpo e o papel que o vagar desempenha no sentido de manter a ambos em boa forma. Naturalmente, a ideia dos exercícios feitos lentamente vai de encontro às tendências atuais. As academias de ginástica do século XXI são templos de som e fúria. Excitadas pela trilha sonora do tipo bate-estaca, as pessoas se esfalfam nos equipamentos de atividade cardiovascular e nas aulas de ginástica aeróbica. Certa vez, vi um professor de ginástica usando uma camiseta com os dizeres: "Faça rápido, dê duro ou vá para casa." Em outras palavras, a única maneira de modelar o corpo é fazer disparar os batimentos cardíacos até o limiar de tolerância.

Mas será que é mesmo? Boa parte dos exercícios que surgiram há séculos na Ásia consistem em arrefecer o ritmo do corpo e aquietar a mente — combinação que pode trazer vantagens maiores do que simplesmente se desfazer em suor numa bicicleta ergométrica ou numa esteira.

Vejamos por exemplo a ioga, antiga prática hindu de exercícios físicos, espirituais e mentais voltada para harmonizar corpo, mente e espírito. A palavra "ioga" significa "unir" em sânscrito. No Ocidente, contudo, tendemos a nos concentrar no aspecto físico da disciplina — controle da respiração, movimentos lentos e fluidos, posturas (asanas). A ioga efetivamente pode fazer maravilhas pelo corpo, tonificando os músculos e tornando-os mais firmes, fortalecendo o sistema imunológico, ativando a circulação sanguínea e aumentando a flexibilidade.

Mas os resultados físicos são apenas o começo. Muitos métodos orientais de exercícios ensinam as pessoas a prolongar o momento, induzindo-as a um estado de agilidade sem tensão. Até mesmo nas artes marciais, como o caratê, o judô e o quendô, com seus golpes e pontapés super-rápidos, os praticantes aprendem a preservar a calma interna. Se a mente estiver agitada, se eles se sentirem ansiosos ou com pressa, tornam-se vulneráveis. Através de sua própria quietude interior, o praticante de artes marciais aprende a "arrefecer" os movimentos do oponente para rebatê-los com maior facilidade. Ele precisa ser Devagar por dentro para ser rápido por fora. Os atletas ocidentais chamam este estado de "estar na área". Mesmo quando desempenham um ato de extrema habilidade em alta velocidade, eles se mantêm tranquilos e seguros. John Brodie, a antiga estrela da zaga dos 49ers de San Francisco, parece um mestre zen quando começa a falar da necessidade de manter a serenidade no calor da batalha: "Parece que o tempo se prolonga de uma forma muito estranha, como se todo mundo estivesse se movimentando em câmara lenta. Parece que eu tenho todo o tempo do mundo para ficar observando o adversário fazer sua jogada, e no entanto sei perfeitamente que o momento do contra-ataque está chegando rapidamente, como sempre."

A ioga pode ajudar a conseguir essa calma interna. Seu objetivo é fortalecer na pessoa o *chi* — a força vital, ou energia —, que pode ser comprometido por estresse, ansiedade, doença ou excesso de trabalho. Mesmo aqueles que consideram a ideia do trabalho com o *chi* uma bobajada mística, muitas vezes verificam que a ioga os ajuda a cultivar um estado de espírito Devagar. Graças aos movimentos calmos e controlados, eles adquirem mais autoconsciência, concentração e paciência.

Num mundo que busca não só o corpo perfeito mas também a calma interior, a ioga é portanto um maná dos céus. Hoje, seus praticantes estão em toda parte, nos escritórios e hospitais, nos quartéis de bombeiros e nas fábricas. Levantamentos recentes indicam que o número de americanos que praticam a ioga triplicou desde 1998, chegando a cerca de quinze milhões de pessoas, entre elas muitos atletas profissionais. Os suplementos de turismo dos jornais estão cheios de anúncios de férias com prática de ioga em lugares exóticos. Meu filho faz exercícios de ioga em sua creche londrina. Em muitas academias, a ioga desbancou os exercícios aeróbicos de seu pedestal de escolha número 1 em matéria de preparo físico. Até Jane Fonda, que já foi a rainha da malhação, atualmente faz vídeos de ioga.

Mark Cohen agradece à ioga por se ter tornado saudável e Devagar. Corretor em Wall Street aos 34 anos, ele vive o tempo todo na pista de alta velocidade. Em seu trabalho, está sempre tomando decisões em frações de segundo, e pratica dois dos esportes mais velozes que existem, o basquete e o hóquei. Como tantas pessoas, ele costumava zombar da ioga, hobby de quem não pode praticar esportes "de verdade". Mas quando foi convidado por uma namorada em potencial a acompanhá-la numa aula, ele prendeu a respiração e foi em frente. Na primeira noite, impressionou-o a dificuldade de submeter o corpo a alguns dos asanas e, apesar disso, a sensação de relaxamento que sentiu depois. Embora tenha chegado à conclusão de que não estava assim tão interessado na candidata, matriculou-se numa aula de ioga perto de casa. Passados alguns meses, estava muito mais flexível. Sentia-se mais forte, e sua postura havia melhorado tanto que ele se livrou da puída almofada lombar que há muito tempo não saía do encosto de sua cadeira no escritório. Também percebeu que seu equilíbrio e sua velocidade melhoraram na quadra de basquete e no rinque de hóquei. Mas o que Cohen mais aprecia na ioga é a possibilidade de relaxar e meditar. "Quando pratico as posturas, tudo dentro de mim logo arrefece", explica. "Depois da aula, sinto-me harmonizado mas também com grande clareza mental." Uma sensação que também se manifesta em tudo mais na sua vida. "Você precisa me ver no trabalho atualmente", diz. "Quando a coisa fica feia, sou a calma em pessoa."

A ioga também serve para comutar Cohen para o modo Pensamento Devagar. Muitas vezes ele chega à aula estressado com algum problema do trabalho. Depois de uma hora relaxando a mente e lentamente flexionando o corpo nesta ou naquela direção, pode lhe ocorrer uma solução. "Quando faço ioga, minha mente deve ficar elaborando as coisas no inconsciente", comenta. "É caminhando de volta para casa depois da aula que muitas vezes eu tenho as melhores ideias."

Outros exultam com a energia que lhes é proporcionada pela ioga. Dahlia Teale trabalha num salão de cabeleireiro em Nova Orleans, Louisiana, e costumava frequentar a academia quatro dias por semana para aulas de aeróbica e exercícios cardiovasculares. Em 2002, entrou para uma aula de ioga com uma amiga. Imediatamente passou a sentir-se com mais energia. "Muitas vezes eu saía da academia sentindo-me exausta", explica. "Com a ioga, é o contrário — recebo um estímulo energético que dura muito tempo." Teale saiu da academia e hoje mantém-se em forma associando a ioga a caminhadas e à bicicleta. Perdeu três quilos.

O *chi kung* é outro tipo de exercício oriental que está atraindo adesões por seu jeito Devagar de encarar a mente e o corpo. Às vezes comparado a uma forma de "ioga com meditação e movimento", o *chi kung* abarca numa expressão genérica toda uma série de exercícios chineses antigos que contribuem para a saúde fazendo o *chi* circular pelo corpo. De pé, sustentando-se a partir da na região pélvica, os praticantes vão lentamente adotando uma série de posturas que alongam os membros. A respiração, lenta e profunda, também é importante. O *chi kung* não tem nada a ver com acelerar os batimentos cardíacos e suar muito; tem a ver com controle e consciência. É capaz de melhorar o equilíbrio, a força, a postura e o ritmo dos movimentos. Mais ainda que a ioga, ajuda a relaxar a mente mesmo em estado de atividade. O *chi kung* tem muitas ramificações, variando desde artes marciais como o *kung fu* até formas muito mais suaves de exercícios, como o *tai chi*.

No Ocidente, as pessoas passaram a usar o *chi kung* para melhorar o desempenho nos esportes. Mike Hall dá aulas de golfe e squash em Edimburgo, Escócia, e o vagar é sua constante preocupação. Ele afirma que, recorrendo ao *chi kung* para aquietar a mente, é capaz de enxergar o ponto amarelo quando a bola de squash está se aproximando. Graças aos movimentos lentos e controlados do *chi kung*, seus alunos aprendem a se movimentar mais livremente na quadra de squash, em vez de cambalearem para cá e para lá. E desenvolvem uma tranquilidade mental que lhes dá a impressão de dispor de todo o tempo suficiente para rebater qualquer jogada. "Parece paradoxal, mas a gente fica ao mesmo tempo em movimento e quieto", explica-me Hall ao telefone.

Para ver este paradoxo em ação, marco uma visita ao seu clube de squash em Edimburgo. Ex-jogador profissional de futebol, Hall é um ruivo atarracado em seus 45 anos, com um leve ceceio, e está terminando sua aula quando eu chego. Imediatamente ele se destaca do resto das pessoas. Enquanto os demais hesitam algo pesadamente ao redor da quadra, Hall movimenta-se com a fluida elegância de um dançarino de tango. Até quando se desvia subitamente para evitar um obstáculo inesperado, essa fluidez não o abandona. Fico me lembrando da famosa intuição transformada em conselho por Jackie Stewart, o herói da fórmula 1: às vezes, para ser mais rápidos, precisamos ir mais devagar.

Terminada a aula, Hall me apresenta alguns exercícios de *chi kung*, explicando que devo concentrar o pensamento nos movimentos e manter-me fluido. Ele sempre volta a falar da importância de se manter firme no eixo, no corpo como na mente. "Para a maioria das pessoas, o problema no squash não é ter velocidade suficiente, mas ter a calma necessária", diz. Fica parecendo meio piegas, o que me estimula a fazer uma ou outra provocação com Hall quando finalmente entramos na quadra para jogar uma partida. Já na primeira etapa, no entanto, sou apanhado desprevenido. Hall, por sua vez, abarca toda a quadra aparentemente sem esforço. E ganha por 9 a 2.

Posteriormente, o seu aluno seguinte, um professor de economia chamado Jim Hughes, incrivelmente em forma para seus 72 anos, me explica como o *chi kung* o está ajudando a largar o vício da pressa. "As coisas não mudam da noite para o dia, mas o trabalho com o Mike funcionou maravilhosamente para o meu jogo de squash", diz ele. "Hoje, já não fico me apressando absurdamente, como costumava fazer." O *chi kung* também contribuiu para diminuir o frenesi em sua vida profissional. Nos trabalhos de consultoria, Hughes estava sempre com pressa para dar o feedback aos clientes. Na sala de aula, vomitava a matéria com o olho no relógio. Hoje, graças ao *chi kung*, funciona ao estilo Devagar, o que significa planejar o tempo necessário para transmitir os ensinamentos aos alunos no ritmo adequado e esperar o momento certo para discutir os problemas do cliente. "Em vez de ceder ao primeiro reflexo, que é sempre para agir o mais rápido possível, eu agora diminuo o ritmo e me dou o devido tempo para examinar as alternativas", explica Hughes. "Tenho certeza de que com isto me saio melhor como professor e consultor."

Na manhã seguinte à nossa desigual partida na quadra de squash, Hall me leva para dar umas tacadas de golfe num parque local. O tempo não podia ser mais típico de Edimburgo: cinzento e chuvoso. Hall me observa enquanto faço algumas jogadas, e em seguida praticamos juntos alguns exercícios de *chi kung*. Ele volta então a falar da importância de se manter interiormente calmo e tranquilo. E me explica que ficou demonstrado em certos estudos que tomar impulso rápido demais, na realidade, faz com que o taco de golfe desacelere ao atingir a bola. Um impulso dado de maneira mais lenta e ritmada proporciona maior controle e dá mais força à tacada. Lanço mão, então, do taco, decidido a pôr em prática suas recomendações. E o efeito é imediato: meu impulso parece ao mesmo tempo mais forte e mais desimpedido.

Mais tarde, comparo minhas observações com as de Lindsay Montgomery, 50 anos, principal executivo do Comitê Escocês de Assistência Jurídica e experiente jogador de golfe. Quando começou a ter aulas com Hall, ele se sentia meio cético em relação ao *chi kung* e sua alegada capacidade de potencializar a força do vagar. Seis meses depois, para seu espanto, já havia eliminado quase três tacadas do seu *handicap*. "O *chi kung* muda o nosso senso de tempo e velocidade", confirma. "Minha tendência é fazer tudo muito depressa — é a minha personalidade. Mas o meu impulso ficou muito mais livre depois que passei a fazê-lo mais lentamente. O *chi kung* me ensinou a não correr, e com isto passei a jogar golfe melhor."

Não é apenas do Oriente que vêm as formas mais lentas e atentas de exercício. Na Grã-Bretanha da década de 1930, Joseph H. Pilates concebeu um regime de fortalecimento baseado em três princípios iogues: movimentos precisos, concentração e controle da respiração. Numa aula moderna de pilates, os alunos fazem exercícios para fortalecer os músculos de sustentação da espinha dorsal e com isto melhorar a flexibilidade, a resistência e a postura. Embora não se baseie numa tradição espiritual ou de meditação, o pilates também é capaz de aprofundar a atenção e a concentração mental. O jogador americano de golfe Tiger Woods pratica pilates e meditação.

Paralelamente, os cientistas ocidentais especializados em esportes também começam a chegar à conclusão de que se exercitar mais lentamente pode gerar melhores resultados. Quanto mais força fizermos nos exercícios, mais serão acelerados nossos batimentos cardíacos e mais gordura haveremos de queimar. Mas a partir de um certo ponto, a equação quanto-mais-rápido-melhor já não funciona. Na Universidade de Birmingham, o pesquisador Juul Achten constatou — o que viria a ser confirmado por outros estudos — que queimamos maior quantidade de gordura por minuto quando nosso coração bate até 70% a 75% de sua capacidade máxima. Em média, as pessoas podem chegar a esta intensidade marchando a passo rápido ou correndo sem muita pressa. Quando nos exercitamos mais pesadamente que isto, forçando o coração para perto de sua capacidade máxima, o corpo começa a recorrer a mais carboidratos para se alimentar de combustível. Em outras palavras, o rato de academia que se esfalfa freneticamente na bicicleta provavelmente está queimando menos gordura que o vizinho praticando exercícios mais moderadamente no equipamento ao lado. Basta lembrar da metáfora da lebre e da tartaruga. "O desempenho da lebre parece melhor porque ela vai mais depressa", explica o Dr. Achten. "Mas na corrida para queimar gordura, eu apostaria na vitória da tartaruga."

Contra este pano de fundo, a caminhada, a mais antiga forma de exercício, está voltando. Na era pré-industrial, as pessoas viajavam sobretudo a pé — o que as mantinha em forma. Até que veio a força motora mecânica e elétrica, e com ela a preguiça. Caminhar passou a ser o último recurso em matéria de transporte, uma "arte esquecida", segundo a Organização Mundial da Saúde.

Como vimos no capítulo anterior, contudo, urbanistas de todo o mundo estão reformulando os subúrbios e os centros das cidades para abrir mais espaço para os pedestres. O meu bairro londrino, Wandsworth, acaba de lançar a sua Estratégia da Caminhada. São muitas as boas razões para caminhar. A primeira, é que é de graça: não precisamos tomar aulas ou contratar um instrutor particular para aprender a passear pelo parque. Muitas das viagens que fazemos de carro poderiam ser feitas com a mesma facilidade — e às vezes com maior facilidade — a pé. Caminhar pode contribuir para a forma física e prevenir doenças cardíacas, infarto, câncer e osteoporose. E é menos passível de provocar danos físicos do que formas mais intensivas de exercício.

Deslocar-se a pé também pode contribuir para meditar, propiciando um estado mental Devagar. Quando caminhamos, temos consciência dos detalhes ao nosso redor — pássaros, árvores, o céu, lojas e casas, outras pessoas. Nos ligamos nas coisas.

Caminhar pode até ajudar a diminuir a comichão da aceleração. Num carro, num trem ou num avião, com a perspectiva sempre presente de atingir potência e velocidade cada vez maiores, sentimo-nos tentados a ir mais depressa, encarando o menor obstáculo como uma afronta pessoal. Como nossos corpos têm embutida uma limitação de velocidade, as caminhadas podem nos ensinar a esquecer a obsessão com a aceleração. São algo inerentemente Devagar. Escreveu Edward Abbey, o *enfant terrible* do ambientalismo americano: "Existem algumas coisas muito boas numa caminhada. (...) Caminhar leva mais tempo, por exemplo, que qualquer outra forma de locomoção, exceto rastejar. Com isto, estende o tempo e prolonga a vida. A vida já é curta demais para ser desperdiçada com a velocidade. (...) Caminhar torna o mundo muito maior e portanto mais interessante. Ficamos com tempo para observar os detalhes."

Alex Podborski não podia estar mais de acordo. Hoje com 25 anos, ele costumava ir de lambreta para o trabalho numa agência de viagens no centro de Londres. Até que, em 2002, quando sua Vespa foi roubada pela terceira vez, decidiu passar a ir a pé. Atualmente, gasta vinte e cinco minutos caminhando até o trabalho e de volta. No caminho, percorre o Hyde Park, onde costumam lhe ocorrer suas melhores ideias. Ele sorri para os transeuntes e se sente mais ligado à vida da cidade. Em vez de chegar ao trabalho todo turbinado depois de percorrer o tráfego do horário de rush, Podborski vai entrando relaxado e pronto para o que vier. "A caminhada é o meu momento de diminuir o ritmo", explica. "Me prepara para enfrentar o dia e me desacelera quando ele chega ao fim." Ela também rende dividendos em matéria de forma física. Desde que começou a caminhar, Podborski sente-se mais leve e saudável. "Nunca vou posar para propaganda de roupa íntima do Calvin Klein", diz, com um sorriso maroto. "Mas pelo menos minha pança de cerveja está diminuindo."

Uma tendência mais contemporânea em matéria de exercícios Devagar é o movimento SuperSlow de levantamento de peso, que está se espalhando por toda a América do Norte e outras partes do mundo. Antes que você salte este capítulo para ir em frente, no entanto, vamos tratar de acabar com um preconceito muito comum: fazer musculação não transforma todo mundo no incrível Hulk. O SuperSlow torna qualquer pessoa mais forte e esbelta sem carregar demais nos músculos. E como os músculos ocupam aproximadamente 30% menos espaço que a gordura, muitas pessoas passam a usar modelos de roupas um ou dois tamanhos menores depois que começam a pegar no pesado. A revista *Vanity Fair*, a bíblia dos que dão mais valor à beleza que ao tamanho, incluiu o SuperSlow entre as melhores séries de malhação de 2002. O mesmo entusiasmo foi mostrado por *Newsweek*, *Men's Health*, *Sports Illustrated for Women* e o *New York Times*.

Quando comecei a percorrer os recortes de imprensa, o tom quase delirante dos depoimentos parecia bom demais para ser verdade. Levantar pesos na velocidade convencional nunca me fez tanto bem, nem a qualquer pessoa do meu conhecimento. Seria possível que o simples fato de diminuir a velocidade fizesse assim tanta diferença?

A sede do movimento SuperSlow está escondida num anônimo centro comercial perto do aeroporto de Orlando, na Flórida. Quando chego, Ken Hutchins, o sujeito que fundou o SuperSlow no início da década de 1980, fala ao telefone, explicando a alguém em Seattle como se tornar treinador oficial do método. A espera me permite dar uma olhada nas fotos do tipo antes e depois expostas nas paredes do escritório. Barbudo e de meia-idade, Ted perdeu 15 centímetros na cintura em dez semanas. Ann, uma trintona, reduziu 17,5 centímetros das coxas em menos de três meses. As fotos foram feitas no estilo dos manuais de medicina — cabelo de qualquer jeito, iluminação implacável, nada de retoques. Parece-me honesto: indica que o SuperSlow conquista adesões graças aos resultados, e não ao marketing.

Hutchins é um homem alto e abençoado com aquele tipo de postura de vareta de um general da ativa (ele trabalhou em certa época como técnico cirúrgico na Aeronáutica dos EUA). Ostenta uma forma perfeita, sem parecer musculoso demais. Sentamo-nos e começamos a conversar sobre a loucura da cultura do faça-tudo-mais-depressa. "A mentalidade moderna é que fazer alguma coisa devagar quer dizer que não é intenso nem produtivo — o que também se aplica aos exercícios", começa Hutchins. "As pessoas acham que se não estiverem fazendo alguma atividade muito agitada, como a ginástica aeróbica, não vão conseguir resultados. Mas é o contrário que é verdadeiro. É o vagar que torna os exercícios produtivos."

Como é que funciona? O praticante do SuperSlow leva vinte segundos para levantar e abaixar um peso, quando a prática habitual é de seis segundos. A lentidão elimina o fator impulso, obrigando os músculos a trabalhar até a total exaustão. Isto, por sua vez, os estimula a se recuperar mais rápida e completamente. O levantamento de pesos também pode fortalecer e adensar os ossos, o que é uma bênção para jovens e velhos. Um estudo publicado em junho de 2001 no *Journal of Sports Medicine and Physical Fitness* concluía que o SuperSlow dava 50% mais força que as formas convencionais de treinamento com peso, pelo menos a curto prazo. Mas a força é apenas uma parte da questão. Fortalecer os músculos também é uma boa maneira de emagrecer, pois dinamiza o metabolismo do corpo, obrigando-o a queimar mais calorias durante todo o dia. Adquira um pouco de músculos, mantenha a dieta sob controle e a gordura começa a ir embora.

SuperSlow tem a vantagem adicional de tomar muito pouco tempo. Os exercícios são tão intensos que nunca duram mais de vinte minutos. Os iniciantes precisam repousar de três a cinco dias entre cada sessão, e os levantadores de peso mais experientes, ainda mais. Como os praticantes muito pouco ou quase nada suam — e os ventiladores ajudam a manter baixa a temperatura da academia —, muitos se exercitam sem mesmo tirar a roupa do trabalho. O Devagar acaba saindo mais rápido. E mais seguro também: com seus movimentos suaves e controlados, o SuperSlow minimiza os riscos de danos físicos.

O treinamento no SuperSlow também pode propiciar toda uma série de outras vantagens em matéria de saúde, desde níveis mais elevados de HDL, o colesterol bom, até articulações mais fortes e flexíveis. Hutchins afirma que o SuperSlow é suficiente para manter uma pessoa medianamente dotada saudável e em forma, e que a prática de qualquer outro esporte só pode prejudicar. À simples menção da expressão "exercício cardiovascular", ele revira os olhos. Mas nem todo mundo concorda. Tanto a Associação Cardiológica Americana quanto o Ministério da Saúde recomendam a associação do treinamento de força com exercícios aeróbicos convencionais.

Apesar da inexistência de um estudo clínico definitivo sobre o SuperSlow, as evidências empíricas estão atraindo adeptos aos montes. Nos Estados Unidos, sabe-se que equipes esportivas profissionais e universitárias adicionaram elementos da filosofia SuperSlow a seus regimes de exercícios, assim como as Forças Especiais, o FBI, a polícia civil e os paramédicos. Médicos e fisioterapeutas são só elogios. Em toda a América do Norte, academias de SuperSlow atraem gente de todas as classes sociais, de aposentados e adolescentes obesos a yuppies de escritório e dondocas. Quase diariamente alguém telefona para a sede em Orlando para se informar sobre o que é necessário para se tornar oficialmente um treinador. Academias do método já foram abertas na Austrália, na Noruega, na Índia, em Israel e Formosa.

Por que o SuperSlow terá levado vinte anos para pegar realmente? Talvez porque pode ser difícil de gostar. Para começo de conversa, é menos provável que o levantamento de peso libere a dose de endorfina que conseguimos com outros tipos de exercícios. Malhar a passo de cágado também dói um bocado. Seguir o regime SuperSlow ao pé da letra pode ser algo mais próximo de uma obrigação que de um prazer. Basta ver a maneira como Hutchins descreve a perfeita academia de SuperSlow: "Poucas coisas capazes de distrair a atenção, paredes de cores pálidas, nada de música, nem de plantas, nada de espelhos nem de jogar conversa fora, luz baixa, ventilação permanente, temperatura baixa, baixa umidade. (...) Também faz parte do ambiente ideal um comportamento estritamente clínico."

No fim de nossa entrevista, Hutchins leva-me até sua academia para uma sessão de SuperSlow. Frio, silencioso e asséptico, o salão parece tão acolhedor quanto uma fábrica de *chips* eletrônicos. De prancheta e cronômetro na mão, Hutchins me encaminha para uma máquina de extensão dos músculos da perna. Na minha primeira tentativa de puxar conversa, sua reação tem a sutileza de uma jamanta. "Não estamos aqui para bater papo", vai cortando. "Você precisa apenas responder sim ou não às minhas perguntas." Eu me calo e começo a malhar. Inicialmente, o peso parece leve, mas à medida que a série avança, começa a parecer insuportavelmente pesado. Pelo meio da segunda repetição, minhas coxas estão tremendo, com os músculos queimando como nunca havia visto antes. Meu instinto é de acelerar, para acabar com aquilo, mas Hutchins não quer saber disso. "Desacelere", adverte. "Não se entusiasme demais. Fique calmo e mantenha a respiração. Fica mais fácil quando você se concentra." Depois de seis repetições, os músculos da minha coxa estão completamente exauridos. As três máquinas seguintes infligem o mesmo tipo de castigo aos meus bíceps, às panturrilhas e ao peitoral. E acaba tudo. "Levamos quinze minutos e trinta segundos", contabiliza Hutchins, apertando o cronômetro. "Como se sente?" Esmigalhado. Acabado. De ponta a ponta. As pernas viraram uma geleia, a garganta, um braseiro. Mas é um tipo diferente de cansaço pós-malhação — nem cambaleante nem ofegante. Eu nem estou suando. Minutos depois, estou a caminho do carro num passo saltitante.

Enquanto vou dirigindo, pergunto a mim mesmo: Será que eu faria isso de novo? Para ser honesto, não. O resultado pode ser incrível, mas a coisa parece tão clínica, para usar a expressão do próprio Hutchins. Mas fiquei sabendo por leituras que outros treinadores do SuperSlow encaram a coisa de maneira mais relaxada. Curioso, pego um avião para checar como vão as coisas numa próspera academia de SuperSlow em Nova York.

Instalado num sétimo andar na Madison Avenue, bem no centro de Manhattan, o Ultimate Training Centre se parece muito mais com uma academia convencional: espelhos pelas paredes, música no sistema de som, muito ti-ti-ti. O dono, Lou Abato, usa rabo de cavalo e está sempre sorrindo. A foto de seu encontro com Arnold Schwarzenegger domina a vitrine bem ao lado do balcão de recepção, junto à estante cheia de revistas sobre malhação. Abato tem um físico de super-herói e compete em concursos de fisiculturismo, mas sua rotina de treinamento é puramente minimalista: uma série inteira de SuperSlow por semana, e nada mais. "As pessoas custam a acreditar, mas ninguém precisa de mais do que isto", explica-me ele.

Mas a Ultimate Training não é a meca dos musculosos. Quase todos os clientes de Abato são profissionais liberais de Manhattan. O primeiro do dia, às oito e meia da manhã, é o advogado de meia-idade Jack Osborn, veterano de três anos do SuperSlow. Ele sai do vestiário de camiseta branca e short azul. À parte a leve barriga, parece em forma. Abato o acomoda no mesmo tipo de máquina de extensão das pernas que eu experimentara com Hutchins, e tem início a sessão. Osborn grunhe e faz caretas durante as repetições. A respiração acelera, os olhos saltam, os membros tremem. Parece até que eu estou sentindo sua dor. Abato o adverte a não se refugiar na velocidade: "Desacelere, trate de desacelerar. Não se apresse." E assim prossegue a coisa. Cerca de vinte minutos depois, Osborn está de novo envergando seu terno cinza e me explica que o SuperSlow o ajudou a perder cinco quilos e a superar uma dor lombar crônica, além de dotá-lo de grande reserva de energia. "Parece que estou com um corpo completamente novo", diz. Cedendo a um pressentimento, pergunto se os exercícios de levantamento de peso em ritmo lento também têm resultados psicológicos. Acaso terão ensinado a ele como enfrentar a correria insana de Nova York num estado de espírito Devagar? Seu rosto se ilumina. "Não é o motivo que me trouxe ao SuperSlow, mas certamente é uma das vantagens", reconhece. "Daqui eu saio com uma espécie de calma meditativa que se estende por todo o dia. Quando tenho uma reunião importante ou uma sessão no tribunal, faço questão de fazer o SuperSlow, pois fico concentrado, com as ideias claras e me sentindo no controle." Recentemente, Osborn saiu-se bem num caso dos mais complicados, e reconhece que pelo menos em parte isto se deve ao levantamento lento de pesos. "Mesmo quando as coisas entram em espiral, como tende a acontecer durante os julgamentos, eu me sentia centrado e tranquilo. Pude perfeitamente enfrentar o cliente, o juiz e os outros advogados do caso", conta. "Além das vantagens físicas, o SuperSlow contribuiu para o meu sucesso no tribunal."

Mais claro motivo de aprovação não poderia haver. Será que os outros clientes de Abato também se mostram tão entusiásticos? Sim, como venho a confirmar. Depois que Osborn volta para o escritório, Mike Marino, consultor de gerenciamento de 51 anos, me explica como em nove meses o SuperSlow ajudou a eliminar 50% de sua gordura. Alto, esguio e bronzeado, ele parece saído das páginas de uma revista de roupa masculina. Tal como Osborn, encara o SuperSlow como uma espécie de vacina contra a tendência natural do nova-iorquino de apressar tudo. "Ele certamente contribuiu para baixar um pouco o estresse do meu estilo de vida", diz. "Sempre que eu tinha um problema na vida, meu instinto me dizia para tentar acelerar tudo, para superar a coisa o mais rápido possível. Hoje encaro as coisas de uma forma muito mais pensada, o que é bom quando se trabalha em consultoria."

Um após o outro, os clientes me falam invariavelmente de corpos mais fortes, em forma, livres de dores — e muitos reconhecem que foi o SuperSlow que lhes proporcionou a calma interior para manter a cabeça fria na confusão de Manhattan. O SuperSlow acaba sendo Devagar em todos os sentidos da palavra.

Depois de agradecer a Abato pela ajuda, tomo o elevador e desço para a rua. Lá fora, na calçada, uma jovem elegante, ostentando um penteado que não deve ter custado nada barato, está falando maravilhas do SuperSlow no celular. Finjo estar procurando alguma coisa na pasta para ficar ouvindo. "Vai por mim, você vai adorar", insiste ela. "Agora o rápido é devagar."

CAPÍTULO SEIS

MEDICINA: OS MÉDICOS E A PACIÊNCIA

O tempo é uma excelente cura.
— Provérbio inglês do século XIV

Estamos numa sala de espera do hospital Chelsea e Westminster em Londres. Vim consultar um especialista sobre uma dor persistente na perna direita. Apesar de meses de incômodo e inchação, meu estado de ânimo é bom. O hospital me traz boas lembranças — foi aqui que nasceram meus dois filhos — e seu departamento de ortopedia está entre os melhores da Grã-Bretanha.

A sala de espera está cheia. As pessoas ficam circulando de muletas entre os assentos, o banheiro e a cesta de revistas. Remexem-se inquietas nas cadeiras. Sobre a porta que conduz ao pátio, um aviso eletrônico informa que o atendimento está quarenta e cinco minutos atrasado. Absorto na leitura de um exemplar antigo de *Cosmopolitan*, percebo apenas vagamente o vaivém dos pacientes.

Quando meu nome é chamado, um atendente me conduz ao consultório, onde um jovem médico aguarda sentado à mesa. Fico desalentado. Tudo nele, inclusive a mancha de café na gravata, está dizendo: Vamos rápido! Depois de engrolar um cumprimento, ele dá início a um interrogatório implacável. Onde sinto dor? Quando começou? Quando é que dói? Ele quer respostas breves e precisas. Quando tento explicar, ele me corta, repetindo com mais firmeza a pergunta. Chegamos a um impasse. Quero traçar um quadro completo do machucado — mudanças na minha rotina de esportes, como a dor evoluiu, as consequências dos analgésicos e do estiramento, o efeito na minha postura —, mas o Dr. Apressadinho quer apenas ticar umas respostas pré-fabricadas e dar por encerrado o seu turno. Durante o breve exame físico, ele olha para o relógio de pulso — duas vezes. Incapaz de identificar a causa da dor, diz-me que continue a tomar analgésicos e me encaminha para exame de sangue e ressonância magnética. Eu ainda quero fazer algumas perguntas, mas o meu tempo está esgotado. Deixo a clínica acometido de outro problema: consulta *interruptus*.

Muitos de vocês já tiveram essa experiência. Em hospitais e clínicas de todo o mundo, os médicos sofrem pressão para apressar o atendimento dos pacientes. No sobrecarregado Serviço Nacional de Saúde da Grã-Bretanha, o tempo médio de duração de uma consulta de clínico geral fica em torno de seis minutos. Mesmo em hospitais privados sem problemas de financiamento, os médicos são picados pela mosca da pressa. Estão constantemente sendo solicitados pelos pagers, e a profissão que desempenham já foi chamada de "medicina do bip". O resultado é uma cultura médica baseada na rapidez. Em vez de se dar tempo para ouvir os pacientes, avaliar todos os aspectos de sua saúde, de seu estado de ânimo e de seu estilo de vida, o médico convencional tende a se aferrar aos sintomas. Muitas vezes, o passo seguinte consiste em recorrer à tecnologia — escaneadores, medicação, cirurgia. É tudo uma questão de resultados rápidos numa agenda apertada, e os pacientes são coniventes com a pressa. Num mundo em que cada segundo parece contar, todos queremos — não, esperamos — ser diagnosticados, tratados e curados o mais rapidamente possível.

É claro que muitas vezes a velocidade é crucial na medicina. Se não se tratar logo de extrair um apêndice supurado, estancar um ferimento de bala ou aplicar a tempo uma injeção de insulina, o paciente pode morrer. Mas na medicina também, como em tantas outras áreas da vida, mais rápido nem sempre quer dizer melhor. Muitos médicos e pacientes começam a se dar conta de que frequentemente vale a pena ir Devagar.

A reação à medicina Rápida está ganhando impulso. Em toda parte os médicos exigem passar mais tempo com os pacientes. As faculdades de medicina passaram a dar mais ênfase à conversa como ferramenta de diagnose. São cada vez mais numerosas as investigações científicas demonstrando que frequentemente a paciência é a melhor política. Veja-se, por exemplo, a infertilidade. Os médicos costumam recomendar a fertilização *in vitro*, com todos os riscos envolvidos, sempre que a mulher não consegue engravidar depois de um ano de tentativas. Mas um estudo realizado em 2002 em sete cidades europeias constatou que um ano não é suficiente. Se puderem esperar mais doze meses, as mulheres saudáveis em sua maioria acabarão concebendo. Com efeito, o estudo constatou que mais de 90% das mulheres de quase 40 anos engravidaram em espaço de dois anos quando os parceiros também tinham menos de 40.

Desiludidas com o atendimento médico convencional, milhões de pessoas estão se voltando para a medicina complementar e alternativa (MCA), que se baseia nas ponderadas tradições holísticas de tratamento que ainda vigoram em boa parte do mundo em desenvolvimento. A MCA é um movimento de grande abrangência que engloba filosofias medicinais tão diferentes quanto as da tradição chinesa, do aiurveda indiano e do unani árabe. Entre os tratamentos alternativos mais conhecidos estão a homeopatia, as ervas medicinais, a aromaterapia, a acupuntura, a massagem e o tratamento energético. Os osteopatas e os quiropráticos também são considerados praticantes da MCA.

Até que ponto a medicina alternativa realmente funciona é algo que tem dado motivo a acirrados debates. É difícil obter provas científicas de sua segurança e de sua eficácia. Os céticos, que são uma legião, descartam a MCA como charlatanismo embonecado com velas e cristais. Se funciona de alguma maneira, sustentam, é apenas como placebo: as pessoas acreditam que serão curadas, e por isto são curadas. Mas o fato é que hoje o establishment médico dá mais atenção que nunca à MCA. Em todo o mundo, hospitais e institutos de pesquisa estão submetendo as terapias tradicionais a testes rigorosos. E embora o veredicto ainda não tenha saído, indícios preliminares indicam que certas manifestações da MCA efetivamente funcionam. A título de exemplo, muitos médicos consideram que a acupuntura é capaz de aliviar dor e náuseas, embora não saibam muito bem como explicá-lo.

Enquanto os especialistas saem em busca de comprovações científicas nos laboratórios, as pessoas comuns não estão esperando. Em todo o mundo, o mercado da MCA chega a 60 bilhões de dólares por ano. Aproximadamente metade da população da América do Norte busca atualmente tratar-se à margem do sistema de saúde oficial. Quase 80% das clínicas de tratamento de dor na Alemanha, onde a MCA é muito disseminada, oferecem atendimento em acupuntura. Na Grã-Bretanha, os praticantes dessas formas alternativas de medicina já são mais numerosos que os clínicos gerais. Não conseguindo encontrar em casa o que precisam, os ocidentais estão indo para a China e outros países conhecidos por suas práticas de medicina tradicional. Um hospital de Pequim inaugurou uma ala específica para o atendimento de estrangeiros. Outros oferecem pacotes de viagem que contemplam ao mesmo tempo a tradicional visita à Grande Muralha e outra a um especialista chinês em ervas medicinais!

Mas nem mesmo os mais ardorosos admiradores da MCA consideram que ela pode — ou deve — substituir completamente a tradição ocidental. Existem problemas de saúde, como as infecções e os traumas, que sempre serão melhor tratados pela medicina convencional. Nem mesmo na China os especialistas em ervas medicinais se apressam a tratar de vítimas de acidentes de trânsito. Os adeptos sustentam que a MCA pode ajudar mais precisamente onde a medicina ocidental não tem êxito: no tratamento de doenças crônicas que vão desde a asma e doenças coronarianas até a depressão e as dores da coluna. No momento, a tendência é associar os tratamentos mais eficazes da medicina ocidental e da MCA, criando toda uma nova tradição de "medicina integradora". Os cursos de MCA já proliferam nas faculdades tradicionais de medicina do mundo desenvolvido, e em universidades americanas de ponta como Harvard, Columbia e Duke surgiram centros de medicina integradora. Em 2002, a Organização Mundial da Saúde lançou uma campanha mundial para integrar o melhor da MCA à medicina convencional.

Um dos maiores centros europeus de medicina integradora é a Clínica Hale, que ocupa quatro andares num prédio de Regency no centro de Londres. Ao ser inaugurada em 1987, a clínica era considerada um paraíso para adeptos do New Age. Hoje, todo tipo de gente, de diretores de empresas a professores de química, a procura para tratamento de acupuntura, aromaterapia ou para harmonizar os chacras. Clientes das mais diferentes idades se detêm na livraria do subsolo e fazem fila para comprar remédios homeopáticos e de ervas na farmácia. "Quando nós abrimos, a medicina complementar era considerada estranha e revolucionária, coisa para gente alternativa", diz Teresa Hale, a fundadora da clínica. "Hoje ela é aceita de maneira geral. Há até hospitais que nos mandam pacientes." Em sua equipe de uma centena de pessoas, a Clínica Hale tem vários médicos de formação tradicional, entre eles dois clínicos gerais. Em 2003, um hospital de Londres convidou um dos terapeutas da clínica para trabalhar com seus pacientes de câncer.

Em boa parte, a medicina complementar parece interessante por evitar soluções pré-fabricadas, tratando os pacientes como pessoas, e não como montes de sintomas. A maioria das terapias MCA é Devagar por sua própria natureza. Atuam em harmonia com o corpo e a mente, antes induzindo que coagindo os pacientes à cura. O relaxamento, que diminui a pressão arterial e reduz a dor, a ansiedade e a depressão, frequentemente é a base do tratamento, assim como a exortação para que as pessoas vivam em ritmo equilibrado. Na Clínica Hale, os terapeutas de todas as disciplinas estimulam os pacientes a viver Devagar — trabalhar menos, comer com mais tranquilidade, meditar, passar mais tempo com a família e os amigos, cultivar hobbies contemplativos ou simplesmente encontrar, diariamente, um momento que seja para caminhar no parque.

Os terapeutas da MCA trabalham com muito mais tempo do que seriam capazes seus rivais da medicina tradicional. Um homeopata pode passar até duas horas com um paciente, estabelecendo um relacionamento, ouvindo com atenção, avaliando bem as respostas para tentar encontrar as causas essenciais do problema de saúde. As sessões de massagem e acupuntura geralmente duram uma hora, ao longo da qual o terapeuta toca o paciente e conversa com ele. Pode parecer banal, mas num mundo em que todo mundo está sempre correndo e os contatos verdadeiros entre as pessoas são a exceção, um pouquinho de atenção amorosa é capaz de muita coisa. Pode até desencadear mecanismos de cura no corpo. Comenta a psicóloga britânica Ingrid Collins: "Quando recebem atenção e cuidados sem tempo contado, os pacientes podem relaxar para permitir que venha a cura."

As pesquisas parecem corroborar a tese. Num estudo realizado nos Estados Unidos, as consultas de um clínico geral eram acompanhadas por um psicoterapeuta, que manifestava interesse fazendo perguntas que iam muito além da listinha habitual sobre os sintomas. Como você se sente em relação à doença? Como ela tem afetado as pessoas ao seu redor? Os pacientes adoravam esse tipo de atenção, e alguns chegaram a se recuperar de problemas de saúde que enfrentavam há muito tempo. O que nos leva de volta à ligação entre corpo e mente. No último capítulo, vimos que formas mais lentas de exercício levam ao que os romanos chamavam de *mens sana in corpore sano*. Hoje, a profissão médica está chegando à conclusão holística de que o estado mental das pessoas pode afetar seu bem-estar físico. E quando se entende que um paciente é uma pessoa com humores, idiossincrasias e uma história pessoal e intransferível, já não é suficiente examinar a lista completa dos sintomas e lançar mão do bloco de receita. É preciso dar-se tempo para ouvir. Estabelecer uma relação.

A medicina convencional está abrindo espaço para o Devagar de muitas formas. Uma delas é a disposição cada vez maior de usar o relaxamento como ferramenta de cura. Para ajudar os pacientes a se soltar, é cada vez maior o número de hospitais que os incitam a praticar atividades relaxantes como jardinagem, pintura, música, tricô e se dedicar a animais de estimação. Outra tendência consiste em reconhecer a capacidade de cura da Mãe Natureza. Estudo promovido recentemente pela Universidade A&M do Texas constatou que a existência de espaços verdes ao alcance da vista ajudava pacientes acamados a se recuperar de cirurgias mais rapidamente e com menos analgésicos. Assim é que os hospitais passaram a instalar jardins, reformando seus pátios para oferecer mais luz solar, plantas e espaços verdes e transmitindo por seus canais internos de televisão imagens de golfinhos nadando no mar ou regatos cantando por bosques ensolarados.

Os médicos convencionais adotam as terapias de tipo Devagar em número cada vez maior. Alguns usam a meditação, a ioga e o *chi kung* no tratamento de câncer, síndrome do túnel do carpo, osteoartrite, diabetes, hipertensão, asma e epilepsia, assim como de problemas mentais. Outros recorrem ao levantamento de pesos SuperSlow para reabilitar pacientes com problemas cardíacos e osteoporose. Hoje, muitos clínicos gerais recomendam que seus pacientes busquem quiropráticos, acupunturistas, osteopatas, especialistas em ervas medicinais e homeopatas. E embora os tratamentos MCA geralmente levem mais tempo para fazer efeito, às vezes a atuação Devagar traz resultados mais rápidos. Vejamos, por exemplo, dois métodos concorrentes de tratamento da dor gerada por um nervo pinçado na espinha dorsal. Um médico ocidental provavelmente trataria logo de passar uma receita de remédios anti-inflamatórios, que levariam tempo para fazer efeito. Um terapeuta aiurvédico, contudo, poderia eliminar imediatamente a dor com uma massagem marma, voltada para os lugares específicos onde convergem a carne, as veias e os ossos.

Certos médicos convencionais estão dando um passo além, seguindo processos de formação em terapias MCA. É o caso de Catherine Watson. Ela trabalhava como técnica de pesquisas para um grande laboratório farmacêutico, desenvolvendo drogas de tratamento do sistema imunológico. Depois de anos nesta função, contudo, desiludiu-se da abordagem brutal da medicina convencional. Muitas vezes os remédios ocidentais simplesmente devastam os sintomas de uma doença, sem curar sua causa. E muitos provocam efeitos colaterais — que por sua vez exigem a ingestão de mais remédios. "Eu simplesmente sentia que tinha de haver outra maneira", diz Watson. Em 1999, ela largou seu bem remunerado emprego na indústria farmacêutica para estudar as práticas ocidentais de medicina com ervas. Graças a seu background, ela já começava com uma vantagem, pois muitas drogas modernas são derivadas de ervas naturais. Hoje, Watson está à frente de um bem-sucedido consultório de terapia com ervas, instalado em sua própria residência em Hertfordshire, perto de Londres. Especializou-se no tratamento de problemas dermatológicos e digestivos. Às vezes, seus preparados naturais funcionam sozinhos, mas em outros casos, como asma, atuam associados à medicina convencional. Seja como for, Watson opera em ritmo Devagar com todos os pacientes. Geralmente dedica pelo menos uma hora à primeira consulta, deixando bem claro que seus remédios levam tempo para fazer efeito. "Às vezes, conseguimos resultados rápidos, mas de maneira geral as ervas medicinais funcionam gradualmente, atacando o problema pelas beiradas", explica. "Normalmente, a coisa funciona de maneira mais lenta que a medicina convencional, mas no fim os resultados são mais eficazes do que as pessoas imaginam, e sem os efeitos colaterais que tantas vezes vi na indústria farmacêutica."

Muitas vezes a MCA é o último recurso para pacientes desenganados da medicina ocidental. Nik Stroker, publicitária de 27 anos que trabalha em Londres, sofria de insuportáveis dores menstruais. Todo mês seus hormônios desembestavam, despertando-a no meio da noite com ondas de calor e condenando-a ao cansaço crônico durante o dia. Suas emoções estavam sempre numa montanha-russa, e ela tinha dificuldade para trabalhar. Até que seu médico receitou pílulas anticoncepcionais, o remédio habitual para dores menstruais. Durante anos, ela passou de uma marca de pílula a outra, sem conseguir curar o problema e enfrentando efeitos colaterais. As drogas a faziam sentir-se como se estivesse carregando uma bala de canhão no estômago e nas pernas. Havia vezes em que mal conseguia caminhar. "Parecia que eu ia desmilinguir", diz ela. Como nem os escaneadores nem sequer uma cirurgia exploratória levassem à identificação da causa das dores, os médicos entregaram os pontos, dizendo-lhe que toda mulher sente dores menstruais e que a única coisa a fazer era repousar e munir-se de uma garrafa de água quente. "Eles fizeram eu me sentir como se estivesse apenas me lamentando, sabe como é, fazendo eles perderem tempo", queixa-se ela.

Em desespero, Stoker procurou Tom Lawrence, terapeuta de acupuntura e ervas recomendado por uma amiga. Era sua primeira experiência com a MCA, mas a maneira tranquila e holística como ele a atendeu deixou-a imediatamente à vontade. A primeira consulta durou mais de uma hora, durante a qual Stoker falou sem parar, não apenas de seus sintomas, mas de tudo que fosse relevante: dieta, carreira, humor, vida social, hobbies. Lawrence queria ter ideia do quadro completo. E Stoker finalmente sentiu que alguém a ouvia. O tratamento propriamente dito estava muito distante da medicina superturbinada. Para redirecionar e reequilibrar as energias em seu corpo, Lawrence aplicou uma floresta de agulhas em suas pernas e em seus pulsos. Pediu-lhe que parasse de consumir laticínios e preparou para ela cápsulas com uma mistura de doze ervas, entre elas hortelã, angélica e alcaçuz. Os médicos tradicionais podem zombar de tais métodos, mas os resultados são perfeitamente concretos. Depois da primeira consulta, Stoker começou a sentir-se menos tensa pela primeira vez em anos. Cerca de doze sessões depois, as dores menstruais haviam praticamente desaparecido. Sua vida mudou. "Hoje, sou uma outra pessoa", diz ela.

Como tantos outros pacientes que decidem ir além da medicina convencional, Stoker considera que a MCA curou tanto seu corpo quanto sua mente. Hoje, sente-se menos irritável, mais capaz de enfrentar o estresse e o ritmo corrido da vida em Londres. "Sabe aquela sensação doentia e excitada que nos vem quando temos um milhão de coisas para fazer e nem sabemos por onde começar?", pergunta. "Pois já não me acontece tanto. Hoje, tenho muito mais calma e clareza mental."

Enquanto a MCA continuar sendo uma opção marginal na medicina como um todo, todavia, os pacientes terão de estar sempre tateando num verdadeiro campo minado de desinformação. O que não faltam são charlatães tentando faturar com a moda das terapias alternativas, prometendo tratamentos "holísticos" para no fim proporcionar apenas uma pálida imitação. São necessários anos para aprender as técnicas do shiatsu ou da massagem aiurvédica, e, no entanto, não faltam cabeleireiros para oferecer esses tipos de terapia como atração extra após o corte. Muitas vezes, a utilização equivocada de terapias MCA não passa de uma dispendiosa perda de tempo. Mas outras vezes pode causar danos muito reais. Certos estudos indicam que a erva de São João, usada no tratamento da depressão, pode interferir na ação de remédios utilizados no tratamento do câncer e do HIV. E certos tratamentos da MCA são apresentados de maneira muito equivocada: na China, a erva *ma huang* (*ephedra*) é tradicionalmente usada para combater congestão respiratória de breve duração, mas passou a ser comercializada por empresas americanas como auxiliar em dietas e energizante, o que provocou uma série de mortes, ataques cardíacos e AVCs.

Gradualmente, contudo, o império da lei se vai impondo neste que, por alguns, é considerado o faroeste da medicina. Os governos passaram a estabelecer códigos de ética e padrões mínimos para a utilização de certas práticas da MCA. Em 2001, finalmente foi criado no Reino Unido um registro oficial dos osteopatas. Uma dezena de estados norte-americanos aprovou leis para a concessão de licenças a naturopatas, os terapeutas que utilizam toda uma série de terapias que vão da homeopatia às ervas medicinais. Há quem considere que a "formalização" da MCA poderá inibir a inovação — até mesmo as mais antigas tradições terapêuticas estão sempre evoluindo. Mesmo que assim seja, contudo, a conquista de um selo oficial de aprovação trará benefícios, e, para começar, verbas públicas.

No momento, a maioria das pessoas paga do próprio bolso por terapias de MCA. E muitos tratamentos não são nada baratos. Em Londres, uma única sessão de acupuntura pode custar o equivalente a mais de 60 dólares. Não será fácil convencer o Estado a assumir esse encargo. Numa época em que o custo dos tratamentos de saúde está disparando, os governos não parecem nada dispostos a ampliar sua cobertura para novos tipos de tratamento, especialmente quando se escoram em escassas comprovações científicas. Por isto é que frequentemente a MCA é antes tratada como um luxo do que como uma necessidade. Num ambiente de dificuldades econômicas, o sistema estatal de assistência médica da Alemanha diminuiu o número de tratamentos alternativos previstos em sua cobertura.

Mas o fato é que pode ser interessante do ponto de vista econômico gastar dinheiro público com pelo menos algumas das terapias de MCA. Para começo de conversa, a medicina alternativa pode ser mais barata que as concorrentes convencionais. Um tratamento com massagem de shiatsu pode resolver um problema de coluna dorsal que de outra maneira talvez precisasse de uma cirurgia dispendiosa. Na Alemanha, a erva de São João passou a ser usada no tratamento de mais de metade dos casos de depressão. Os estudos demonstram que ela gera menos efeitos colaterais do que os antidepressivos convencionais. E, a um custo diário de 25 centavos de dólar, pode ser considerada muito mais barata que o Prozac.

Existem ainda outras maneiras pelas quais a MCA pode cortar os orçamentos de assistência médica. A abordagem holística ao mesmo tempo centrada no corpo e na mente que costuma ser adotada por muitos terapeutas dá ênfase à prevenção, que sai mais barato que a cura. A MCA também parece excelente no tratamento de doenças crônicas, que sorvem até 75% dos gastos com saúde no mundo industrializado — o que, nos Estados Unidos, representa cerca de 1 trilhão de dólares por ano.

Os fanáticos da estatística vão tomando nota de tudo isto. Na Grã-Bretanha, onde é bem conhecida a carência de recursos do sistema médico estatal, os hospitais começam a financiar tratamentos como aromaterapia, homeopatia e acupuntura. Cerca de 15% dos hospitais americanos oferecem algum tipo de MCA. Em 2003, pela primeira vez, dois médicos naturopatas passaram a integrar a comissão que decide quais os tratamentos que o sistema previdenciário americano Medicare vai financiar.

Muitas empresas privadas estão introduzindo a MCA em seus pacotes de benefícios. A Microsoft vai pagar para que seus empregados se consultem com um naturopata. Enquanto isso, de ambos os lados do Atlântico, grandes empresas de seguros passaram a cobrir um número cada vez maior de tratamentos de MCA. No alto da lista estão a quiroprática e a osteopatia, mas muitos planos privados de saúde também passaram a cobrir homeopatia, reflexologia, acupuntura, biofeedback, massagem e ervas medicinais. Hoje, cerca de meia dúzia de estados americanos obrigam as seguradoras a cobrir pelo menos algumas terapias alternativas. Na Europa, as companhias de seguros já oferecem prêmios mais baixos de seguros de vida para pessoas que meditam regularmente.

Todavia, a aceitação por parte da indústria dos seguros não é a única garantia de que uma terapia alternativa efetivamente funciona. Na Clínica Hale, Danira Caleta pratica aquela que deve ser uma das mais lentas e suaves formas de medicina, o reiki, que consiste em transmitir energia pela imposição das mãos sobre o corpo. O objetivo é atuar em harmonia com o paciente, ativando o seu "médico interior". Embora as companhias de seguros não queiram saber do reiki, o método é oferecido hoje em mais de uma centena de hospitais dos Estados Unidos, e Caleta já nem tem horários em sua agenda para pacientes dispostos a pagar do próprio bolso.

Ela foi procurada em 2003 por Marlene Forrest, de 55 anos, com um diagnóstico de câncer do seio e na iminência de sofrer uma dupla mastectomia. Ela havia entrado em pânico com a lembrança da morte de seu pai, dez anos antes, depois de uma operação, e as perspectivas mais pessimistas pareciam descortinar-se à sua frente. Para tentar se acalmar, e preparar o corpo para a cirurgia, Forrest marcou uma consulta com Caleta.

Caleta associa o reiki a outras técnicas de cura e relaxamento. Começa submetendo o paciente a um exercício de respiração profunda, e passa a utilizar a meditação guiada para ajudá-lo a visualizar uma tranquila paisagem natural. "As pessoas que vivem em cidades reagem particularmente bem a essa tentativa de ligação com a natureza", diz ela. "Realmente serve para acalmá-las."

Depois de cinco sessões com Caleta, a ansiedade de Forrest passou e ela se internou no hospital sentindo-se serena. Instalada na enfermaria, à espera de entrar na faca, ela fez toda a série de exercícios de respiração, a meditação e a visualização. Quando os enfermeiros vieram buscá-la para a sala de cirurgia, estava sorrindo. "Eu estava me sentindo tão relaxada", explica. "Como se estivesse preparada para qualquer coisa."

Depois da operação, Forrest, que dirige uma casa de idosos em Londres, teve uma recuperação tão miraculosa que passou a ser chamada de "supermulher" pela equipe do hospital. À parte uma minúscula dose inicial, nem chegou a precisar de analgésicos. "Os médicos e as enfermeiras ficaram impressionados", conta. "Ficavam me examinando para ver se eu precisava de morfina, mas não. Concluíam então que eu devia ser muito corajosa ou tinha uma tolerância muito grande à dor, mas não se tratava realmente disso; eu simplesmente não estava sentindo dor." A enfermeira especializada nos casos de mama ficou tão impressionada que exortou Caleta a tratar de mais pacientes de câncer.

O tipo de tratamento proporcionado por Caleta não se destina apenas aos que estão com problemas clínicos. Também pode ajudar as pessoas a adotar um estado mental Devagar. Como no caso de David Lamb. Em 2002, este negociante de tecidos de 37 anos, sempre muito ativo, foi acometido de labirintite, uma inflamação dos canais auditivos que provoca tonteira. Insatisfeito com o tratamento oferecido por seu clínico geral, ele marcou algumas consultas com Caleta, que lhe permitiu economizar quatro semanas de recuperação. Mas o que realmente impressionou Lamb foi o efeito calmante e desacelerador que o tratamento teve em sua mente. O problema da labirintite há muito já passou, mas ele continua a se consultar com Caleta de três em três semanas. "Todo mundo precisa encontrar uma maneira de enfrentar o estresse e o ritmo acelerado da vida em Londres", diz. "Para uns é a ioga, para outros, a ginástica ou a jardinagem. No meu caso, é o reiki." Uma hora debaixo das mãos de Caleta geralmente ajuda Lamb a deixar de lado o estresse e se acalmar. Essa capacidade de cura do toque da terapeuta também o levou a repensar suas prioridades. "O reiki nos acalma porque nos leva a pensar nas coisas que são realmente importantes na vida — os filhos, a companheira, os amigos", prossegue ele. "Faz com que percebamos que estar sempre correndo em busca do negócio da sua vida, de ganhar mais dinheiro ou comprar uma casa maior no fundo não faz o menor sentido." O que não significa que Lamb esteja pensando em largar o emprego e entrar para uma comunidade. Não tem a menor chance. Em vez disso, ele usa a lentidão do reiki para se sair melhor no mundo apressado dos negócios. Antes de reuniões importantes, quando a cabeça está girando, ele aquieta a mente com os exercícios de respiração e visualização. Não faz muito tempo, procurou Caleta para acalmar os nervos dois dias antes da negociação de um grande contrato com um fornecedor estrangeiro. No grande dia, entrou confiante na sala de reuniões, expôs claramente suas pretensões e fechou o negócio. "Sou um homem de negócios, e gosto de ganhar dinheiro, mas é preciso fazê-lo da maneira certa", diz. "Mesmo quando estamos num ambiente agressivo, é possível enfrentar a coisa com calma. O reiki nos deixa em situação de vantagem porque nos proporciona essa calma. Com a mente tranquila, temos mais confiança e mais força."

Não surpreende, assim, que Caleta esteja estendendo suas atividades de hospitais e clínicas para os locais de trabalho. Recentemente, ela tratou de Esther Porta, 30 anos, consultora numa importante agência londrina de relações públicas. Pela segunda vez em cinco anos, Porta fora acometida de neurite óptica, desagradável inflamação do nervo óptico que provoca perda temporária de visão. Graças a Caleta, sua recuperação foi tão rápida e categórica que até seu médico ficou espantado. Quando os colegas notaram como ela estava bem, Porta atribuiu a cura ao fato de ter recorrido a uma terapeuta alternativa. Em vez de fazerem graça, os colegas quiseram saber mais. Um membro da direção sugeriu que Caleta fosse levada ao escritório para ajudar toda a equipe a desacelerar e melhorar a saúde.

Intrigado com tantos elogios, e farto do fracasso da fisioterapia, da massagem e da medicação na tentativa de resolver o problema da minha perna, decidi dar uma chance ao reiki. Caleta consegue então me encaixar numa tarde de segunda-feira na Clínica Hale. Ela tem um jeito tranquilizador, uma australiana de 43 anos com um brilho nos olhos e o sorriso fácil. A sala de consultas é pequena e branca, com uma janela alta dando para os fundos do prédio atrás. Nada de cristais, mapas astrológicos, incenso ou qualquer dos penduricalhos do tipo New Age que eu estava esperando. Pelo contrário, é tudo muito parecido com o consultório do meu clínico geral.

Caleta começa por me fazer perguntas a respeito de todo tipo de coisa que nunca chegou a vir à baila em minha apressada consulta com o ortopedista: minha dieta, minha rotina de trabalho, meu estado emocional, a vida em família, os hábitos de sono. Também ouve atentamente um relato minucioso da evolução e das mudanças da dor manifestada na perna. Quando já não há mais nada a dizer, eu me deito na cama e fecho os olhos.

A primeira medida consiste em desacelerar minha respiração. Caleta me diz que inspire profundamente pelo nariz, estufando a barriga, para em seguida expirar pela boca. "É uma técnica de *chi kung* para fazer a energia voltar a circular", explica ela. Passamos então à meditação orientada. Caleta me apresenta um belo cenário numa praia: sol tropical, céu azul, uma leve brisa, areia quente nos pés, uma tranquila lagoa de translúcida água turquesa, uma floresta de verde esmeralda salpicada de hibiscos vermelhos e jasmins brancos e amarelos. "Um cenário absolutamente espetacular", sussurra ela. "E você está sentindo uma sensação de liberdade, grandes espaços, quietude, tranquilidade, paz." O que é verdade. Quase tenho a sensação de estar boiando de costas na água cálida, contemplando o céu. Caleta pede-me então que visualize uma bola branca de luz curadora movendo-se sobre o meu corpo.

Quando chega o momento de começar a aplicar o reiki, eu já esqueci o significado da palavra "estresse". Ela esfrega as mãos e as impõe sobre diferentes partes do meu corpo para fazer com que a energia bloqueada volte a circular. Embora eu não a veja, sei pelo estranho calor que sinto onde ela está posicionada. Esse calor parece vir do meu interior, como se alguma coisa tivesse sido ativada bem lá no fundo do meu corpo. Na minha região lombar, o calor é fraco, apenas uma sugestão de aquecimento. Quando Caleta impõe as mãos sobre minha perna direita, o calor é bem pronunciado.

A consulta dura uma hora e eu saio com uma agradável sensação de harmonia, mas também alerta e cheio de energia, pronto para o que der e vier. Na minha perna, contudo, nada mudou. "Leva tempo", esclarece Caleta, vendo a decepção na minha expressão. "O corpo se cura segundo o seu próprio ritmo, de modo que você deve ter paciência. Não poderá apressar as coisas." Este cru resumo da filosofia Devagar não chega a me encher de esperança em relação à perna, e deixo a clínica sem saber como me sentir.

Dias depois, no entanto, ocorre um salto qualitativo. A dor na minha perna cedeu, e o inchaço também. É o primeiro sinal claro de algum progresso em meses. Não tenho como explicá-lo por meio da ciência, como tampouco o meu ortopedista, quando volto a encontrá-lo uma semana depois. Talvez a disposição de Caleta de se dar ao trabalho de ouvir com paciência tenha ajudado a desencadear o processo de cura. Ou talvez seja possível mesmo usar a energia universal para ajudar o corpo a se refazer. Qualquer que seja a explicação, para mim, o reiki parece funcionar. Minha próxima consulta já está marcada.

CAPÍTULO SETE

SEXO: A MÃO VAGAROSA DO AMANTE

A maioria dos homens persegue o prazer com tão afobada pressa que passa por ele sem perceber.
— Søren Kierkegaard (1813–1855)

Há coisas que a pessoa nunca esquece. Numa entrevista alguns anos atrás, o cantor Sting declarou que praticava sexo tântrico, afirmando que passava horas a fio fazendo amor com sua mulher. Não precisava mais para que o roqueiro inglês se tornasse alvo de um milhão de piadas. As pessoas ficavam perguntando como ele encontrava tempo para compor suas canções, ou como sua mulher ainda conseguia caminhar. Quando Sting tentou minimizar suas práticas tântricas, já era tarde. Havia entrado definitivamente para a imaginação popular como a estrela pop priápica. Até hoje, os DJs introduzem suas canções com referências marotas aos prazeres infindáveis.

Sting não precisava ter dado esta mancada. Há mesmo algo intrinsecamente ridículo nessa história de fazer cursos para melhorar o desempenho sexual. E o tantra, uma combinação mística de ioga, meditação e sexo, é um alvo especialmente fácil desse tipo de zombaria, sugerindo cenas de hippies cabeludos correndo para baixo e para cima completamente nus. Num episódio de *Sex and the City*, Carrie e suas amigas vão a um workshop tântrico. Depois de um longo e lento *crescendo* de excitação, o instrutor projeta sem querer seu sêmen no cabelo de Miranda. E ela passa o resto do episódio esfregando compulsivamente a franja.

Mas o tantra não oferece apenas riso fácil. Em todo o mundo, as pessoas estão entendendo a ideia perfeitamente tântrica de que o sexo mais devagar é melhor. A maioria de nós certamente poderia dedicar mais tempo a fazer amor. À primeira vista, pode parecer uma afirmação estranha. Afinal de contas, o mundo moderno está saturado de sexo. Do cinema e da publicidade aos meios de comunicação e à arte, tudo vem embrulhado em imagens e temáticas eróticas. Dá a impressão de que está todo mundo fazendo o tempo todo. Só que não está. Embora passemos boa parte do dia vendo, falando, fantasiando, fazendo piada e lendo sobre sexo, a verdade é que passamos muito pouco tempo fazendo sexo mesmo. Um grande estudo realizado em 1994 constatou que o adulto americano médio dedicava escassa meia hora por semana a fazer amor. E quando finalmente passamos à ação, muitas vezes a coisa já acabou antes de começar para valer. Embora as estatísticas sobre comportamento sexual devam ser encaradas com certa reserva, os levantamentos acadêmicos e as evidências empíricas indicam que uma quantidade enorme de casais vivencia a experiência na base do vapt-vupt. Ficou famosa a estimativa do *Relatório Kinsey*, publicado no início da década de 1950, de que 75% dos maridos americanos chegavam ao orgasmo dois minutos depois da penetração.

O sexo rápido não é uma invenção moderna — remonta a um passado bem distante, e provavelmente tem suas raízes no instinto de sobrevivência. Na era pré-histórica, copular com rapidez deixava nossos ancestrais menos vulneráveis a um ataque, por parte de um animal selvagem ou de um rival. Mais tarde, a cultura adicionaria seus próprios incentivos para que apressássemos o ato sexual. Certas religiões ensinavam que o coito servia para procriação, e não para recreação: o marido devia subir, cumprir o dever e descer.

Hoje, supostamente, as coisas já seriam diferentes. O mundo moderno tende a abraçar a tese de Woody Allen de que o sexo é a coisa mais divertida que se pode fazer sem rir. Mas então por que será que continuamos a nos apressar? Um dos motivos é que a necessidade biológica de copular depressa continua implantada no cérebro humano, pelo menos dos homens. A pressa do nosso estilo de vida também desempenha um papel. As agendas apertadas conspiram contra longas e lânguidas sessões de brincadeiras eróticas. No fim de um dia de trabalho duro, a maioria das pessoas está cansada demais para fazer sexo. Trabalhar menos horas é uma maneira de liberar tempo e energia para o sexo, o que explica o fato de os casais fazerem mais sexo durante as férias. Mas o cansaço e a pressão do relógio não são as únicas explicações do sexo rápido. Nossa cultura da pressa ensina que chegar ao destino é mais importante que fazer a viagem — e o sexo é afetado por essa mesma mentalidade da meta de chegada. Até as revistas femininas parecem mais obcecadas com o orgasmo — sua intensidade, sua frequência — do que com as preliminares que o desencadeiam. Em seu livro *Tantra: The Secret Power of Sex* [Tantra: O poder secreto do sexo], Arvind e Shanta Kale escrevem: "Uma das primeiras vítimas da indecorosa pressa do homem ocidental é sua vida sexual. A eficiência é avaliada de acordo com a velocidade com que uma pessoa conclui efetivamente um ato, e um ato sexual eficaz é um ato que resulta em orgasmo. (...) Em outras palavras, quanto mais rápido o orgasmo, mais eficiente o ato sexual." A pornografia leva essa obsessão ocidental com o remate às últimas consequências, reduzindo o sexo a um frenético fuc-fuc coroado pelo indispensável "regar das plantas".

O mundo moderno tem muito pouca paciência com aqueles que não se mostram capazes de manter o ritmo sexual. Muitas mulheres — 40%, segundo certas pesquisas — não sentem desejo ou prazer sexual. Fiel a nossa cultura do bateu-valeu, a indústria farmacêutica insiste em que uma pílula do tipo Viagra pode resolver tudo. Mas o fluxo sanguíneo genital pode ser uma falsa isca. Talvez o verdadeiro problema seja a velocidade. A mulher precisa de mais tempo para se estimular, levando em média vinte minutos para chegar à plena excitação sexual, comparados com dez minutos ou menos no caso do homem. A maioria das mulheres prefere um amante com a mão vagarosa.

Mas também não precisamos exagerar. A velocidade até que tem sua hora entre os lençóis. Às vezes, tudo que queremos ou precisamos é mesmo uma rapidinha. Só que o sexo pode ser muito mais que uma corrida ao orgasmo. Fazer amor lentamente pode ser uma experiência das mais profundas. E também pode resultar em orgasmos fantásticos.

Por isto é que a filosofia Devagar hoje em dia começa a penetrar nas alcovas de todo o mundo. Até as revistas masculinas já começaram a estimular seus leitores a seduzir as parceiras com longos e relaxados encontros eróticos, com direito a velas, música, vinho e massagem. Durante doze semanas seguidas em 2002, a principal revista masculina do Japão, *Weekly Gendai*, encheu suas páginas com artigos sobre o ato sexual no século XXI. O tom era de seriedade, e até mesmo algo didático, pois o objetivo era ensinar aos leitores a arte da intimidade, da sensualidade e da vagarosidade. "Muitos japoneses acham que o melhor sexo é o sexo rápido, machista, ao estilo americano", diz Kazuo Takahashi, um dos editores da revista. "Queríamos mostrar que existe outra maneira de ter um relacionamento físico." Um dos artigos da série fazia o elogio da tradição de "sexo lento" na Polinésia. O autor explicava que os amantes polinésios passam uma infinidade de tempo tocando e explorando os corpos um do outro. E em matéria de orgasmo, a qualidade é mais importante que a quantidade.

Esta série sobre o sexo foi um sucesso no Japão. As vendas de *Weekly Gendai* aumentaram 20% e as cartas de leitores agradecidos não paravam de chegar. Um deles agradeceu à revista por lhe ter dado coragem de conversar abertamente com a mulher sobre sexo. Ficou pasmo ao descobrir que o ato sexual feito de maneira vigorosa e enérgica nem sempre a excitava, e que ela preferia fazer as coisas de um jeito mais polinésio. Ele fez a tentativa e, hoje, o casamento e a vida sexual de ambos vai melhor que nunca.

Mais ou menos pela mesma época em que os passageiros do metrô de Tóquio liam sobre as alegrias da desaceleração erótica, um movimento em favor do Sexo Devagar surgiu na Itália. Seu fundador é Alberto Vitale, consultor de marketing pela internet que vive em Bra, a cidade do Slow Food. Num clássico exemplo da fertilização recíproca entre as diferentes correntes do movimento Devagar, Vitale decidiu que o princípio Petrini — de que dar tempo ao tempo leva a um maior prazer sensual — podia ser transferido da mesa para a cama. Em 2002, ele fundou o Sexo Devagar para resgatar o ato sexual da "velocidade alucinada de nosso mundo louco e vulgar". O número de membros logo chegou aos três dígitos, com representação mais ou menos igual dos dois sexos, e continua aumentando.

Depois de um longo dia de entrevistas com militantes do Slow Food, encontro-me com Vitale num café ao ar livre em Bra. É um sujeito magro e de olhar intenso em seus 31 anos. Assim que pedimos as bebidas, ele começa a me explicar por que chegaram ao fim seus dias de Lotário latino. "Em nossa cultura consumista, o objetivo é dormir com alguém o mais depressa possível e logo passar à conquista seguinte", diz. "Basta ouvir homens conversando — o assunto é sempre o número de mulheres, o número de vezes, o número de posições. Sempre números. As pessoas vão para a cama com uma lista de coisas a serem cumpridas. E ficam impacientes demais, autocentradas demais para realmente extrair prazer do sexo."

Vitale entrou em uma cruzada contra a cultura da trepada rápida. Percorre o Piemonte dando palestras em clubes sobre as alegrias do sexo Devagar. E planeja transformar o seu site na internet (www.slowsex.it) num fórum de debates sobre todos os aspectos da desaceleração erótica. A desaceleração operou maravilhas em sua própria vida sexual. Em vez de se apressar a percorrer todas as suas posições favoritas, Vitale agora se dá tempo para curtir preliminares prolongadas, sussurrando coisas para a parceira, olhando-a nos olhos. "Se dermos uma olhada ao nosso redor, vamos ver que é cada vez maior o desejo de desacelerar", diz. "Na minha opinião, o melhor lugar para começar é a cama."

Nada deixa mais claro o anseio por sexo mais lento do que o boom internacional do tantra. Durante a revolução sexual das décadas de 1960 e 1970, alguns pioneiros cultivavam técnicas tântricas. Hoje, elas já têm novos seguidores. Diariamente, doze mil pessoas navegando pela selva da pornografia na internet chegam ao Tantra.com. Indiferentes ao ridículo que se abateu sobre Sting, casais de todas as idades estão procurando workshops sobre sexo tântrico.

O que é exatamente o tantra? A palavra vem do sânscrito, e significa "estender, expandir ou entrelaçar". Inventado cinco mil anos atrás na Índia e mais tarde adotado pelos budistas no Tibete e na China, o tantra é uma disciplina espiritual que trata o corpo como instrumento de oração. Assim como os místicos cristãos buscavam Deus através da autoflagelação, os tântricos usavam a lenta e atenta união sexual como caminho para a iluminação. Em outras palavras, o sexo tântrico, em sua forma mais pura, não é apenas o sexo normal desacelerado. É uma questão de usar a energia sexual para forjar uma perfeita união espiritual com o parceiro e com o universo.

A filosofia tântrica ensina que, no corpo humano, a energia circula através dos sete chacras distribuídos dos órgãos genitais até o alto da cabeça. Associando meditação, exercícios iogues, controle da respiração e calma nas preliminares, os casais aprendem a conter e canalizar sua energia sexual. Durante o ato sexual, o homem prolonga a ereção com movimentos lentos e controlados. Os homens também aprendem a ter orgasmo sem ejacular. Com sua ênfase na partilha, na intimidade e na vagarosidade, o tantra é muito propício às mulheres. Com efeito, espera-se que o homem trate a mulher como uma deusa, suavemente estimulando sua excitação sem procurar dominá-la ou impor seu próprio ritmo. No fim, contudo, os benefícios são distribuídos igualmente. Quando o tantra funciona, ambos os parceiros alcançam, de acordo com o Tantra.com, um "estado mais elevado de consciência" e a "realização da natureza bem-aventurada do Eu". Se tudo isso parece um pouco batido demais, o fato é que as vantagens carnais também são impressionantes: o tantra ensina tanto aos homens quanto às mulheres como surfar pelas ondas do orgasmo múltiplo por quanto tempo quiserem. Se o casal se mantém junto — e quem não o faria, depois disso? —, seu fogo sexual vai arder com mais brilho, em vez de ir amainando com o passar dos anos.

A moderna necessidade de desacelerar na alcova, como em outras manifestações da vida, tem suas origens no século XIX. À medida que a industrialização acelerava o passo, as pessoas começaram a se voltar para o Oriente em busca de uma alternativa mais vagarosa. O crescente interesse pela filosofia oriental pôs os ocidentais em contato com o tantra. Uma das primeiras adeptas daquilo que passaria a ser conhecido como "sexo sagrado" foi Alice Bunker Stockham, que também foi uma das primeiras médicas dos Estados Unidos. De volta a seu país depois de estudar o tantra na Índia, ela passou a pregar o controle do orgasmo como forma de alcançar o êxtase físico, a vinculação emocional, uma melhor saúde e a realização espiritual. Inventou a palavra *karezza*, derivada do termo italiano que significa "carícia", para designar sua própria versão secularizada do tantra. Suas dicas sexuais foram publicadas pela primeira vez em 1883, num livro intitulado *Toktology*, que seria traduzido para o russo por Tolstoi. Outros seguiriam os passos de Stockham, desafiando os tabus vitorianos e publicando livros e manuais sobre o arte de fazer amor lentamente e com toda dedicação. Em seu livro *Hell on Earth Made Heaven: The Marriage Secrets of a Chicago Contractor* [O inferno na Terra transformado em céu: os segredos do casamento de um empreiteiro de Chicago], George Washington Savory conferiu contornos cristãos ao sexo tântrico.

Mais de um século depois, minha própria viagem pessoal ao mundo do tantra começa de maneira algo problemática. Iniciada a pesquisa, meu primeiro instinto é sorrir amarelo, ou sair correndo. O jargão New Age, os chacras, os vídeos de autoajuda apresentados por sujeitos de rabo de cavalo — parece tudo tão artificial. Não estou tão certo assim de estar preparado para harmonizar meu homem interior ou despertar a minha divindade, ou sequer se sei realmente o que significa isto. E será mesmo que precisamos chamar o pênis de lingam, ou "bastão de luz"?

Pensando bem, no entanto, o tantra não é tão idiota quanto parece. Até o sujeito mais pragmático sabe muito bem que o sexo não é apenas um espasmo muscular extremamente agradável. É capaz de forjar profundas ligações emocionais; pode nos tirar de nossos limites, fazendo com que a mente flutue livremente num presente fora do tempo. Eventualmente, é capaz também de nos dar um vislumbre da transcendência, do que há de mais profundo. Quando se referem a seus momentos mais intensos de êxtase sexual, as pessoas costumam empregar metáforas espirituais: "Parecia que eu estava voando como uma águia", "Galguei as alturas do corpo da minha parceira", "Vi o rosto de Deus". O tantra procura desenvolver esta ligação entre o sexual e o espiritual.

Na Antiguidade, as pessoas passavam anos purificando o corpo e a mente e adquirindo controle sobre eles, para só então merecerem a atenção de um guru tântrico. Somente depois que tivessem despertado suas "energias psíquicas internas" podiam começar a estudar as técnicas sexuais. Hoje, qualquer um pode começar amanhã mesmo a aprender a fazer amor à maneira tântrica. E como vivemos numa sociedade de consumo, não faltam ofertas de workshops para todos os gostos. Alguns são mais espiritualizados que outros. Muitos instrutores ocidentais misturam técnicas do Kama Sutra e outros textos voltados para o sexo sagrado. Não surpreende, assim, que os puristas acusem os reformistas de estarem vendendo barato demais coisas elevadas. Ainda que tenham razão, no entanto, quem se importa? Qual o problema com as adaptações do tantra, se funcionam? Mesmo que as pessoas não cheguem a atingir um plano mais elevado de consciência ou harmonizar seus chacras, podem extrair vantagens dos elementos essenciais dessa filosofia sexual. Afinal de contas, escoimado o tantra de seus elementos místicos, permanecem os rudimentos do bom sexo: ternura, comunicação, respeito, variedade e vagarosidade.

Até os céticos mais empedernidos sucumbem aos encantos do tantra. Em 2001, a jornalista Val Sampson, na casa dos 40, tomou a iniciativa de fazer uma reportagem sobre sexo tântrico para o *Times* de Londres. Arrastou o marido para o workshop, achando que ambos iam se divertir à larga. Em vez disso, o que constataram foi que os muito simples exercícios de respiração realmente funcionavam, e que a mensagem sobre a necessidade de honrar o parceiro com um sexo tranquilo e realmente compartilhado soou um alarme. "Foi uma verdadeira revelação", conta-me Sampson quando nos encontramos em sua academia em Twickenham, nas proximidades de Londres. "Eu realmente não tinha ideia de que existia uma outra filosofia sobre a prática sexual, voltada para a preocupação de dar tempo um ao outro, de investir integralmente a mente e o coração na relação sexual."

Sampson e o marido trataram então de se inscrever num fim de semana de práticas tântricas. Hoje, estão convertidos. Em 2002, Sampson publicou um livro intitulado *Tantra: The Art of Mind-Blowing Sex* [Tantra: A arte do sexo de revirar a cabeça], um manual do tipo "como fazer" escrito para pessoas que normalmente estão a milhares de quilômetros de distância de qualquer coisa que se pareça com New Age. Sua tese é que todos somos capazes de decidir até que ponto queremos explorar o aspecto místico da sexualidade. "Acho que é igualmente válido seguir os princípios do tantra como um caminho espiritual ou simplesmente para melhorar a vida sexual", diz ela. "No fim das contas, o provável é que, de qualquer maneira, a gente chegue ao mesmo lugar."

No fim de nossa conversa, Sampson me dá o telefone de sua professora de tantra, de nome bastante estranho: Leora Lightwoman. Na mesma noite, eu telefono. Lightwoman está trabalhando a ideia de um livro sobre a desaceleração, e me convida a participar de seu próximo workshop.

Dois meses depois, numa noite de sexta-feira agitada por um vendaval, minha mulher e eu chegamos a um velho galpão no norte de Londres. Tocamos a campainha e a porta se abre. Do subsolo sobem pela escada vozes envoltas numa onda de incenso. Um dos assistentes do workshop — eles são chamados de "anjos" — vem nos cumprimentar. Está na casa dos 30, ostenta um sorriso maroto e usa rabo de cavalo. Está usando uma túnica branca e calças de ioga coloridas, e de suas axilas provém um cheiro forte. Lembra-me o apresentador de um vídeo de tantra particularmente afetado que eu havia visto. Fui tomado de desânimo.

Tiramos os sapatos e descemos ao subsolo, um grande salão caiado, decorado com temas étnicos. Meus piores temores — que todo mundo no workshop fosse do gênero macrobiótico esquálido ou adepto da aromaterapia, ou ambos — nem de longe se confirmam. Encontramos alguns adeptos bem típicos do New Age, usando sarongues e colares de contas, mas a maioria dos trinta e dois participantes são pessoas perfeitamente comuns usando roupas confortáveis do dia a dia. Há médicos, corretores da bolsa, professores. Um sujeito veio diretamente de seu escritório de corretagem financeira na cidade. Muitos nunca foram antes a um workshop de autoajuda.

Lightwoman faz o que pode para deixar todo mundo à vontade. Figura ágil e elegante de cabelo tosado e olhos grandes, ela fala devagar, como se desenrolasse mentalmente cada frase antes de proferi-la. Dá início ao workshop repassando algumas explicações sobre o tantra, convidando-nos em seguida a nos apresentar e dizer por que estamos ali. Os solteiros dizem estar numa viagem de autodescoberta. Os casais vieram para aprofundar o relacionamento.

Uma vez quebrado o gelo, começamos com algumas sacudidelas de *kundalini*, o que significa fechar os olhos e vibrar o corpo dos joelhos para cima. O objetivo é relaxar e permitir que a energia interior flua. Não saberia dizer sobre a energia, mas certamente me sinto menos tenso depois de cerca de dez minutos tremulando. Passamos então ao prato de resistência da noite, a sessão de Despertar dos Sentidos. "No mundo moderno, onde todo mundo está sempre com pressa, muitas vezes não temos tempo para utilizar nossos sentidos", explica Lightwoman. "O que queremos aqui é redescobrir nossos sentidos e trazê-los de volta à vida."

Todo mundo põe uma venda nos olhos e dá as mãos a um parceiro. Depois de alguns minutos, minha mulher e eu somos guiados pelo salão e levados a sentar em almofadas dispostas no chão. A única coisa que ouvimos são os sons do leve farfalhar dos anjos acompanhando as pessoas para cá e para lá. Longe de me sentir agitado, sinto claramente que estou cedendo ao momento, acompanhando o fluxo. Numa voz suave, Lightwoman pede que ouçamos com atenção. Até que o silêncio é rompido pelo som de um sino tibetano. Privada de qualquer outro estímulo sensorial, minha mente pode se concentrar naquela sonoridade. Parece que aquele som — claro, rico, nobre — está me inundando. Fico querendo que ele não acabe nunca mais. Outros sons que passo então a ouvir — mãos tocando atabaques, maracas, um *didgeridoo* — têm um efeito semelhante. Chega a me passar pela cabeça que eu até poderia ser cego, se meus ouvidos estivessem sempre me dando tanto prazer. A cerimônia prossegue, passando ao sentido do olfato. Os anjos aproximam de nossos narizes objetos profundamente perfumados — canela, água de rosas, laranja. Os aromas são intensos e excitantes. Para ativar nossas papilas gustativas, os anjos passam então a depositar pedaços de comida em nossas bocas: chocolate, morangos, manga.

A viagem acaba com o tato. Os anjos passam penas por nossos braços e alojam brinquedos felpudos nos nossos pescoços, o que dá uma sensação muito mais agradável do que pode parecer. Recebemos então um objeto para explorar com as mãos. Cabe a mim a estatueta em bronze de uma mulher. Meus dedos vão apalpando cada volume e cada reentrância, tentando configurar uma imagem mental. Somos então convidados a investigar as mãos de nosso parceiro com o mesmo espírito de deslumbramento. Pode parecer meio tolo, mas se revela algo muito mobilizador. À medida que vou lentamente explorando as mãos de minha mulher, lembro-me de que há muito tempo fiz a mesma coisa, nos primeiros dias de nosso relacionamento, à entrada de um bistrô em Edimburgo.

Mais tarde, tiramos as vendas e vemos que o salão está mergulhado no escuro, todo mundo sentado em almofadas num grande círculo. No meio, os objetos utilizados na cerimônia estão cuidadosamente dispostos sobre uma manta vermelha por cima de algumas caixas, em meio a velas. Parece um navio de luxo aportando a alguma cidade numa noite de verão. O ambiente está envolto num brilho cálido. Um advogado que veio ao workshop apenas para agradar à mulher parece siderado: "Foi lindo, realmente lindo", entusiasma-se. E eu sei como ele está se sentindo. Meus sentidos estão tinindo. A noite passou num piscar de olhos. Mal posso esperar as próximas experiências.

Na manhã seguinte, contudo, meus planos vão por água abaixo. Nossa filha foi hospitalizada com uma infecção respiratória, e minha mulher tem de largar o curso para acompanhá-la. É uma grande decepção para nós dois. Mas decido ir em frente sozinho, apresentando-me na manhã de sábado como solteiro provisório.

A atitude meio sem jeito da noite inicial já deu lugar a um fluido companheirismo. É de grande ajuda o fato do workshop não ter nada a ver com uma festinha de swing. Nada de nudez nem de toques sexualizados. O respeito é uma das maiores prioridades para Lightwoman. Ela chega a expulsar um solteiro por ter demonstrado um pouco de interesse demais nas participantes do sexo feminino.

Depois de mais uma rodada de meneios do tipo *kundalini*, formamos pares para uma série de exercícios destinados a ensinar a arte da sensualidade vagarosa e amorosa. Um deles chama-se Sim-Não-Talvez-Por favor. Os pares se tocam alternadamente, e aquele que é tocado vai informando ao que toca: Sim significa "Estou gostando"; Não quer dizer "Tente outra coisa"; Talvez indica "Não sei muito bem"; Por favor significa "Hmmm, pode continuar". No tantra, toda vez que um casal faz amor, cada um deve explorar o corpo do outro como se fosse a primeira vez. Neste exercício, minha parceira é uma jovem ligeiramente tímida. Como as zonas erógenas mais óbvias são proibidas, podemos investigar livremente regiões que muitas vezes são deixadas de lado no calor da hora — joelhos, panturrilhas, tornozelos, pés, ombros, a base do pescoço, cotovelos, a espinha dorsal. Começamos algo hesitantemente, mas logo vamos nos sentindo mais à vontade. É tudo muito suave e sensual.

Existem ainda outros exercícios para estimular a mesma ética Devagar. Dançamos sensualmente, respiramos em conjunto e ficamos olhando nos olhos dos outros. A mim parece um pouco esquisito tentar criar intimidade com uma perfeita estranha, mas o princípio propriamente dito — desacelerar e estabelecer contato com o parceiro — com toda evidência funciona para muitos dos participantes. Casais que haviam chegado com uma expressão corporal tipicamente armada estão agora segurando as mãos e se acariciando. Sinto falta da minha mulher.

O exercício mais difícil do fim de semana é o que consiste em fortalecer o pubococcígeo, o feixe de músculos que vai do osso púbico ao cóccix — os mesmos que contraímos para expelir as últimas gotas de urina. Lightwoman refere-se a eles como "o músculo do amor".

Fortalecidos, eles podem proporcionar orgasmos mais intensos a ambos os sexos e ajudar os homens a separar a ejaculação dos espasmos que a acompanham, abrindo caminho para o orgasmo múltiplo.

Lightwoman nos convida a associar o trabalho sobre o músculo do amor com exercícios de controle da respiração. Enquanto contraímos e liberamos o pubococcígeo, imaginamos que nossa respiração está subindo por cada um de nossos sete chacras, começando no períneo e terminando na coroa da cabeça. Ainda que você se sinta cético sobre toda essa coisa de chacras, como eu, o exercício é muito relaxante e estranhamente tocante.

Para muitos, contudo, o ponto alto do fim de semana é uma operação chamada fluxo. Habitualmente, o sexo culmina com um orgasmo genital que dura alguns segundos. O tantra procura prolongar e intensificar o êxtase, liberando a energia sexual que está na virilha para espalhá-la ao redor. É uma experiência conhecida como orgasmo de corpo inteiro. Em ambos os sexos, o fluxo é uma técnica para liberar os canais através dos quais flui a energia. Funciona da seguinte maneira. Depois de alguns meneios de *kundalini*, deitamos de costas no chão com os joelhos para cima e os pés plantados no piso. À medida que vamos lentamente abrindo e fechando as pernas, os meneios recomeçam nos joelhos e vão subindo pelo corpo. O parceiro pode ajudar a energia a fluir oscilando uma das mãos sobre a zona do meneio e lentamente tratando de conduzi-lo na boa direção. Talvez pareça meio estranho, mas posso afiançar aqui que o fluxo proporciona exatamente o que é apregoado. Numa palavra: Uau! Basta eu me deitar e logo depois os meneios se apoderam de mim, como se alguma coisa tivesse invadido o meu corpo. Vai subindo pela pélvis até o plexo solar. No início os movimentos são violentos e meio assustadores, lembrando-me de filmes do tipo *Alien*, cujos personagens entram em convulsão e se contorcem até que o monstro salta fora do seu peito. Mas o medo não dura muito. Não demora para que os meneios provoquem uma sensação de alegria e êxtase. E não é só comigo. Ao meu redor, as pessoas estão gritando de prazer. É um momento realmente impressionante. Depois do que, os casais mantêm-se abraçados, acariciando-se languidamente.

O tantra não é algo que se passe a dominar num fim de semana. Leva tempo. Os exercícios básicos requerem prática — no mínimo, meu músculo do amor ainda precisa ser treinado — e há muitas outras técnicas a serem aprendidas. Mas meu primeiro contato com o tantra parece indicar que, qualquer que seja a ideia que tenhamos do New Age, a coisa é perfeitamente capaz de abrir as portas para um sexo melhor, intimidade mais profunda e autoconsciência.

Para descobrir mais sobre o pote de ouro sexual no fim do arco-íris, vou conversar com alguns formandos de workshops de tantra. A maioria põe a coisa nas nuvens. Os Kimber são um simpático casal de meia-idade de Rickmansworth, perto de Londres. Cathy, 52 anos, trabalha com marketing em feiras comerciais; Roger, 48, dirige sua empresa de engenharia elétrica, fabricando sistemas de ventilação para grandes prédios. Estão casados há trinta anos. Como em tantos relacionamentos muito longos, o sexo foi saindo da lista de prioridades à medida que os filhos chegavam — eles têm dois filhos —, e o trabalho tomou a frente. Os Kimber frequentemente estavam muito ocupados, cansados demais ou estressados para grandes entusiasmos na cama. Quando chegavam a fazer amor, raramente durava muito.

Em 1999, contudo, Cathy decidiu que estava na hora de mudar. Sentiu que sua vida estava sendo tocada às pressas como uma locomotiva, e precisava desacelerar. O tantra parecia ser um bom ponto de partida, e ela se inscreveu no workshop introdutório de Lightwoman. À medida que se aproximava o fim de semana marcado, os Kimber começaram a roer as unhas. Roger, tipo do sujeito pragmático com uma aversão natural a grandes firulas, estava morrendo de medo de receber sermões sobre chacras e coisas do gênero. A simples ideia de participar de um Despertar dos Sentidos deixava Cathy em pânico. Como poderia ela, personalidade franca e direta de carteirinha, ficar sentada imóvel, sem fazer nada, durante aquele tempo todo? Mas os Kimber decidiram dar o salto no escuro, e o fim de semana acabou sendo uma revelação. Roger ficou simplesmente ligadão com o fluxo. E Cathy adorou o Despertar dos Sentidos. "Eu senti tanto prazer sensual", diz ela. "Saí de lá flutuando, com uma sensação incrível de paz." Desde então, o casal já fez quatro workshops de tantra.

Enquanto isso, sua vida sexual passou por uma renovação com R maiúsculo. Hoje, pelo menos uma noite por semana, eles se recolhem num pequeno quarto do primeiro andar da casa, reservado especialmente para os encontros tântricos. Um dos ensinamentos do tantra consiste em criar um "espaço sagrado" para o sexo, o que pode significar simplesmente usar aromas ou luzes coloridas no quarto. O quarto dos Kimber é um altar secular decorado com objetos místicos e lembranças pessoais — esculturas em pedra de anjos da guarda, livros favoritos, sinos tibetanos, muitas velas, fotografias de família e uma figurinha de cerâmica feita anos atrás pelo filho mais novo. Do teto pende um *dreamcatcher*. À luz suave das velas e envoltos no aroma de essências perfumadas, os Kimber passam horas se acariciando e massageando, e respirando juntos. Quando finalmente fazem amor, podem ter certeza de que a terra treme. Hoje, ambos têm orgasmos mais intensos e profundos. Graças ao relaxamento, aos exercícios pélvicos e às técnicas de respiração que aprendeu no tantra, Roger é capaz de prolongar o seu por dois ou três minutos. "É incrível", diz ele, sorrindo. "A gente simplesmente não quer parar mais."

Nem sempre o sexo se prolonga por horas na casa dos Kimber. Como outros adeptos do tantra, o casal ainda é capaz de curtir um entrevero rápido debaixo dos lençóis. Mas até o sexo rápido tem um impacto maior do que antes.

Os orgasmos de fazer tremer a terra são apenas uma parte do pacote. Abriu-se para os Kimber todo um novo mundo de ternura e intimidade. Aconchegados no sofá da sala de estar, eles parecem recém-casados. "O tantra aprofundou muito a nossa relação", diz Roger. "Nosso sexo passou a ser mais espiritualizado e vindo do coração." Cathy faz que sim. "As pessoas podem estar casadas há vinte anos e não se conhecerem direito, pois ficam deslizando pela superfície", comenta ela. "Graças ao tantra, Roger e eu realmente passamos a nos conhecer profundamente."

Antes de sair correndo para se inscrever num workshop, no entanto, lembre-se de que o tantra é uma faca de dois gumes. Por um lado, pode esquentar um relacionamento que caiu na rotina. Todavia, obrigando as pessoas a desacelerar e olhar mais profundamente para si mesmas e seus parceiros, também pode trazer à tona divergências inconciliáveis. No meio do meu workshop, um sujeito desistiu. Sua mulher contou-me que ele estava andando pela casa aos prantos, gritando que a relação tinha sido arruinada.

Tim Dyer, 37 anos, gerente de um restaurante em Bristol, Inglaterra, sabe o que é isso. Em 2002, ele participou de um workshop de tantra com a noiva, criadora de produtos superantenada. Estavam juntos há três anos e queriam turbinar novamente sua vida sexual já em processo de esmorecimento antes de embarcarem num casamento. Só que, em vez de botá-los no caminho do orgasmo perfeito, o workshop serviu para deixar claro que o relacionamento tinha pés de barro. Dyer ficou sem jeito ao olhar fundo nos olhos da noiva. Nas últimas etapas do fim de semana, o casal já estava discutindo baixinho durante os exercícios. Semanas depois, veio o rompimento.

Invocamos anteriormente a advertência de Milan Kundera de que as pessoas que estão sempre na pista de alta velocidade não podem ter certeza de nada, nem mesmo do que sentem. Dyer concorda em gênero, número e grau. "Hoje, olhando para trás, vejo que estávamos ambos levando vidas tão agitadas que nem tínhamos tempo para nos dar conta de que nosso relacionamento tinha desandado", diz ele. "O que o tantra faz é te desacelerar e te tornar consciente das coisas. E o que aconteceu foi que, quando desaceleramos, percebemos que não éramos na realidade o amor da vida do outro." Aliviado por se ter livrado de um casamento que certamente iria terminar em divórcio, Dyer é hoje novamente um homem solteiro. E aprendeu com seus erros. Munido de uma certa sabedoria tântrica, ele pretende reservar mais tempo para os aspectos sensuais e íntimos de qualquer futuro relacionamento. "Aprendi que o melhor sexo é uma questão de criar vínculos, e ninguém pode criar vínculos se está com pressa", diz ele. "Da próxima vez que me apaixonar, vou querer essa calma e essa consciência desde o início."

Caso se mantenha fiel a seu desejo, Dyer pode acabar descobrindo que desacelerar na cama também ajuda a desacelerar outras áreas da vida. Foi certamente o que o tantra fez pelos Kimber. Cathy tornou-se mais harmonizada e mais paciente com os obstáculos da vida cotidiana. Roger, por sua vez, decidiu dedicar menos horas ao trabalho. Com tanto amor e tantos grandes orgasmos para desfrutar em casa, não surpreende que ele se sinta menos disposto a passar longas horas preso à escrivaninha. "O trabalho simplesmente já não parece ter tanta importância", diz. Roger começou inclusive a gerir seu negócio pelos padrões da ética Devagar. Depois de se orgulhar por muito tempo de sua capacidade de rápido atendimento, sua empresa já parece hoje menos obcecada com a pronta-entrega. Um dos motivos para a mudança foi o desejo de diminuir a pressão sobre os empregados. Mas será que com isto a empresa perdeu para a concorrência? Pelo contrário, a qualidade dos produtos melhorou e os pedidos continuam chegando. "Desacelerar não tem as consequências desastrosas que as pessoas imaginam", diz Roger. "Na realidade, pode até ser uma vantagem. Isto não quer dizer que a gente não pode turbinar de novo as atividades quando necessário, mas não é preciso fazê-lo o tempo todo."

Não surpreende, assim, que um empresário venha a fazer a associação entre trabalho e amor. Viver casado com o trabalho acaba cobrando um preço em nossas relações íntimas, mas a recíproca também é verdadeira. Segundo uma pesquisa feita nos Estados Unidos, os empregados com problemas matrimoniais perdem em média quinze dias de trabalho por ano, o que custa às empresas americanas quase sete bilhões de dólares anuais em perdas de produtividade. A solução apresentada pelo movimento Devagar é tão simples quanto atraente: passe menos tempo trabalhando e mais tempo se entregando aos prazeres do sexo Devagar.

CAPÍTULO OITO

TRABALHO: AS VANTAGENS DE TRABALHAR MENOS

Será que os trabalhadores não são capazes de entender que se excedendo no trabalho exaurem as próprias forças e as de seus descendentes, que se consomem muito antes de chegar o momento em que não mais serão capazes de qualquer trabalho, que, absorvidos e brutalizados por esse vício único, já não são mais homens, mas pedaços de homens, que estão matando as mais belas faculdades dentro de si mesmos, deixando viva e florescente apenas a furiosa loucura do trabalho?

— Paul Lafargue, O direito à preguiça (1883)

Houve uma época, não faz muito tempo, em que a humanidade parecia voltada para a perspectiva de uma nova Era do Lazer. As máquinas prometiam liberar a todos da escravidão do trabalho. Claro que sempre poderia ser necessário cumprir um ou outro turno no escritório ou na fábrica, fiscalizar o andamento das coisas numa tela de computador, controlar mostradores, assinar faturas, mas poderíamos passar o resto do dia zanzando para baixo e para cima e nos divertindo. Com tanto tempo livre nas mãos, palavras como "pressa" e "correria" acabariam perdendo seu lugar no léxico.

Benjamin Franklin foi um dos primeiros a ter a visão de um mundo dedicado ao repouso e ao relaxamento. Inspirado pelos avanços tecnológicos do fim do século XVIII, ele previu que o homem logo estaria trabalhando apenas quatro horas por semana. O século XIX fez com que a profecia parecesse absurdamente ingênua. Nos sombrios e satânicos moinhos da Revolução Industrial, homens, mulheres e crianças mourejavam até quinze horas por dia. Mas no fim do século XIX a Era do Lazer voltou a aparecer no radar cultural da humanidade. George Bernard Shaw previu que até o ano 2000 haveríamos de estar trabalhando apenas duas horas por dia.

O sonho do lazer sem limites persistiu ao longo do século XX. Maravilhado com a mágica promessa da tecnologia, o homem da rua sonhava com uma vida passada à beira da piscina, com a ajuda de robôs que não só preparavam um razoável martini com mantinham a economia funcionando como um relógio. Em 1956, Richard Nixon disse aos americanos que se preparassem para uma semana de trabalho de quatro dias num "futuro não muito distante". Dez anos depois, uma comissão do Senado americano foi informada de que até o ano 2000 os americanos estariam trabalhando apenas quatorze horas por semana. Ainda na década de 1980 havia quem predissesse que a robótica e os computadores haveriam de nos facultar mais tempo livre do que seríamos capazes de usar.

Como é possível que se tenham equivocado tanto? Se alguma coisa parece perfeitamente certa no século XXI, é que as previsões sobre a morte do trabalho foram mais do que exageradas. Hoje, a Era do Lazer parece tão viável quanto o escritório sem papel. A maioria de nós mais provavelmente contribui com quatorze horas por dia do que com quatorze horas por semana. O trabalho consome o grosso das horas de nosso dia. Tudo mais em nossa vida — família e amigos, sexo e sono, hobbies e férias — tem de se adaptar aos todo-poderosos horários de trabalho.

No mundo industrializado, a média de horas de trabalho começou a cair constantemente em meados do século XIX, quando a norma era a semana de seis dias. Nos últimos vinte anos, contudo, duas tendências opostas se têm imposto.

Enquanto os americanos trabalham tanto quanto trabalhavam na década de 1980, os europeus trabalham menos. Segundo certas estimativas, hoje o americano médio trabalha 350 horas a mais por ano do que o europeu. Em 1997, o Japão cedeu aos Estados Unidos a posição de país industrializado com a mais longa jornada de trabalho. Em comparação, a Europa parece um paraíso da preguiça. Mas também lá o quadro não é assim tão simples. Para acompanhar o ritmo 24 horas por dia da economia global, muitos europeus aprenderam a trabalhar mais, como os americanos.

Por trás das médias estatísticas, a crua verdade é que milhões de pessoas na realidade trabalham mais tempo e mais arduamente do que gostariam, especialmente nos países anglo-saxônicos. No Canadá, um quarto dos trabalhadores rala atualmente mais de cinquenta horas por semana no emprego, percentagem que era de um para dez em 1991. Em 2002, um quinto dos britânicos na casa dos 30 trabalhava pelo menos sessenta horas por semana. Isto sem falar das longas horas que passamos indo para o trabalho e voltando para casa.

O que aconteceu, então, com a Era do Lazer? Por que ainda somos tantos a trabalhar tanto? Um dos motivos é o dinheiro. Todo mundo precisa ganhar a vida, mas a fome insaciável de produtos de consumo faz com que estejamos sempre necessitados de mais e mais grana. Assim, em vez de aproveitar os ganhos de produtividade na forma de tempo extra de lazer, preferimos usufruí-los em termos de renda mais alta.

Enquanto isso, a tecnologia acabou levando o trabalho a se infiltrar em todas as áreas da vida. Na era da supervia da informação, é absolutamente impossível manter-se longe de e-mails, fax e telefonemas. Como se pode acessar o banco de dados da empresa em casa, entrar na internet durante uma viagem de avião ou receber um telefonema do patrão na praia, todo mundo está potencialmente trabalhando o tempo todo. Sei por experiência própria que trabalhar em casa pode muito facilmente significar que se passa a trabalhar o tempo todo. Numa entrevista recente, Marilyn Machlowitz, autora de *Workaholics* [Viciados em trabalho] (1980), sustentou que no século XXI a pressão para estar "sempre ligado" é universal: "Antigamente, os viciados em trabalho eram as pessoas que trabalhavam a qualquer hora, em qualquer lugar. O que mudou é que hoje o normal é estar sempre a postos, 24 horas por dia, sete dias por semana."

Por outro lado, o número de tarefas também aumentou muito na maioria dos empregos. Depois de anos e anos de reengenharia e enxugamento, as empresas esperam que os empregados carreguem nos ombros a carga de trabalho deixada para trás pelos colegas demitidos. Com o fantasma do desemprego pairando sobre escritórios e fábricas, muitas pessoas consideram que a prática regular das horas extras é a melhor maneira de se garantir. Milhões de pessoas vão para o trabalho mesmo quando se sentem cansadas ou doentes demais para trabalhar com eficiência. E muitos milhões nunca tiram os períodos inteiros de férias a que têm direito.

Tudo isto é uma loucura. Embora muitas pessoas gostem mesmo de trabalhar longas horas e tenham o direito de fazê-lo, é um equívoco esperar que todo mundo acompanhe esse ritmo. Trabalhar demais é ruim para nós e para a economia. Um estudo realizado em 2002 na Universidade Kyushu, em Fukuoka, Japão, revelou que os homens que trabalham sessenta horas por semana têm o dobro da probabilidade de sofrer um ataque cardíaco, em comparação com os que trabalham quarenta horas. O risco triplica no caso dos que dormem menos de cinco horas por noite pelo menos duas vezes por semana.

O estresse do trabalho nem sempre é apenas um fator negativo. Em doses limitadas, contribui para concentrar a mente e aumentar a produtividade. Mas em doses excessivas pode ser uma passagem de ida sem volta para o colapso físico e mental. Numa pesquisa recente, mais de 15% dos canadenses afirmavam que o estresse do trabalho já os havia levado à beira do suicídio.

As empresas também pagam um preço alto por impor essa cultura da carga horária pesada. Sabe-se que a produtividade é difícil de mensurar, mas os especialistas concordam que o excesso de trabalho acaba se refletindo nos resultados. Já entrou para o senso comum: somos menos produtivos quando estamos cansados, estressados, infelizes ou doentes. Segundo a Organização Internacional do Trabalho, os trabalhadores da Bélgica, da França e da Noruega têm maior produtividade horária que os americanos. Os britânicos trabalham mais tempo que a maioria dos outros europeus e, no entanto, ostentam um dos mais baixos índices de produtividade horária do continente. Trabalhar menos muitas vezes significa trabalhar melhor.

Por trás do grande debate sobre a produtividade está aquela que pode ser afinal a questão mais importante de todas: Qual a finalidade da vida? A maioria das pessoas haverá de concordar que o trabalho é bom para nós. Pode ser divertido e mesmo enobrecedor. A maioria de nós gosta do trabalho que faz — o desafio intelectual, o esforço físico, o convívio, o status. Mas deixar que o trabalho tome conta de nossa vida é uma loucura. São muitas e muitas as coisas que requerem tempo, como os amigos, a família, os hobbies e o descanso.

Para o movimento Devagar, o trabalho é uma das principais frentes de batalha. Quando o trabalho passa a devorar tantas de nossas horas, o tempo que sobra para tudo mais acaba minguando. Até as coisas mais simples — levar os filhos à escola, jantar, conversar com os amigos — se transformam numa corrida contra o relógio. Uma maneira certa de desacelerar é trabalhar menos. E é exatamente isto que milhões de pessoas de todo o mundo estão querendo fazer.

Por toda parte, e especialmente nas economias baseadas na sobrecarga horária, as pesquisas demonstram o desejo generalizado de passar menos tempo no trabalho. Em recente levantamento internacional realizado por economistas da Universidade de Warwick e do Dartmouth College, 70% dos entrevistados em vinte e sete países afirmaram que queriam melhor equilíbrio entre o trabalho e a vida. Nos Estados Unidos, a reação contra o excesso de trabalho está tomando impulso. É cada vez maior o número de empresas grandes e sólidas, da Wall-Mart à Starbucks, processadas por empregados supostamente forçados a trabalhar horas extras sem receber. Os americanos leem hoje um número impressionante de livros mostrando como uma filosofia mais equilibrada em relação ao trabalho e à vida em geral pode trazer felicidade e sucesso. Entre os títulos mais recentes estão *The Lazy Way to Success* [O caminho preguiçoso para o sucesso], *The Lazy Person's Guide to Success* [Guia do sucesso para preguiçosos] e *The Impor-*

tance of Being Lazy [A importância de ser preguiçoso]. Em 2003, os militantes americanos da semana mais curta de trabalho promoveram o primeiro Dia da Recuperação do Tempo, escolhendo para isto a data de 24 de outubro, altura do ano em que, segundo certas estimativas, os americanos já trabalharam tanto quanto os europeus num ano inteiro.

Em todo o mundo industrializado, os gerentes de recrutamento informam que os jovens candidatos a empregos começaram a fazer perguntas que seriam impensáveis há dez ou quinze anos: Poderei deixar o escritório num horário razoável no início da noite? É possível trocar salário por mais tempo de férias? Terei controle sobre minhas horas de trabalho? Em cada entrevista, a mensagem não podia ser mais clara: queremos trabalhar, mas também queremos ter uma vida.

As mulheres se mostram particularmente empenhadas em encontrar o equilíbrio entre a vida e o trabalho. As gerações mais recentes foram criadas na crença de que têm direito a tudo: família, carreira, casa, uma vida social gratificante. Mas "ter tudo" acabou se revelando um cálice envenenado. Milhões de mulheres identificaram suas próprias vidas esfrangalhadas na coletânea americana de ensaios *The Bitch in the House* [A cadela do lar] e em *I Don't Know How She Does It* [Não sei como ela consegue], o romance bestseller de Allison Pearson sobre uma mãe de família que faz acrobacias para administrar ao mesmo tempo a casa e um fundo de investimentos. Fartas da obrigação que se impuseram de ser "supermulheres", as mulheres tomaram a frente da batalha para a renegociação das regras no trabalho. As atitudes estão mudando. Nas recepções elegantes, é tão comum hoje ouvir as profissionais de ponta se jactarem do prolongamento de sua licença maternidade quanto do tamanho dos bônus que ganham. Mesmo as mais bem-sucedidas que não têm filhos fazem a defesa da semana de quatro dias.

Em sua coluna do diário britânico *Guardian*, Janice Turner observou recentemente que a opção pelo caminho Devagar pode acabar sendo ambivalente para a mulher moderna: "Como pode ser cruel para toda uma geração de mulheres educadas para ter sucesso e preencher cada hora do dia com algum tipo de atividade descobrir que, no fim das contas, a felicidade não é uma questão de ser mais rápida e estar mais ocupada. Que terrível ironia no fato de que a satisfação quase sempre está em desacelerar: sentir prazer em contar uma história para o filho dormir, em vez de pular parágrafos para telefonar para Nova York."

Por toda parte, políticos à caça de votos estão embarcando no trem do equilíbrio vida-trabalho. Em 2003, o Partido do Quebec, no Canadá, lançou a proposta de uma semana de quatro dias para os pais de crianças pequenas. Ainda estamos por ver se esse tipo de promessas chega mesmo a se concretizar. Muitos políticos e empresas estão apenas aderindo da boca para fora à busca desse equilíbrio. Mas o simples fato de o fazerem já indica uma mudança de maré cultural.

A mudança é particularmente impressionante no Japão, que chegou a aterrorizar o mundo com sua assustadora ética do trabalho. Uma década de estagnação econômica acabou redundando em insegurança no emprego, e com isto os japoneses foram levados a uma nova forma de encarar o trabalho e o tempo. É cada vez maior o número de jovens japoneses que trocam longas horas no emprego por mais tempo de lazer. "Durante anos e anos, os pais japoneses estavam sempre forçando os filhos a andar mais depressa, trabalhar mais, fazer mais coisas, mas agora as pessoas estão dizendo basta", diz Keibo Oiwa, autor de *Slow Is Beautiful* [Devagar está com tudo]. "A nova geração está vendo que não é preciso trabalhar até se matar, que não é tão mau assim andar devagar." Em vez de se transformar num dente na engrenagem da empresa — o famoso "assalariado" —, muitos jovens japoneses preferem hoje ficar passando de um emprego temporário a outro. Certos comentaristas começaram a falar de uma geração fureeta, nome calcado nas palavras *free*, que significa livre em inglês, e *Arbeiter*, que é trabalhador em alemão.

Veja-se o caso de Nobuhito Abe, que aos 24 anos acaba de se formar em sua universidade em Tóquio. Enquanto seu pai moureja mais de setenta horas por semana num banco, ele trabalha em tempo parcial numa loja e passa o resto do dia jogando beisebol ou videogames e batendo perna na cidade. Sorrindo debaixo de sua grenha tingida com hena, Abe diz que essa história de levar uma vida dominada pelo trabalho não tem nada a ver com ele e seus amigos. "Minha geração finalmente está se dando conta daquilo que os europeus já perceberam há muito tempo — que é um absurdo permitir que o trabalho domine completamente a nossa vida", explica. "Nós queremos ter o controle do nosso tempo. Queremos a liberdade de ir devagar." Os fureetas não chegam a ser propriamente um modelo para o futuro — a maioria financia seu estilo de vida tranquilo sugando de pais que trabalham duro. Mas a recusa da fúria trabalhadeira já é sinal de uma mudança cultural. Até o mundo oficial japonês está mudando. Em 2002, o governo se manifestou pela necessidade de menos horas de trabalho. Novas leis já facilitam a partilha de horários e tarefas no emprego. O Japão ainda tem um longo caminho a percorrer, mas o fato é que está em andamento a tendência para trabalhar menos.

A Europa continental, por sua vez, avançou ainda mais na tendência para diminuir as horas de trabalho. Na Alemanha, por exemplo, o trabalhador médio passa hoje menos 15% de tempo no trabalho do que em 1980. Muitos economistas rejeitam a alegação de que trabalhar menos contribui para criar mais empregos. Mas todo mundo concorda que diminuir as horas de trabalho gera mais tempo para o lazer, que é tradicionalmente uma prioridade mais alta entre os europeus continentais. Em 1993, a União Europeia estabeleceu como teto uma semana de trabalho de 48 horas, dando aos trabalhadores o direito de trabalhar mais se quisessem. No fim da década, a França deu o passo mais ousado até agora para pôr o trabalho no seu devido lugar, reduzindo a 35 horas a semana de trabalho.

Na prática, o governo francês estipulou que ninguém poderia trabalhar mais que 1.600 horas por ano. Como a aplicação das 35 *heures* foi negociada em cada empresa, o impacto que exerce sobre os trabalhadores varia. Muitos franceses hoje trabalham menos dias ao longo do ano, ao passo que outros trabalham o mesmo número de horas semanais, ou mesmo mais, e tiram mais dias de férias. Um executivo francês de nível médio pode desfrutar de nove semanas de férias anuais ou mais. Embora certas profissões — como altos executivos de negócios, médicos, jornalistas e militares — não tenham sido beneficiados pela regra das 35 horas, o resultado global da medida não deixa de ser uma revolução em direção a maior lazer.

Para muitos franceses, o fim de semana agora começa na quinta-feira ou termina na terça-feira. Legiões de empregados de escritório deixam o trabalho às três da tarde. Embora alguns usem o tempo de lazer extra para não fazer nada — dormir ou ver televisão, por exemplo —, são muitos os que aproveitaram para expandir seus horizontes. As matrículas em cursos de artes, música e línguas aumentaram muito. As agências de viagens registraram um verdadeiro boom nas viagens curtas para Londres, Barcelona e outros lugares quentes da Europa. Os bares e bistrôs, os cinemas e os clubes esportivos estão cheios de gente. Este surto de investimento no lazer proporcionou à economia uma muito necessária injeção. Mas o fato é que, para além das estatísticas econômicas, a semana de trabalho encurtada efetivamente revolucionou a vida das pessoas. Os pais passam mais tempo brincando com os filhos, os amigos se encontram com mais frequência, os casais têm mais tempo para namorar. Até o grande passatempo dos franceses, o adultério, saiu ganhando. Paul, um contador casado do sul da França, conta-me que a semana de 35 horas lhe permite um encontro a mais com a amante todo mês. "Se a diminuição da carga de trabalho acaba dando mais tempo para o amor, então é uma coisa boa, *n'est-ce pas?*", faz ele, com um sorriso maroto.

Não é nada difícil encontrar adeptos do novo regime. Veja-se por exemplo Emilie Guimard, economista parisiense que passou a desfrutar de dois fins de semana de três dias por mês, além de suas seis semanas anuais de férias remuneradas. Passou a jogar tênis e começou a ler a edição dominical do diário *Le Monde* de ponta a ponta. Muitos de seus fins de semana prolongados são passados percorrendo museus europeus. "Agora tenho tempo para coisas que enriquecem a minha vida, o que é bom para mim e para meus patrões", diz ela. "Quando a gente está tranquilo e feliz na vida pessoal, trabalha melhor. Lá no escritório, muita gente acha que passou a trabalhar com mais eficiência."

Muitas empresas maiores passaram a achar a semana de 35 horas uma boa coisa. Além das isenções fiscais que receberam do governo por contratar mais empregados, o novo regime permitiu-lhes negociar formas mais flexíveis de trabalho. Os empregados de fábricas grandes como a Renault e a Peugeot concordaram em trabalhar mais horas quando a produção está no pique e menos horas quando cai.

Ficou claro, assim, que estavam erradas as cassandras que advertiam que a semana de 35 horas acarretaria o instantâneo desmoronamento da economia francesa. O produto interno bruto aumentou e o desemprego, embora continue acima da média da União Europeia, diminuiu. A produtividade também se mantém alta. Há indícios, inclusive, de que muitos empregados franceses hoje se mostram mais produtivos. Passando menos tempo no emprego e com a perspectiva de mais tempo de lazer, eles se empenham mais em concluir suas tarefas antes de bater o ponto.

Mas existem algumas manchas bem grandinhas nesse quadro róseo. As empresas pequenas enfrentam a semana de 35 horas como uma carga bastante pesada, e muitas estão adiando o início de sua aplicação até o prazo final, em 2005. O financiamento das isenções fiscais que estão na base do sistema abriu um buraco nas finanças do Estado. Enquanto isso, os líderes empresariais queixam-se de que a revolução do lazer fez com que a França deixasse de ser competitiva. Existe aí uma parte de verdade. A entrada de investimentos estrangeiros na França diminuiu nos últimos anos, com as empresas preferindo destinar o seu dinheiro a países com mão de obra mais barata. Parte da culpa deve ser atribuída à semana de 35 horas. Com efeito, a experiência francesa chama a atenção para os riscos de qualquer posição unilateral para enfrentar a cultura dos horários de trabalho prolongados numa economia globalizada.

E tampouco se pode dizer que o regime das 35 horas foi uma bênção para todos os trabalhadores. Muitos acabaram constatando que seus salários eram congelados para compensar os custos mais elevados para as empresas. Tanto no setor público quanto no privado, com frequência os empregadores se têm eximido de contratar novos funcionários, deixando que os mesmos empregados passem a executar as mesmas tarefas de antes em menos tempo. A coisa ficou particularmente difícil para os operários. As restrições impostas às horas extras diminuíram sua renda, e são muitos os que perderam o controle sobre as datas de suas férias. Para os trabalhadores que preferem trabalhar mais tempo, o novo sistema não serve.

Com tanta energia investida na ideia das *35 heures*, a atitude dos franceses em relação ao próprio tempo adquiriu um caráter mais obsessivo ainda. O Estado faz aplicar a semana de 35 horas sob o controle de inspetores, que ficam contando o número de carros no estacionamento das empresas e vigiando se há luzes acesas nos escritórios depois de 18 horas. Os patrões passaram a torcer mais o nariz para as pausas para o café ou para ir ao banheiro. Certas lojas na França são agora obrigadas a fechar mais cedo para que os empregados possam encerrar o trabalho de acordo com o horário oficial de fechamento.

O sistema tem suas falhas, e todo mundo sabe disso. Em 2002, o novo governo de direita tomou as primeiras medidas para promover um recuo no regime das 35 horas, diminuindo as restrições sobre as horas extras. Em referendo realizado em setembro de 2003, uma pequena maioria dos cidadãos franceses considerou que o país devia voltar à semana de 39 horas. Trinta e seis por cento queriam que a mudança fosse permanente, 18% consideravam que devia ser temporária. Mas embora os críticos aleguem que uma contrarreforma esteja em andamento, não será fácil abolir completamente a legislação das 35 horas. Depois de passar anos implantando o novo sistema e de gastar com ele muito dinheiro, as empresas francesas não estão dispostas a reabrir as complexas e desgastantes negociações que levaram a ele. Além disso, continua muito forte o apoio à filosofia por trás desse sistema: menos trabalho, mais lazer.

A lição a ser tirada pelos outros países, especialmente os que têm uma cultura menos dirigista, é que qualquer solução pré-formatada em matéria de diminuição da semana de trabalho tem sérios inconvenientes, e é por isto que a batalha por menos trabalho assume formas diferentes em outras latitudes.

Outros países europeus têm recorrido às negociações de dissídio coletivo para diminuir o número de horas de trabalho em setores específicos da economia. A Holanda costuma ser citada como exemplo dessa abordagem caso a caso. Hoje, os holandeses trabalham menos horas que os trabalhadores de qualquer outro país industrializado. A semana de trabalho padrão caiu para 38 horas, e em 2002 metade da força de trabalho trabalhava 36 horas. Um terço dos holandeses trabalham atualmente em regime de tempo parcial. Para esta mudança, foi decisiva a legislação adotada na década de 1990, dando aos holandeses o direito de obrigar seus empregadores a deixá-los trabalhar menos horas em troca de uma redução do salário. Esse tipo de interferência no mercado de trabalho dá calafrios nos economistas ortodoxos. Mas tem funcionado. A Holanda tem ao mesmo tempo prosperidade e uma invejável qualidade de vida. Comparados aos americanos, os holandeses passam menos tempo indo para o trabalho e voltando para casa, fazendo compras e vendo televisão, e gastam mais tempo no convívio social, estudando, cuidando dos filhos e praticando esportes e hobbies. O "modelo holandês" já começou a ser estudado em outros países, especialmente o Japão.

Mesmo nos países em que os legisladores se recusam a intervir no mercado de trabalho, as pessoas estão se posicionando contra essa ética de trabalho, trabalho e mais trabalho. Em 2002, Suma Chakrabarti, um dos mais competentes dirigentes do funcionalismo público na Grã-Bretanha, aceitou o cargo de secretário permanente do Departamento de Desenvolvimento Internacional baseado na convicção de que trabalharia quarenta horas por semana, e nem um minuto a mais. Por quê? É que com esse regime ele poderia diariamente tomar o café da manhã com sua filha, de 6 anos, e ler uma história toda noite para fazê-la dormir. Do outro lado do Atlântico, o presidente George W. Bush não se sente minimamente constrangido pela breve duração do seu dia de trabalho e pelos tranquilos fins de semana que costuma passar. E para cada figurão frequentador das primeiras páginas de jornal que começou a diminuir a carga de trabalho, milhões de pessoas comuns estão fazendo o mesmo. Embora trabalhar menos muitas vezes signifique ganhar menos, é cada vez maior o número dos que pensamos que vale a pena pagar este preço. Um recente levantamento feito na Grã-Bretanha constatou que era duas vezes maior o número de pessoas que preferiria trabalhar menos horas do que ganhar na loteria. Um estudo semelhante feito nos Estados Unidos revelou que, podendo escolher entre duas semanas de férias e duas semanas de salário extra, o dobro de americanos escolheria as férias. Por toda a Europa, o trabalho de tempo parcial deixou de ser identificado com o estigma "McEmprego", passando a tornar-se uma opção de estilo de vida cada vez mais popular. Pesquisa realizada em 1999 demonstrou que 77% dos trabalhadores temporários da União Europeia haviam optado por trabalhar menos horas para dedicar mais tempo à família, aos hobbies e ao repouso.

Nas carreiras corporativas de topo, é cada vez maior o número de profissionais graduados que optam por trabalhar como freelancers ou prestadores de serviço independentes. Isto lhes permite trabalhar duro quando querem e ainda assim dispor de tempo para recarregar as baterias, curtir seus hobbies ou ficar com a família. Muitos desses profissionais são trânsfugas do boom ponto-com. Dan Kemp passou três anos trabalhando noventa horas por semana como gerente de projetos de uma empresa de programas de computação no Vale do Silício. O excesso de trabalho desgastou seu casamento de tal maneira que sua mulher ameaçou abandoná-lo e levar as duas filhas. Quando a empresa entregou os pontos em 2001, Kemp se viu de volta ao mercado de trabalho e decidiu desacelerar. Hoje, trabalha quatro dias por semana, assessorando empresas na gestão de seus sistemas de tecnologia da informação. Continua ganhando um salário bem confortável e agora tem tempo para a família e para o golfe. Até o momento, não detectou nenhum sinal de desaprovação ou desprezo por parte dos colegas que trabalham em tempo integral. "O que pode acontecer na verdade é que eles invejam o meu estilo de vida", diz.

O que se está verificando é que as pessoas que diminuem a carga horária de trabalho muitas vezes sofrem um golpe financeiro menor do que esperavam. Isto acontece porque gastar menos tempo no emprego significa gastar menos dinheiro com as coisas que nos permitem trabalhar: transporte, estacionamento, comer fora, café, lanches, creches, lavanderia, fazer compras como forma de terapia. Uma renda menor também significa menos impostos a pagar. Num estudo realizado no Canadá, ficou demonstrado que os trabalhadores que aceitaram redução salarial em troca de menos horas de trabalho acabaram com mais dinheiro no banco no fim do mês.

Percebendo para que lado o vento está soprando, empresas de todo o mundo industrializado começaram a oferecer aos empregados a oportunidade de saltar fora da linha de montagem massacrante dos horários muito prolongados. Até mesmo em indústrias calcadas na pressa sem contemplação, os patrões começaram a perceber que uma das melhores maneiras de aumentar a produtividade e os lucros é oferecer aos empregados um melhor equilíbrio entre as condições de vida e de trabalho. Na SAS, importante empresa de computação sediada em Cary, Carolina do Norte, os empregados trabalham 35 horas por semana quando a carga de trabalho permite e desfrutam de generosas vantagens em termos de férias. A empresa também oferece uma série de benefícios no local de trabalho, entre eles creche, clínica, um piano-bar e uma academia de ginástica — e estimula os empregados a usá-las. Frequentemente a SAS é uma das mais votadas entre as empresas consideradas melhores para se trabalhar nos Estados Unidos.

Mais ao norte, o Royal Bank of Canada (RBC) igualmente tem sido elogiado por reconhecer que seus empregados também têm uma vida fora do escritório. A qualquer momento, nada menos que 40% dos empregados do RBC podem estar se beneficiando de algum programa especial de equilíbrio vida/trabalho: trabalho em dias alternados, flexibilidade ou redução de horários. Na sede do banco, imponente arranha-céu no centro de Toronto, encontro-me com Karen Domaratzki e Susan Lieberman, duas quarentonas ativas e inteligentes que não pararam de progredir na carreira desde que começaram a compartilhar o mesmo emprego em 1997. Em 2002, as duas estavam na segunda posição de comando da divisão encarregada da venda de serviços bancários no exterior. Vemo-nos na quarta-feira, o único dia da semana em que as duas se encontram no trabalho. O escritório que compartilham é acolhedor. Uma barragem de fotos de família pode ser vista em duas prateleiras. As paredes são enfeitadas com pinturas de seus filhos.

As duas seguiram um caminho semelhante na carreira. Depois de obterem seus diplomas de MBA, elas começaram a subir os degraus da carreira, trabalhando sessenta horas por semana sem pestanejar. Mas quando os filhos entraram em cena — cada uma delas tem três — a vida se transformou numa correria infindável e insatisfatória. Decidiram então compartilhar um emprego, trabalhando cada uma três dias por semana.

A redução salarial de 40% revelou-se menos traumática do que parece. Naturalmente, faz uma diferença o fato de tanto Lieberman quanto Domaratzki terem maridos que ganham bem. Mas o que puderam verificar foi que o tempo extra de lazer não tem preço. Ambas podem agora passar mais tempo com os filhos, tornando a vida em família mas tranquila e gratificante. Recentemente, o filho de Lieberman, de 6 anos, exortou o pai a começar também a compartilhar seu emprego. As duas executivas também se sentem mais próximas de suas comunidades. Hoje, têm tempo para conversar com os vizinhos e os comerciantes do bairro, ajudar na escola dos filhos e trabalhar como voluntárias. Cozinhar em casa também voltou aos planos. "Antes de compartilhar o emprego, a gente costumava fazer umas refeições bem ruinzinhas", reconhece Domaratzki, estremecendo à simples lembrança.

Ambas consideram que sua relação com o tempo adquiriu feições mais saudáveis. O comichão de estar sempre correndo desapareceu, ou pelo menos diminuiu. "Quando a gente dispõe de mais tempo livre para desacelerar e recarregar as baterias, não leva mais nada assim tão a sério", explica Lieberman. "Nossa fibra emocional toda é transformada, e de maneira geral a gente se sente mais calma."

Para o RBC, essa tranquilidade se traduz em maior produtividade — e também em mais generosas doses de Pensamento Devagar. "Quando começo minha semana na quarta-feira, sinto-me leve e fagueira. Estou com tudo em casa perfeitamente sob controle — a casa está limpa e arrumada, a comida foi comprada, a roupa, lavada, as crianças estão satisfeitas", explica Domaratzki. "E nos meus dias fora do trabalho não me limito a descansar e recuperar forças, fico matutando. O trabalho continua funcionando em algum lugar da mente, e é muito comum que, precisamente por causa disso, a gente tome decisões mais ponderadas quando voltamos ao escritório. Não estamos constantemente reagindo às coisas no calor do momento." Em 2000, o RBC começou a oferecer regimes flexíveis de trabalho a onze mil empregados que entraram para a empresa quando ela se expandiu para os Estados Unidos.

Diminuir oficialmente o horário de trabalho não é a única maneira de trabalhar e viver melhor. Às vezes, basta livrar a cultura empresarial da ideia de que trabalhar mais tempo invariavelmente significa conseguir que mais coisas sejam feitas. Foi o que fez a Marriott. Em 2000, a rede de hotéis chegou à conclusão de que seus gerentes muitas vezes ficavam até tarde no escritório simplesmente porque achavam que era isso que se esperava deles. O resultado era moral baixo e desgaste físico e profissional precoce.

Para combater a cultura do "estar sempre presente", a Marriott lançou um projeto piloto em três hotéis da região nordeste dos Estados Unidos. As equipes foram informadas de que não havia nada de errado em ir embora do escritório uma vez que o trabalho estivesse concluído, qualquer que fosse a hora que o relógio estivesse marcando. Para dar o exemplo, os principais gerentes começaram a ir para casa às cinco da tarde abertamente, ou mesmo mais cedo. Depois de três meses, ficou evidente que estava em andamento uma verdadeira revolução cultural. Os empregados que iam embora cedo ou reservavam algum tempo no meio do dia para cuidar de problemas pessoais não precisavam mais correr o risco de enfrentar piadas e gestos de desaprovação. Pelo contrário, os colegas começaram a se interessar pelo que os outros estavam fazendo com o tempo livre. Hoje, os gerentes da cadeia Marriott trabalham em média cinco horas a menos por semana — e se mostram mais produtivos. O fato de não precisarem mais ficar acumulando horas simplesmente por fazê-lo lhes dá motivação extra para serem eficientes e rápidos. Bill Munck, o gerente que supervisionou a mudança de regime na cadeia de hotéis Marriott, tira uma conclusão que devia ser afixada em salas de diretoria e fábricas por toda parte: "Uma das coisas mais importantes que aprendemos (...) é que as pessoas podiam ser igualmente produtivas — e às vezes até mais — quando trabalhavam menor quantidade de horas."

Mas qualquer iniciativa contra a cultura da carga horária pesada enfrenta sérios obstáculos. O diretor-presidente de uma empresa pode estabelecer o esquema de equilíbrio entre a vida e o trabalho mais esclarecido do mundo, mas se os gerentes que se sucedem cadeia de comando abaixo não aderirem realmente, ele haverá de fracassar. Recentemente, uma empresa americana introduziu uma série de medidas de reequilíbrio da relação vida/trabalho com pleno apoio da direção. Passado um ano, no entanto, a adesão mostrou-se muito aquém do que se esperava. Revelou-se então, graças a uma investigação, que vários diretores de divisão estavam amedrontando suas equipes com a advertência de que poderiam ver prejudicadas suas chances de promoção se aderissem. "Muita gente ainda desconfia das medidas para reequilibrar a relação vida/trabalho", comenta um gerente do departamento de recursos humanos da empresa. "A mudança de regras é apenas o começo — é preciso mudar também a mentalidade das pessoas."

Muitas vezes a barreira que impede de alcançar o equilíbrio trabalho/vida está internalizada. Muitos homens ainda encaram com ceticismo esse tipo de processo. Na maioria das empresas, as mulheres com filhos são as principais usuárias dos esquemas de equilíbrio trabalho/vida. John Atkins, gerente de vendas num grande varejista em Londres, tornou-se pai recentemente. Ele adoraria trabalhar um número reduzido de horas, mas não consegue se resolver a aderir ao programa. "Toda vez que penso na coisa, uma vozinha fica me dizendo: 'Se você está na chuva, tem que se molhar'", explica.

Outro obstáculo para o estabelecimento do equilíbrio trabalho/vida é que as pessoas são diferentes. Um solteiro de 25 anos tem menos dificuldade para trabalhar com carga horária pesada do que uma mulher de 36 anos com quatro filhos. Pode ser até que ele *queira* passar mais tempo no trabalho. As empresas precisam encontrar uma fórmula para recompensar os que trabalham mais sem penalizar os que trabalham menos. Também têm de administrar a má vontade que pode se manifestar entre os colegas. Os trabalhadores que não têm filhos muitas vezes se ressentem das concessões em termos de horários que são feitas aos que têm. Em muitas empresas, certos departamentos simplesmente não podem oferecer os mesmos acordos de equilíbrio trabalho/vida — o que pode causar atritos. No RBC, por exemplo, a divisão de mercados de capital oferece acertos menos flexíveis em matéria de horário de trabalho, pelo simples motivo de que a equipe precisa estar a postos durante os horários em que os mercados estão funcionando.

Para muitas empresas, os benefícios de longo prazo das políticas de equilíbrio trabalho/vida, tais como maior produtividade e fidelização dos empregados, podem ser superados pela pressão para manter baixos os custos a curto prazo. Os esquemas de benefícios muitas vezes tornam mais barato impor uma sobrecarga a poucos do que contratar mais empregados. A concorrência também acaba levando muitos patrões a pôr o trabalho na frente da vida. Um gerente britânico resume a coisa sem rodeios: "Estamos num negócio que não tem contemplação, e se nossos concorrentes estão pondo suas equipes para trabalhar setenta horas por semana, precisamos fazer no mínimo o mesmo para continuar em cena." Uma nova legislação pode ser a única maneira de acabar com a corrida armamentista em matéria de horários de trabalho.

Mas o fato é que trabalhar menos é apenas uma parte desse horizonte Devagar. As pessoas também querem decidir quando trabalham. Querem exercer controle sobre seu tempo — e as empresas que lhes permitem fazê-lo estão colhendo os benefícios. Em nossa cultura do tempo-é-dinheiro, permitir que os empregados tenham o controle do ponteiro do relógio vai de encontro à maré. Desde a Revolução Industrial, a regra tem sido remunerar as pessoas pelas horas que passam no emprego, e não pelo que produzem. Mas os horários muito rígidos entram em choque com a economia da informação, na qual o limite entre trabalho e lazer é muito menos claro que no século XIX. Muitos empregos hoje em dia dependem de um tipo de criatividade que raramente ocorre numa mesa de escritório e não pode ser encaixada na agenda. Permitir que as pessoas escolham seus horários e passar a avaliá-las pelo que realizam e não pelo tempo que levam para realizá-lo poderá fazer com que alcancemos a flexibilidade que tantos de nós desejamos.

Os estudos demonstram que as pessoas que se sentem no controle do seu tempo são mais tranquilas, criativas e produtivas. Em 2000, uma empresa britânica do setor de energia contratou consultores de gerenciamento para agilizar o sistema de turnos em seu centro de telemarketing. Quase da noite para o dia, a produtividade caiu estupidamente, as queixas dos clientes dispararam e os empregados começaram a se demitir. Ao negar aos empregados o direito de opinar sobre seus horários, o novo regime havia derrubado o moral. Dando-se conta do erro cometido, a empresa logo tratou de dar à equipe mais controle sobre o regime de turnos, e não demorou para que o centro de telemarketing se mostrasse mais produtivo que nunca. Muitos dos empregados afirmaram que dispor de "autonomia de tempo" no trabalho os ajudava a se sentirem menos pressionados e estressados, tanto no emprego quanto fora dele. Domaratzki dá testemunho disso no RBC: "Tendo controle sobre nosso tempo, a gente se sente mais calma em tudo que faz."

Sei que é verdade por minha própria experiência. Em 1998, depois de anos trabalhando como freelancer, fui contratado por um jornal canadense como correspondente em Londres. Imediatamente, perdi o controle do meu tempo. Como não tinha um horário de trabalho, eu estava teoricamente à disposição 24 horas por dia, sete dias por semana. Mesmo quando meus editores não me telefonavam, havia sempre a possibilidade de que o fizessem. Dada a diferença nos fusos horários, os pedidos muitas vezes chegavam a mim à tarde, deixando-me apenas umas poucas horas para entrar em ação até chegar o momento de botar meu filho na cama. Isto significava que eu estava sempre correndo feito um louco para concluir as tarefas, ou então esperando trabalho enquanto fazia alguma outra coisa. Era uma desgraça. Na época, eu encontrava outras razões para explicar por que um trabalho de que eu gostava tanto se havia transformado em semelhante sacrifício. Meu editor tinha visão curta. O jornal fazia a cobertura de maneira equivocada. Os horários eram prolongados demais. Quando comecei a investigar o movimento Devagar, contudo, ficou claro para mim que o principal problema era que eu havia perdido a capacidade de decidir quando trabalhar. Por que foi então que persisti por quase três anos? Meus motivos eram os mesmos que impedem tantos de nós de deixar empregos que nos tornam infelizes: medo de perder um bom salário, de prejudicar a carreira, de decepcionar os outros. No fim das contas, não precisei tomar a decisão de parar. Quando o jornal anunciou uma série de demissões, eu estava na lista — e nas nuvens.

Hoje as coisas são muito melhores. Continuo trabalhando o mesmo número de horas, às vezes ainda mais, mas minha relação com o tempo é mais saudável. Agora que posso controlar minha agenda, enfrento o dia de trabalho me sentindo menos pressionado e ressentido. E quando não estou trabalhando, esteja lendo histórias para meu filho ou preparando o jantar, é muito menos provável que eu tente encontrar algum atalho para apressar as coisas. É verdade que minha renda diminuiu, mas não é um preço tão alto a pagar para voltar a sentir prazer no trabalho — e na vida. Só me arrependo de não ter voltado mais cedo a trabalhar como freelancer.

Naturalmente, será necessário um verdadeiro terremoto em nossa maneira de pensar para permitir que as pessoas tenham controle sobre seu emprego do tempo no trabalho. Quando for prático, contudo, é algo que pode e deve ser feito. Usada no espírito adequado, a tecnologia da informação pode nos ajudar neste sentido. Em vez de usar *Blackberrys*, laptops e telefones celulares para estender o dia de trabalho, podemos usá-los para reorganizá-lo. Muitas empresas já estão dando maior autonomia aos empregados em matéria de gestão do tempo. No Reino Unido, por exemplo, a British Telecom, a Bayer e a Lloyds TSB permitem que seus empregados adaptem os horários segundo seus interesses pessoais: trabalhar em casa, por exemplo, ou ir para o escritório e deixá-lo em horários mais convenientes. Embora naturalmente se adapte melhor aos funcionários graduados, a autonomia de horários também está abrindo caminho no mundo operário. Certas fábricas suíças de relógios reorganizaram o esquema de produção para permitir que os operários de um mesmo turno variem em até três horas os horários em que começam a trabalhar e encerram suas atividades. Em Gloucestershire, uma fábrica de produtos de náilon permite que os empregados fixem os próprios horários, desde que pelo menos dois deles estejam sempre a postos.

As vantagens de trabalhar menos e trabalhar quando é conveniente são mais que evidentes, mas vejamos agora por que pode às vezes ser interessante trabalhar mais lentamente. No trabalho moderno, em que as coisas estão sempre em cima da hora, a velocidade parece fundamental. E-mails e celulares exigem o tempo todo atenção imediata, e a cada passo estamos nos deparando com um prazo fatal. Em 2001, uma pesquisa realizada pela Fundação Europeia para o Aperfeiçoamento das Condições de Vida e Trabalho constatou que os trabalhadores da União Europeia estavam submetidos a pressão muito maior do que uma década antes. Hoje, um terço deles passa todo o seu tempo ou quase correndo atrás de prazos a cumprir. Naturalmente, a velocidade tem um papel a desempenhar no trabalho. O estabelecimento de um prazo concentra a mente e nos incita a proezas notáveis. O problema é que muitos de nós estamos permanentemente ligados nos prazos, e sobra pouco tempo para relaxar e recarregar as baterias. As coisas que requerem uma certa lentidão — planejamento estratégico, pensamento criativo, cultivo de relacionamentos — se perdem na corrida ensandecida para manter o ritmo, ou simplesmente para parecer ocupado.

Erwin Heller, que é membro da Sociedade para a Desaceleração do Tempo, desfruta das vantagens de trabalhar mais lentamente em seu escritório de advocacia em Munique. Como muitos advogados, ele costumava passar batido pelos encontros de primeiro contato com novos clientes — dez minutos para expor tudo e logo tratava de equacionar o caso. Depois de um certo tempo, contudo, ele passou a observar que estava sempre precisando dar telefonemas aos clientes para esclarecer detalhes, e que às vezes tomava um rumo errado e precisava recuar. "A maioria das pessoas procura um advogado com objetivos que elas deixam bem claros, como dinheiro, e outros que não enunciam, como obter reconhecimento ou conseguir justiça ou mesmo vingança", explica ele. "É preciso algum tempo para chegar às motivações ocultas dos clientes, mas temos de conhecê-las para atendê-los no que precisam." Hoje em dia, seu primeiro contato costuma durar até duas horas, durante as quais ele vai formando um quadro completo da personalidade, do contexto, dos valores, dos medos e objetivos do cliente. Em consequência, Heller, cheio de energia em seus 56 anos, com seu cavanhaque e seu sorriso malicioso, trabalha com mais eficiência, e seu negócio está prosperando. "Os clientes estão sempre me dizendo que com outros advogados eles têm cinco minutos para explicar tudo que precisam, entregar os papéis, levantar e ir embora", diz. "Embora possa parecer antiquado e devagar, o fato é que ouvir é a melhor política. A pior coisa que pode haver é sair correndo para fazer as coisas."

Muitas empresas tentam agora estabelecer um equilíbrio entre o rápido e o devagar no trabalho. Muitas vezes isto significa reconhecer os limites da tecnologia. Apesar de toda a sua velocidade, o e-mail não é capaz de transmitir ironia, nuances ou expressão corporal, o que pode levar a erros e equívocos. Os métodos mais lentos de comunicação — levantar da mesa e atravessar o escritório para falar com alguém cara a cara, por exemplo — podem acabar economizando tempo e dinheiro, além de contribuírem a longo prazo para fortalecer o espírito de equipe. É este um dos motivos pelos quais as empresas começaram a exortar suas equipes a pensar bem antes de apertar o botão de enviar. Em 2001, a Nestlé Rowntree tornou-se a primeira entre muitas empresas do Reino Unido a adotar a prática das sextas-feiras sem e-mail. Um ano depois, a British Airways lançou pela TV uma campanha publicitária baseada no tema "mais devagar é melhor". Num dos anúncios, um grupo de empresários fica achando que conseguiu uma encomenda de uma empresa americana por ter mandado uma proposta por fax. Mas os concorrentes é que acabam assinando o contrato porque se deram ao trabalho de pegar um avião e acertar o negócio pessoalmente.

As empresas também já estão tomando providências para fazer com que o trabalho deixe de ser a massacrante rotina que tem sido, 24 horas por dia, sete dias por semana. A empresa de contabilidade Ernst & Young comunicou recentemente a seus empregados americanos que não havia nada de errado em deixar de verificar os e-mails e mensagens gravadas de voz no fim de semana. Num espírito semelhante, muitos executivos estressados cometem a heresia de desligar os celulares quando estão fora do escritório. Jill Hancock, superativa profissional de um banco de investimentos em Londres, costumava andar para todo lado com seu chiquérrimo Nokia cromado, e chegava ao ponto de atender chamadas nas férias ou no meio de um jantar romântico. Mas acabou pagando o preço: depressão e cansaço crônico. Quando um psicólogo diagnosticou "vício em celular", exortando-a a desligar de vez em quando, Hancock caiu das nuvens. Mas acabou fazendo uma forcinha, começando por calar o Nokia no período de almoço, e logo também à noite e nos fins de semana, quando era improvável receber algum chamado urgente. Dois meses depois, já havia cortado os antidepressivos, sua pele havia melhorado e ela estava conseguindo executar mais tarefas em menos tempo. No banco, os colegas aceitam o fato de que Hancock não pode mais ser encontrada a qualquer hora do dia e da noite. Houve inclusive os que seguiram seu exemplo. "Na época eu não me dava conta, mas o fato de estar sempre disponível, sempre ligada, estava acabando comigo", diz ela. "Todo mundo precisa de um tempo para si." A desaceleração no trabalho também capacitou Hancock a abrir mais espaço para empreendimentos Devagar nas outras áreas de sua vida. Ela passou a fazer ioga e hoje em dia prepara um jantar de verdade, em vez de uma simples refeição no micro-ondas, pelo menos duas vezes por semana.

Para evitar o colapso físico e mental precoce e promover o pensamento criativo, gurus empresariais, terapeutas e psicólogos estão cada vez mais receitando doses de vagar no trabalho. Em seu bestseller publicado em 2002, *How to Succeed in Business Without Working So Damn Hard* [Como fazer sucesso nos negócios sem se matar de trabalhar], Robert Kriegel propõe que as pessoas façam intervalos regulares de quinze a vinte minutos ao longo do dia. O Dr. Donald Hensrud, do programa de saúde executiva da Clínica Mayo, recomenda: "Experimente fechar a porta do seu escritório e fechar os olhos durante quinze minutos. Recoste-se e respire profundamente."

Mesmo nos setores industriais em que se trabalha constantemente sob alta pressão e em alta velocidade, as empresas estão tomando medidas para ajudar os empregados a desacelerar. Existem aquelas que concedem períodos sabáticos, na esperança de que um bom tempo longe do escritório permita aos empregados renovar as forças e recarregar a criatividade. Outras oferecem ioga, aromaterapia e massagem no local de trabalho, ou estimulam os empregados a almoçar fora do escritório. Certas empresas instalaram salas de desaquecimento. No escritório de Tóquio da Oracle, o gigante dos programas de computação, os empregados têm acesso a uma sala de meditação à prova de som, com piso de madeira cercado de seixos e objetos de arte orientais. A iluminação da sala é suave, e paira no ar um perfume de incenso. Girando-se um interruptor, o barulhinho relaxante de um regato correndo começa a sair do sistema de som.

Takeshi Sato é um dos maiores fãs do santuário do oitavo andar. Na função de gerente do gabinete do diretor-presidente, ele trabalha doze horas por dia, fazendo todos os malabarismos imagináveis com e-mails, reuniões, telefonemas e relatórios de orçamento. Quando o ritmo se torna frenético demais, ele levanta da mesa e vai passar dez minutos na sala de meditação. "Em certos momentos do dia, sinto de repente a necessidade de desacelerar, de relaxar, de permitir que minha mente se aquiete", conta-me ele. "Pode haver quem ache que são dez minutos jogados fora, mas eu considero que são dez minutos muito bem investidos. Para termos um bom desempenho, é muito importante poder desligar de vez em quando, oscilando entre o rápido e o devagar. Depois de passar um tempo na sala de meditação, minha mente está mais tranquila e com mais clareza, o que me ajuda a tomar as decisões certas."

Há também quem esteja levando a ética da desaceleração às últimas consequências, chegando ao ponto de tirar uma soneca durante o dia. Embora dormir no trabalho seja o supremo tabu, as pesquisas têm demonstrado que uma breve "soneca energizante" — algo em torno de vinte minutos é o ideal — pode aumentar a energia e a produtividade. Um estudo recente da Nasa concluiu que vinte e quatro minutos de olhos fechados operavam maravilhas em termos de vigilância e desempenho dos pilotos. Muitas das mais vigorosas e bem-sucedidas personalidades da história eram inveterados adeptos da soneca: John F. Kennedy, Thomas Edison, Napoleão Bonaparte, John D. Rockefeller, Johannes Brahms. É de Winston Churchill a mais eloquente defesa da sesta: "Não fique achando que você vai cumprir menos tarefas no trabalho porque dorme durante o dia. Trata-se de um conceito absolutamente tolo cultivado por pessoas sem imaginação. O que você vai conseguir é realizar mais. Passará a ter dois dias em um — ou pelo menos um e meio."

O cochilo no meio do dia de trabalho pode ser particularmente útil nos dias de hoje, quando tantos de nós não dormimos o suficiente durante a noite. Com o apoio de grupos como a Organização Mundial da Soneca e a Associação Portuguesa dos Amigos da Sesta, o hábito está passando por um verdadeiro renascimento. Em suas seis fábricas nos Estados Unidos, a Yarde Metals estimula os empregados a tirar uma sonequinha durante os intervalos. A empresa construiu "salas de cochilo" especiais, e uma vez por ano promove uma sessão coletiva de soneca, com direito a bufê e fantasias. A pequena cidade de Vechta, no norte da Alemanha, exorta os funcionários públicos a fazer a sesta depois do almoço, seja no escritório ou em casa. Da fábrica americana à cidade alemã, os resultados são os mesmos: empregados mais satisfeitos, moral mais alto, maior produtividade. E pode estar vindo por aí um reforço da tendência à soneca durante as horas de trabalho. Em 2001, a Sedus, importante fabricante europeu de móveis de escritório, lançou uma cadeira que fica em posição horizontal para que as pessoas possam tirar um cochilo no escritório.

Enquanto isso, na Espanha, a *siesta* está voltando em roupagem moderna. Como a maioria dos espanhóis não tem mais tempo para passar em casa para almoçar lautamente e tirar uma soneca, a rede nacional de Masajes a 1.000, especializada em "salões de *siesta*", oferece a qualquer um, do banqueiro ao garçom, a oportunidade de vinte minutos de descanso por quatro euros.

Na loja da rua Mallorca, em Barcelona, cada detalhe foi concebido para que o freguês relaxe. As paredes foram pintadas de uma repousante cor de pêssego, e as salas são acolhedoras e com iluminação suave. Caixas de som ocultas emitem música New Age baixinho. Vestidos e acomodados com o rosto para baixo em cadeiras de design ergonômico, os clientes desfrutam de massagens na cabeça, no pescoço e nas costas. Quando resvalam para o sono, o massagista os cobre com um espesso cobertor de lã e se retira. Quando me instalo em minha cadeira, pelo menos três pessoas estão roncando baixinho na sala. Dois minutos depois, passam a contar com minha companhia.

Mais tarde, na calçada em frente, troco algumas palavras com um vendedor chamado Luis, que ajeita a gravata depois de uma soneca de quinze minutos. Ele parece tão refeito quanto eu. "Isto é muito melhor do que ir à academia", diz ele, fechando a pasta. "Sinto-me perfeitamente energizado. Estou pronto para qualquer coisa."

CAPÍTULO NOVE

LAZER: A IMPORTÂNCIA DE DESCANSAR

A capacidade de ocupar de maneira inteligente o tempo de lazer é o supremo produto da civilização.
— BERTRAND RUSSELL

NUM MUNDO COMO O NOSSO, OBCECADO COM O TRABALHO, O lazer é uma coisa muito séria, desde 1948 incluída entre os direitos humanos fundamentais pelas Nações Unidas. Meio século depois, chovem ao nosso redor livros, revistas, programas de TV, suplementos de imprensa e sites da internet dedicados a hobbies e entretenimento. Até na universidade foi criada a cadeira de estudos do lazer.

A preocupação de empregar da melhor maneira possível o tempo de lazer não é nova. Dois mil anos atrás, Aristóteles declarava que um dos maiores desafios enfrentados pelo homem era o preenchimento do tempo ocioso. Historicamente, as elites, às vezes identificadas como as "classes ociosas", dispunham de mais tempo que qualquer outra para meditar a questão. Livres da necessidade de dar duro para chegar ao fim do mês, elas se entregavam a jogos, esportes e ao convívio social. Na era moderna, contudo, o lazer é mais democrático.

No início da Revolução Industrial, as massas trabalhavam demais ou eram pobres demais para aproveitar bem o tempo livre de que dispunham. À medida que as rendas aumentavam e diminuía o número de horas de trabalho, todavia, começou a surgir uma cultura do lazer.

Tal como o trabalho, o lazer passou a ser formalizado. Boa parte das coisas com que preenchemos o tempo ocioso hoje em dia foi inventada no século XIX. O futebol, o rúgbi, o hóquei e o beisebol foram transformados em esportes para um público espectador. As cidades construíram parques para que o público pudesse passear e fazer piqueniques. As classes médias entraram para clubes de tênis e golfe, lotando os novos museus, teatros e salas de concerto. O aperfeiçoamento da qualidade das impressoras e o aumento dos níveis de alfabetização contribuíram para uma verdadeira explosão do hábito da leitura.

Enquanto os hábitos de lazer se iam disseminando, começou-se a debater suas finalidades. Muitos vitorianos os encaravam sobretudo como uma fuga do trabalho, ou uma maneira de trabalhar melhor. Outros, no entanto, iam mais longe, sustentando que a maneira como empregamos nosso tempo livre dá consistência, forma e significado à vida. "É no prazer que o homem realmente vive", escrevia a ensaísta americana Agnes Repplier. "É a partir do lazer que ele tece verdadeiramente a trama do ser." Platão considerava que a forma mais elevada de lazer era estar tranquilo e receptivo ao mundo, ponto de vista compartilhado por certos intelectuais modernos. Eis o que escrevia Franz Kafka: "Não precisamos nem sair do quarto. Basta ficar sentado à mesa, escutando. Nem mesmo escutar, simplesmente esperar. Sequer esperar, apenas ficar quieto e solitário. O mundo haverá de se oferecer livremente a você, para ser desvendado. Ele não tem escolha. Terá de se desenrolar em êxtase aos seus pés."

Com tantas previsões no século XX de que estaríamos chegando ao "fim do trabalho", os comentadores ficavam se perguntando como as pessoas se adaptariam a uma tal quantidade de tempo livre. Houve quem temesse que nos tornássemos preguiçosos, corrompidos e imorais. O economista John Maynard Keynes advertiu que as massas haveriam de malbaratar o próprio tempo ouvindo rádio. Outros mostravam-se mais confiantes. Em 1926, William Green, presidente da Federação Americana do Trabalho, afirmou que o menor número de horas de trabalho permitiria que homens e mulheres saíssem em busca de "maior desenvolvimento de [sua] força espiritual e intelectual". O filósofo britânico Bertrand Russell previu que muitos haveriam de usar o tempo livre extra para se aperfeiçoar, lendo e estudando ou praticando hobbies tranquilos e reflexivos como a pesca, a jardinagem e a pintura. Em seu ensaio *Elogio do ócio*, publicado em 1935, Russell escreveu que, futuramente, a semana de trabalho de quatro horas haveria de nos tornar "mais afáveis, menos obstinados e inclinados a encarar os outros com suspeita". Com tanto tempo para o lazer, a vida seria tranquila, vagarosa e civilizada.

Sete décadas depois, contudo, a revolução do lazer continua no mundo da fantasia. O trabalho ainda dá as cartas em nossa vida, e quando efetivamente temos tempo livre, muito raramente o utilizamos para zanzar por aí num devaneio platônico de quietude e receptividade. Pelo contrário, como bons discípulos de Frederick Taylor, logo nos apressamos a preencher cada momento livre com alguma atividade. Um espaço em branco na agenda mais facilmente causará pânico que prazer.

Seja como for, a profecia de Russell em parte se cumpriu: as pessoas estão dedicando mais tempo a hobbies tranquilos e contemplativos. Jardinagem, leitura, pintura, artesanato — qualquer um serve para satisfazer a crescente nostalgia de uma época em que o culto da velocidade era menos onipresente, em que fazer uma coisa bem-feita, e disto extrair prazer, era mais importante do que fazer tudo mais depressa.

O artesanato é uma expressão perfeita da filosofia Devagar. À medida que o ritmo da vida se acelerava no século XIX, muitos se desencantaram dos produtos de fabricação em massa despejados pelas novas fábricas. William Morris e outros paladinos do movimento das Artes e Ofícios, que teve início na Grã-Bretanha, acusavam a industrialização de dar primazia à máquina e sufocar o espírito de criatividade. A solução que ofereciam consistia em voltar a fazer as coisas lenta e cuidadosamente à mão. Os artesãos produziam móveis, tecidos, cerâmicas e outros bens recorrendo a métodos tradicionais e pré-industriais. O artesanato passou a ser considerado um elo com uma era mais tranquila e amena. Mais de um século depois, quando mais uma vez a tecnologia parece estar dando as cartas, nossa paixão pelo feito à mão é mais forte que nunca. É o que se pode constatar no culto dos produtos caseiros iniciado por Martha Sewart, no avanço do movimento Slow Food e na mania do tricô que parece estar varrendo a América do Norte.

Tal como outras atividades caseiras, como cozinhar e costurar, o tricô saiu de moda na segunda metade do século XX. O feminismo denunciava as habilidades domésticas como verdadeira maldição para as mulheres, uma barreira para a igualdade entre os sexos. Para as mulheres que lutavam por um lugar ao sol no mundo do trabalho, o tricô era bom para a vovó em sua cadeira de balanço. Mas agora que os sexos estão mais em pé de igualdade, as artes domésticas de antigamente estão voltando.

Promovido por feministas em moda como Debbie Stoller e considerado pelos farejadores de tendências como "a nova ioga", o tricô passou a ser considerado joia. A ele se dedicam em seu tempo ocioso algumas das maiores celebridades de Hollywood: Julia Roberts, Gwyneth Paltrow, Cameron Diaz. Desde 1998, mais de quatro milhões de americanos com menos de 35 anos, a maioria mulheres, adotou o hobby. Em Nova York, eles podem ser vistos usando jaquetas Ralph Lauren e sapatos Prada e tricotando no meio da confusão do metrô ou nas enormes e confortáveis poltronas do Starbucks. Numa infinidade de sites da internet, os adeptos do tricô trocam dicas sobre todos os assuntos possíveis e imagináveis, desde a escolha da melhor lã para meias-luvas até cuidados para evitar cãibra nos dedos. Novas e sofisticadas lojas de artigos de tricô vendem tipos glamorosos de novelos — algo parecido com caxemira ou pele falsa — que só costumavam estar à disposição de desenhistas de moda.

A escritora Bernadette Murphy, 40 anos, residente em Los Angeles, entendeu bem a tendência em seu livro *Zen and the Art of Knitting* [O zen e a arte de tricotar], publicado em 2002. Ela considera que a volta dos novelos e agulhas faz parte de um movimento mais amplo de reação contra a superficialidade da vida moderna. "Hoje em dia existe em nossa cultura uma grande necessidade de significado real, de coisas que nos liguem ao mundo e a outras pessoas, coisas que realmente alimentem a alma", diz. "O tricô é uma maneira de separar tempo para apreciar a vida, para encontrar aquele significado e estabelecer essas ligações."

Em salas de estar, dormitórios de colégios e lanchonetes de empresas por toda a América do Norte, as mulheres estão aderindo a círculos de tricô, onde vão fazendo amizades enquanto dão trabalho aos dedos. Os suéteres, gorros e cachecóis produzidos representam uma alternativa aos prazeres fugazes do consumismo. Embora os produtos industrializados possam ser funcionais, duráveis, belos e até inspiradores, o simples fato de serem produzidos em massa os torna descartáveis. Naquilo que tem de único, singular e imperfeito, um objeto feito à mão, como uma echarpe tricotada, traz a marca de seu criador. Podemos perceber o tempo e o cuidado que foram investidos em sua produção — e assim nos apegamos a ele.

"No mundo moderno, sendo tão fácil, tão barato e tão rápido comprar as coisas, aquilo que compramos perde o valor. Que importância pode ter um objeto quando podemos comprar outros iguaizinhos a qualquer momento?", comenta Murphy. "Quando um objeto é feito à mão, significa que alguém investiu tempo nele, o que lhe confere um real valor."

Murphy aderiu ao tricô quase por acidente. Numa viagem à Irlanda em 1984, ela sofreu uma distensão no tendão de Aquiles e ficou dois meses sem poder andar. Começou a tricotar para se ocupar, e achou que era extremamente relaxante.

Por sua própria natureza, o tricô é Devagar. Não podemos apertar um botão, digitar um mostrador ou acionar um interruptor para tricotar mais depressa. O verdadeiro prazer do tricô está na prática em si mesma, e não em chegar ao fim. Já ficou demonstrado em estudos que a dança ritmada e repetitiva das agulhas pode diminuir os batimentos cardíacos e a pressão arterial, induzindo aquele que tricota a um estado de tranquilidade quase meditativa. "A melhor coisa de tricotar é a lentidão", diz Murphy. "É tão devagar que a gente vê a beleza inerente a cada minúsculo ato que leva à produção de um suéter. Tão devagar que sabemos perfeitamente que o projeto não é para ser concluído hoje — pode até não ser concluído em muitos meses ou ainda mais —, o que nos permite ficar em paz com o caráter inconcluso da vida. Enquanto tricotamos, desaceleramos."

Muitos adeptos do tricô usam o hobby como antídoto para o estresse e a pressa da vida moderna. Tricotam antes e depois de reuniões importantes, durante telefonemas coletivos em viva-voz ou no fim de um dia pesado de trabalho. Alguns afirmam que o efeito relaxante continua em ação depois que deixam as agulhas de lado, ajudando-os a manter a calma no clima acelerado do ambiente de trabalho. Murphy afirma que o tricô a ajuda a entrar em modo de Pensamento Devagar. "Posso até sentir a parte ativa do meu cérebro se desativando, o que ajuda a desfazer o nó das minhas ideias", diz ela. "É um recurso excelente para bloqueio de criatividade, no caso de um escritor."

Aonde será que vai levar o boom do tricô no século XXI? É difícil dizer. A moda, claro, é sempre inconstante. As roupas feitas com tricô podem estar em alta hoje, mas e quando os suéteres pesados e as mantilhas alternativas não aparecerem mais na capa da *Vogue*? Certos adeptos provavelmente vão aposentar as agulhas e passar à próxima coqueluche. Mas muitos irão em frente. Num mundo acelerado e de alta tecnologia como o nosso, um hobby Devagar que ajuda as pessoas a desacelerar não pode deixar de continuar seduzindo.

O mesmo se aplica à jardinagem. Em praticamente todas as culturas, o jardim é um santuário, lugar de repouso e meditação. Em japonês, a palavra jardim, *niwa*, significa "recinto purificado para a adoração dos deuses". A própria prática da jardinagem — plantar, podar, capinar, regar, esperar o crescimento — pode nos ajudar a desacelerar. Tal como o tricô, tampouco a jardinagem se presta à aceleração. Nem mesmo com uma estufa é possível fazer com que as plantas floresçam a toque de caixa ou obrigar as estações a obedecer a nossa agenda de prioridades. A natureza tem seu próprio calendário. Num mundo de pressa constante, onde tudo é programado para a máxima eficiência, entregar-se aos ritmos da natureza pode ter um efeito terapêutico.

A jardinagem deslanchou como forma popular de lazer durante a Revolução Industrial. Ela dava aos cidadãos urbanos um gostinho do idílio rural, servindo de anteparo ao ritmo frenético da vida nas novas cidades. A Grã-Bretanha, pioneira na industrialização, abriu o caminho. No século XIX, a poluição do ar dificultava grandes cultivos no centro de Londres e de outras cidades, mas nas imediações das regiões urbanas as classes médias começaram a cultivar jardins ornamentais com canteiros de flores, arbustos e fontes.

Dando um salto até o século XXI, vemos que a jardinagem mais uma vez está em ascensão. Num mundo em que tantos empregos consistem em ficar examinando dados piscando numa tela de computador, as pessoas estão se interessando pelo prazer simples e tipicamente Devagar de meter a mão na terra. Como o tricô, a jardinagem sacudiu a velha imagem de passatempo próprio para aposentados, transformando-se numa das formas de relaxar mais populares entre pessoas de todas as idades e procedências. Recentemente, a revista *Time* registrou a ascensão da "horticultura chique". Em todo o mundo industrializado, centros de jardinagem estão cheios de jovens em busca da planta, do arbusto ou do pote de cerâmica perfeito. Um levantamento realizado em 2002 pela National Family Opinion registrou o recorde de 78,3 milhões de americanos que hoje se dedicam à jardinagem, tornando-a a maior atividade de lazer ao ar livre do país. O mesmo se aplica à Grã-Bretanha, onde os programas de horticultura ocupam os horários nobres da televisão, transformando apresentadores de dedo verde como Charlie Dimmock e Alan Titchmarsh em figuras populares. A Hora das Perguntas do Jardineiro, programa de rádio que a BBC mantém no ar desde a Segunda Guerra Mundial, dobrou sua audiência desde meados da década de 1990.

Descolado, jovem e tipicamente urbano, Matt James é o novo rosto da jardinagem. Seu programa na televisão britânica, *O jardineiro urbano*, ensina aos agitados citadinos como abrir espaço para a Mãe Natureza ao redor de suas casas. James considera que a jardinagem pode restabelecer nossa ligação com as estações do ano. Pode igualmente aproximar as pessoas. "A jardinagem não é apenas uma questão de volta à natureza", diz. "Um jardim bem concebido e cuidado é um lugar excelente para reunir os amigos, abrir algumas cervejas, fazer um churrasco. O aspecto social é muito importante."

James herdou da mãe a paixão pela jardinagem, adotando-a como hobby e logo também como profissão, desde que completou os estudos. O que mais aprecia no trabalho com o solo e as plantas é a maneira como o desacelera. "A jardinagem pode ser extremamente frustrante quando a gente começa — as plantas morrem, o trabalho parece infindável —, mas passada essa primeira fase difícil é uma coisa muito tranquila e relaxante. A gente pode se desligar, ficar sozinho, deixar que os pensamentos vagueiem", explica. "Hoje em dia, quando todo mundo está sempre na maior correria o tempo todo, precisamos mais do que nunca de passatempos mais vagarosos como a jardinagem."

Dominic Pearson não podia estar mais de acordo. Aos 29 anos, ele está sempre na pista de alta velocidade em sua função como operador de um banco em Londres. Os números ficam pipocando em sua tela o dia inteiro, obrigando-o a tomar, em frações de segundos, decisões que podem render milhões para o seu patrão — ou fazê-lo perdê-los. Pearson inicialmente curtia as altas doses de adrenalina do pregão, e ganhava bônus bem polpudos. Mas quando estourou a bolha do mercado especulativo, ele começou a sofrer de ansiedade, e sua namorada sugeriu que a jardinagem poderia ajudar. Como um bom machão jogador de rúgbi e bebedor de cerveja, Pearson tinha lá suas dúvidas, mas decidiu experimentar.

Tratou então de reformar completamente o pátio caindo aos pedaços por trás do seu apartamento em Hackney, substituindo as velhas pedras do calçamento por um pequeno gramado. Ao longo do muro, plantou rosas, açafrão, alfazema, narcisos, jasmins e glicínias. Espalhou também heras e tomates. Mais tarde, encheria seu apartamento com vasos de plantas. Três anos depois, sua casa é um verdadeiro banquete para os sentidos. Numa tarde de verão, os perfumes no jardim banhado pelo sol são inebriantes.

Pearson considera que a jardinagem melhora seu desempenho no mercado financeiro. Enquanto desbasta e capina, sua mente se aquieta e, desse silêncio, surgem algumas de suas melhores ideias para o trabalho. Ele se sente menos tenso no pregão e à noite dorme melhor. Em praticamente tudo que faz, Pearson se sente mais tranquilo, mais envolvido, menos apressado. "A jardinagem é como uma terapia sem precisar pagar um terapeuta", diz.

Depois de um longo dia de trabalho, contudo, ainda é mais provável que a maioria das pessoas lance mão do controle remoto da televisão do que de um ancinho ou de agulhas de tricô. Ver televisão é de longe a maior atividade de lazer do mundo, devorando a maior parte do nosso tempo livre. O americano médio vê algo em torno de quatro horas de televisão por dia, e o europeu médio, cerca de três. A TV é capaz de nos entreter, informar, distrair e até relaxar, mas não chega a ser Devagar no sentido mais puro da palavra, pois não nos dá tempo de parar ou refletir. A televisão é que dita o andamento, e o andamento é frequentemente rápido — imagens em forma de metralhadora visual, diálogos rápidos e montagem saltitante. Além disso, quando estamos vendo televisão, não nos ligamos a ninguém. Pelo contrário, ficamos lá sentados no sofá, nos empapando de imagens e palavras, sem mandar nada de volta. A maioria das pesquisas demonstra que os telespectadores mais inveterados passam menos tempo ocupados com as coisas que realmente tornam a vida prazerosa — cozinhar, conversar com a família, fazer exercícios, fazer amor, conviver, fazer um trabalho voluntário.

Em busca de um estilo de vida mais satisfatório, muitas pessoas estão abolindo o hábito da TV. O movimento antitelevisão é mais ativo nos Estados Unidos. Desde 1995, todo ano um grupo de pressão chamado Rede da TV Desligada faz campanha para que as pessoas mantenham os aparelhos desligados durante uma semana inteira no mês de abril. Em 2003, houve participação recorde de 7,04 milhões de pessoas nos EUA e no exterior. A maioria dos escravos do sofá que diminuem as horas de contemplação constata que está passando mais tempo ocupada com coisas autenticamente Devagar.

Uma delas é a leitura. Como o tricô e a jardinagem, o fato de se sentar e se entregar a um texto escrito serve para desafiar o culto da velocidade. Escreveu o filósofo francês Paul Virilio: "A leitura significa tempo para a reflexão, uma desaceleração que destrói a dinâmica da eficiência massificada." Embora as vendas de livros estejam estagnadas ou caindo, muitas pessoas, especialmente citadinos de nível cultural mais elevado, estão mandando a dinâmica da eficiência para o inferno e se enroscando com um bom livro. Podemos inclusive falar de um renascimento do hábito da leitura.

Basta ver o fenômeno Harry Potter. Não faz muito tempo, o senso comum havia decretado que a leitura fora reduzida à estaca zero entre os jovens. Livro era uma coisa muito maçante e devagar para uma geração criada com Playstation. Mas o fato é que J. K. Rowling contestou tudo isso na prática. Hoje, milhões de crianças e adolescentes em todo o mundo devoram os extensos romances de Harry Potter. Tendo descoberto as alegrias da palavra escrita, os jovens passaram a procurar livros de outros autores. Ler passou a ser uma coisa legal. No último banco do ônibus escolar, a garotada folheia as últimas obras de Philip Pullman e Lemony Snicket. Enquanto isso, a literatura de ficção destinada ao público infantojuvenil passou de gata borralheira a estrela das casas editoriais, com direito a adiantamentos astronômicos e opções para o cinema. Em 2003, a Puffin pagou a Louisa Young um milhão de libras pelos direitos de publicação de *Lionboy* [Menino-leão], a história de um menino que descobre que consegue conversar com os gatos depois de ser arranhado por um leopardo. Na Grã-Bretanha, as vendas de livros infantis aumentaram 40% desde 1998.

Outro sinal de que a leitura está voltando é a ascensão dos círculos do livro. Os clubes de leitura começaram em meados do século XVIII, em parte para compartilhar os livros, que eram caros, mas também como fórum social e intelectual. Dois séculos e meio depois, estão surgindo círculos do livro por toda parte, inclusive nos meios de comunicação. Em 1998, a BBC criou um Clube do Livro mensal dentro da programação da sofisticada Radio 4, e em 2002 programa semelhante seria lançado em seu serviço internacional. Oprah Winfrey criou seu clube do livro, cuja influência é notória, em 1996. Os romances apresentados em seu programa de TV, mesmo de autores desconhecidos, invariavelmente sobem ao topo das listas de bestsellers. Em 2003, depois de dez meses de interrupção, Oprah ressuscitou seu clube do livro, passando a dar prioridade aos clássicos da literatura. Vinte e quatro horas depois de ter recomendado *A leste do Éden*, de John Steinbeck, publicado originalmente em 1952, o romance saltou do número 2.356 na lista de vendas da Amazon para o número 2.

Os clubes de leitura atraem profissionais assoberbados em busca de uma maneira enriquecedora de relaxar e socializar. Paula Dembowski associou-se a um deles na Filadélfia em 2002. Formada em literatura inglesa, ela passou a ler cada vez menos à medida que sua carreira em gerenciamento de pessoal e recrutamento deslanchou. Até que, um belo dia, aos 32 anos, deu-se conta de que há seis meses não lia um romance. "Foi para mim um alerta de que a minha vida estava desequilibrada", diz. "Eu queria voltar a ler, mas também encarava a leitura como uma forma de reequilibrar de maneira geral o ritmo da minha vida." Para abrir espaço para os livros novamente, ela passou a ver menos televisão e a reduzir gradualmente os compromissos de trabalho depois do horário. "Eu tinha até esquecido como é relaxante passar uma noite inteira na companhia de um bom romance", acrescenta. "A gente entra em outro mundo, e todas aquelas pequenas preocupações simplesmente desaparecem, e as grandes também. A leitura confere às coisas em geral uma outra dimensão, mais tranquila."

Para muitas pessoas, o ato da leitura já é suficientemente Devagar. Outros, no entanto, estão indo além, fazendo um esforço para ler mais lentamente. A escritora polonesa-americana Cecilia Howard, que se considera "uma pessoa turbinada, sempre na pista de alta velocidade", estabelece um paralelo entre a leitura e os exercícios físicos: "O meu lema é que qualquer coisa que realmente valha a pena ser lida merece ser lida devagar. É como se fosse o equivalente mental dos exercícios SuperSlow. Quando a gente quer realmente conseguir músculos, o melhor é fazer os movimentos o mais devagar possível. Se quisermos caprichar nos exercícios, temos de fazê-los tão lentamente que quase parecemos estar parados. E é assim que a gente precisa ler Emily Dickinson."

O escritor israelense Amos Oz concorda. Em recente entrevista, ele nos exortou a ir mais devagar com os livros. "Recomendo a arte de ler devagar", disse. "Qualquer prazer que eu imagine ou já tenha experimentado é mais envolvente, mais prazeroso, quando o sorvemos aos pouquinhos, quando nos damos tempo. E a leitura não é exceção."

Ler devagar não significa necessariamente consumir menos palavras por minuto. É o que pode testemunhar a conferencista inglesa Jenny Hartley, especializada em grupos de leitura. Em 2000, seu círculo, sediado em Londres, decidiu promover a leitura de *Little Dorrit*, de Charles Dickens, da mesma forma como teria sido lido na época — em capítulos mensais prolongados por um ano e meio. Isto significava resistir ao impulso moderno de acelerar para chegar logo ao fim, e a espera valeu a pena. Todos os membros do grupo adoraram fazer a coisa devagar. Depois de ler o romance seis vezes em seu trabalho, Hartley teve o prazer de descobrir que a leitura mais lenta descortinou toda uma série de novos detalhes e nuances. "Quando a gente corre com a leitura, não pode apreciar certas ironias e suspenses, como a maneira como Dickens joga com as histórias secretas e as tramas ocultas", diz ela. "Ler o romance devagar é muito mais prazeroso." Em seu curso na Universidade de Surrey, Roehampton, Hartley passou a fazer a experiência com os alunos, dedicando um semestre inteiro à leitura de *Middlemarch*.

A milhares de quilômetros de distância, nas Pradarias Canadenses, o professor de educação Dale Burnett, da Universidade de Lethbridge, se saiu com uma versão de alta tecnologia da Leitura Devagar. Sempre que lê um livro de real substância — nada de romances de aeroporto —, ele redige um diário na internet. Depois de cada sessão de leitura, consulta citações e análises dignas de nota, detalhes importantes da trama e dos personagens e qualquer tipo de reflexão inspirada pelo texto. Burnett continua lendo o mesmo número de palavras por minuto, mas leva duas a quatro vezes mais tempo para concluir um livro. Quando nos encontramos, ele está lentamente percorrendo *Ana Karenina*, lendo durante uma hora ou duas para em seguida passar mais ou menos o mesmo tempo registrando suas ideias e impressões num diário cibernético. Não podia ser maior o seu entusiasmo pelo conhecimento da espécie humana demonstrado por Tolstoi. "Hoje, sinto que aproveito muito mais profundamente os livros que leio", diz. "A Leitura Devagar é uma espécie de antídoto para o estado de constante pressa em que vivemos atualmente."

O mesmo se aplica às artes plásticas. A pintura, a escultura, qualquer ato de criação artística mantém uma ligação especial com o vagar. Observou certa vez o escritor americano Saul Bellow: "A arte tem a ver com a viabilização da quietude no meio do caos. Uma quietude que caracteriza (...) o olho da tormenta (...) uma parada da atenção no meio da confusão."

Em galerias de todo o mundo, muitos artistas estão observando no microscópio nossa relação com a velocidade. Com frequência, suas obras tentam induzir o espectador a um estado mais tranquilo e contemplativo. Num vídeo recente, a artista norueguesa Marit Folstad é vista tentando atingir um grande balão vermelho, até que ele explode. Seu objetivo é fazer com que o espectador desacelere o suficiente para poder pensar. "Utilizando uma série de metáforas visuais centradas no corpo humano, a respiração e a extensão dos limites da tensão física, o que eu tento é diminuir o ritmo do espectador", explica.

Na vida cotidiana, longe das galerias de arte e dos estúdios dos artistas, não falta quem esteja se valendo das artes plásticas para desacelerar. Um dos primeiros anúncios que vejo em língua inglesa em Tóquio é de um curso para relaxar através da arte. Kazuhito Suzuki usa a pintura para desacelerar. *Web designer* na capital japonesa, ele passa a vida entre um prazo e outro. Para esconjurar o que já lhe parecia um caminho certo para o esgotamento, aos 26 anos, ele se matriculou em 2002 num curso de artes plásticas. Hoje, nas noites de quarta-feira, junta-se a uma dezena de outros alunos para passar duas ou três horas pintando naturezas-mortas e modelos. Nada de prazos, nem de competição, nem de pressa — apenas ele e sua arte. Em seu minúsculo apartamento, Suzuki pinta aquarelas de tudo que vê pela frente, dos cestos de frutas aos manuais da Microsoft. Sua obra mais recente retrata o monte Fuji numa manhã de primavera. Em seu estúdio, o cavalete está a dois palmos do computador, o yin e o yang, o trabalho e o prazer, em perfeita harmonia. "A pintura me ajuda a encontrar o equilíbrio entre o rápido e o devagar, de modo que me sinto mais tranquilo, mais no controle", diz ele.

A música pode ter um efeito semelhante. Cantar e tocar instrumentos ou ouvir os outros fazê-lo é uma das mais antigas formas de lazer. A música anima, desafia, provoca. Mas também pode acalmar e relaxar, o que é precisamente o que buscamos hoje em dia em número cada vez maior. Usar a música deliberadamente para relaxar não é uma ideia nova. Em 1742, o conde Kaiserling, então embaixador da Rússia na corte da Saxônia, pediu a Bach que compusesse música para ajudá-lo a vencer a insônia. O compositor apresentou-lhe as *Variações Goldberg*. Dois séculos e meio depois, até o homem da rua recorre à música clássica para relaxar. As estações de rádio dedicam programas inteiros a música suave e tranquilizante. CDs de compilação de música clássica trazendo no título palavras como "relaxante", "suave", "tranquilizante" e "calmante" não param nas prateleiras.

Mas não são só os ouvintes que buscam um andamento mais lento. É crescente o número de músicos — cerca de duzentos, pela última estimativa — que acreditam que muita música clássica está sendo tocada depressa demais. Muitos desses rebeldes participam de um movimento chamado Tempo Giusto, que tem por objetivo convencer maestros, orquestras e solistas a fazer uma coisa nada moderna: desacelerar.

Para descobrir mais a este respeito, pego um avião para a Alemanha, para comparecer a um concerto do Tempo Giusto. Num tranquilo fim de tarde de verão, o público acorre a um centro comunitário nas imediações de Hamburgo. Os cartazes na porta da frente prometem um programa familiar de sonatas de Beethoven e Mozart. No grande auditório moderno iluminado pela luz do sol, pontifica um piano de cauda. Depois de se acomodarem, os espectadores se entregam aos últimos preparativos para o recital, desligando os celulares e limpando a garganta ostensivamente, como costumam fazer os frequentadores de concertos em todo o mundo. Toda essa preparação me faz lembrar qualquer um dos recitais a que eu já havia comparecido antes — até que o pianista entra no palco.

Uwe Kliemt é um alemão parrudo de meia-idade, de passo lépido e olhar brilhante. Em vez de sentar-se ao teclado para dar início ao recital, ele fica de pé em frente ao reluzente Steinway e se dirige ao público:

"Quero conversar com vocês sobre andamentos vagarosos." Passa então, como tem feito em toda a Europa, a proferir uma minipalestra sobre os males da adoração da velocidade, e enfatiza o que diz brandindo os próprios óculos como um regente sacudindo a batuta. Um murmúrio de aprovação percorre o público enquanto Kliemt, que também é membro da Sociedade para a Desaceleração do Tempo, enuncia um autêntico resumo da filosofia Devagar. "Não faz o menor sentido acelerar tudo apenas porque podemos ou sentimos necessidade", afirma. "O segredo da vida está sempre em procurar o *tempo giusto*. O que, mais que em qualquer outra coisa, se aplica à música."

Kliemt e seus aliados consideram que os músicos começaram a tocar mais depressa no início da era industrial. À medida que o mundo se apressava, eles tratavam de acompanhá-lo. No início do século XIX, o público se apaixonou por uma nova geração de virtuoses pianistas, entre os quais o genial Franz Liszt, que tocava com mesmerizante destreza. Para o virtuose, apressar o andamento era mais uma maneira de ostentar seu domínio técnico — e dar calafrios na plateia.

Os avanços da tecnologia de fabricação dos instrumentos também podem ter estimulado a aceleração da arte musical. No século XIX, o piano tornou-se o rei dos instrumentos. Emitia uma sonoridade mais poderosa que seus antecessores, o cravo e o clavicórdio, e parecia mais capaz de unir as notas umas às outras. Em 1878, Brahms escreveu que "no piano (...) tudo acontece mais depressa, com mais animação e mais leveza no andamento".

Refletindo a obsessão moderna com eficiência, o ensino musical incorporou uma ética industrial. Os alunos começaram a estudar repetindo notas, em vez de tocar composições inteiras. Instalou-se uma cultura do tempo prolongado. Os modernos alunos de piano podem passar até seis ou oito horas por dia estudando. Chopin recomendava não mais que três.

Para Kliemt, todas essas tendências contribuíram para provocar a aceleração da música clássica. "Basta pensar nos maiores compositores anteriores ao século XX — Bach, Haydn, Mozart, Beethoven, Schubert, Chopin, Mendelssohn, Brahms", diz ele. "Hoje em dia, estamos tocando todos eles depressa demais."

Não é um ponto de vista predominante. A maioria dos profissionais do mundo musical nunca ouviu falar do Tempo Giusto, e os que já o conhecem tendem a zombar do movimento. Mas alguns especialistas se mostram abertos à ideia de que a música clássica está sofrendo de excesso de velocidade. Não faltam provas de que hoje em dia tocamos algumas músicas mais depressa que antes. Numa carta de 26 de outubro de 1876, Liszt escreveu que levou *"presque une heure"* para tocar a Sonata em si bemol maior (Hammerklavier) opus 106 de Beethoven. Cinquenta anos mais tarde, Arthur Schnabel não precisava de mais que quarenta minutos. Há pianistas, hoje, que percorrem a mesma partitura em apenas trinta e cinco minutos.

Certos compositores do passado criticavam os músicos por cederem ao vírus da pressa. O próprio Mozart teve lá seus problemas com o andamento. Em 1778, ele mandou ao pai uma carta enfurecida depois de ouvir o abade Vogler, um importante músico da época, massacrar sua Sonata em dó maior, KV 330, numa *soirée*. "É fácil imaginar como a situação passou dos limites do suportável, pois não pude me impedir de dizer a ele —'depressa demais'", escreveu o compositor. Beethoven sabia muito bem como se sentia Mozart. "Existe uma maldição dos virtuoses", queixou-se certa vez. "Seus dedos adestrados estão sempre às correrias junto com suas emoções, e às vezes até junto com sua mente." A desconfiança em relação ao andamento acelerado chegou também ao século XX. Afirma-se que Mahler teria ensinado a jovens regentes que seria melhor desacelerar do que acelerar quando sentissem que o público estava se entediando.

Tal como acontece no movimento Devagar de maneira geral, os músicos que fazem parte do Tempo Giusto não têm nada contra a velocidade em si. O que não aceitam é a noção perfeitamente moderna de que o que é mais rápido é sempre melhor. "A velocidade pode ser muito excitante, e é claro que existe lugar para isto na vida e na música", diz Kliemt. "Mas é preciso estabelecer limites e não recorrer sempre à velocidade. Seria um absurdo beber depressa uma taça de vinho. E é absurdo tocar Mozart depressa demais."

Mas o fato é que encontrar a velocidade "correta" de tocar não é tão fácil quanto parece. O andamento na música é um conceito escorregadio, mais próximo de uma arte do que de uma ciência. A velocidade em que é tocada uma peça musical pode variar de acordo com as circunstâncias — o estado de espírito do intérprete, o tipo de instrumento, a natureza da ocasião, o tipo de público, a sala, a acústica, a hora do dia e até a temperatura ambiente. É improvável que um pianista toque uma sonata de Schubert exatamente da mesma maneira numa sala de concertos lotada ou para alguns amigos íntimos em casa. Sabe-se que os próprios compositores variam o andamento de suas obras de uma apresentação para outra. Muitas composições musicais surtem excelente efeito em velocidades diferentes. Eis o ponto de vista do musicólogo britânico Robert Donington: "O andamento certo para qualquer obra musical é o andamento que se adequa, como as mãos num par de luvas, à interpretação da peça que está sendo oferecida no momento pelo intérprete."

Mas os grandes compositores não deixaram registrado por escrito o andamento que consideravam "adequado" a sua música? Não exatamente. Muitos não se preocuparam em anotar qualquer indicação de andamento. Praticamente todas as instruções de que dispomos em relação às obras de Bach foram feitas por discípulos e estudiosos depois de sua morte. No século XIX, a maioria dos compositores dava as indicações de andamento com palavras italianas como *presto*, *adagio* e *lento* — todas elas passíveis de interpretação. Será que *andante* significa a mesma coisa para um pianista moderno e para Mendelssohn? A invenção do metrônomo por Maelzel, em 1816, tampouco resolveu o problema. Muitos compositores do século XIX tentaram transformar o tique-taque mecânico do instrumento em alguma forma de indicação clara de andamento. Brahms, que morreu em 1897, resumiu a confusão toda numa carta a Henschel: "Na minha experiência, todo compositor que resolveu fornecer indicações metronômicas mais cedo ou mais tarde teve de desautorizá-las." Para piorar as coisas, os editores se habituaram ao longo do tempo a acrescentar e alterar indicações de andamento nas partituras que publicavam.

Os participantes do movimento Tempo Giusto dão um encaminhamento polêmico à questão do estabelecimento das verdadeiras intenções dos compositores. Em 1980, o musicólogo holandês W. R. Talsma lançou as bases filosóficas do movimento num livro intitulado *The Rebirth of the Classics: Instruction for the Demechanization of Music* [O renascimento dos clássicos: Instrução sobre a desmecanização da música]. Sua tese, fundamentada num estudo exaustivo dos registros históricos e da estrutura musical, é que as indicações de metrônomo são sistematicamente interpretadas de maneira equivocada. Cada nota deve ser representada por dois tiques do pêndulo (da direita para a esquerda e novamente para a direita), e não por um apenas, como se costuma fazer. Desse modo, para cumprir as intenções dos compositores anteriores ao século XX, deveríamos reduzir os andamentos à metade. Talsma acredita, contudo, que as obras mais lentas — por exemplo, a Sonata ao luar, de Beethoven — não devem ter seu andamento reduzido tanto assim, se é que ele deve ser reduzido de todo, pois desde o início da era industrial os músicos as têm executado mais lentamente, ou no andamento original, para reforçar sua carga emocional e acentuar o contraste com as passagens mais rápidas. Mas nem todos os participantes do movimento Tempo Giusto concordam. A compositora alemã Grete Wehmeyer, autora do livro *Prestississimo: The Rediscovery of Slowness in Music* [Prestissíssimo: A redescoberta do vagar na música], publicado em 1989, considera que toda música clássica composta antes do século XX, seja lenta ou rápida, deve ser tocada na metade da velocidade geralmente adotada hoje em dia.

Os músicos do Tempo Giusto ou bem adotam as teses de Talsma ou ficam com as de Wehmeyer, ou ainda podem optar por um caminho intermediário. Há os que dão menos atenção às indicações metronômicas, preocupando-se mais com outros indícios históricos e com aquilo que musicalmente parece correto. Mas todos os militantes do movimento concordam em que um andamento mais lento pode trazer à luz detalhes recônditos de uma peça musical, as notas e nuances que lhe conferem seu verdadeiro caráter.

Até os céticos podem ter lá suas dúvidas. Hoje, o principal expoente do Tempo Giusto na música orquestral é provavelmente Maximianno Cobra, o regente brasileiro da Orquestra Europa Philharmonia de Budapeste. Apesar de sua duração correspondente ao dobro da média habitual, a gravação por ele feita, em 2001, da lendária Nona Sinfonia de Beethoven recebeu algumas críticas favoráveis. O crítico Richard Elen reconheceu que "sua interpretação revela grande quantidade de detalhes, que geralmente passam tão rápido que mal podemos ouvi-los". Embora não tenha apreciado a lentidão, Elen teve de reconhecer que provavelmente se aproximava mais das intenções de Beethoven, acabando por considerar a interpretação de Cobra "extremamente boa".

O que nos leva a perguntar: Se efetivamente executamos certas áreas do repertório clássico mais depressa que nossos antepassados, será que é uma coisa tão ruim assim? O mundo evolui, e com ele vão mudando as sensibilidades. Não se pode negar o fato de que aprendemos a gostar mais de um andamento musical mais rápido. O século XX foi uma época de aceleração da batida musical, na qual o ragtime cedeu espaço ao rock'n'roll, à música de discoteca, ao speed metal e finalmente à techno. Ao publicar em 1977 seu livro *How to Make a Hit Record* [Como fazer um disco de sucesso], Mike Jahn recomendava aos candidatos a estrela pop 120 batidas por minuto como andamento ideal para música de dança. Qualquer andamento acima de 135 batidas por minuto, sustentava, só interessaria aos fanáticos da velocidade. Pelo início da década de 1990, os estilos de música drum'n'bass e jungle já haviam chegado a 170 batidas por minuto. Em 1993, Moby, o gigante da música techno, lançou o disco que entraria para o *Livro de Recordes Guinness* como o mais rápido de todos os tempos: "Thousand" fazia as pessoas se sacudirem a mil batidas por minuto, e acabava reduzindo certos ouvintes às lágrimas.

A música clássica também evoluiu. No século XX, caíram na moda as mais extremas variações de andamento. Hoje, as orquestras também tocam muito mais alto que no passado. Mudou igualmente a maneira como consumimos o repertório clássico. Num mundo apressado e agitado como o nosso, quem tem tempo para sentar e ouvir uma sinfonia ou uma ópera do início ao fim? É mais fácil lançar mão de um CD de trechos compilados. Apavoradas à simples ideia de entediar os ouvintes, as estações de rádio dedicadas à música clássica ouriçam suas transmissões com DJs de língua solta e rápida, *hit parades* do tipo "as dez mais" e concursos. Algumas dão preferência a peças curtas e interpretações rápidas; outras simplesmente eliminam as pausas incluídas pelos compositores em suas partituras.

Tudo isso afeta a maneira como vivenciamos a música do passado mais distante. Se, no século XVIII, 100 batidas por minuto bastavam para acelerar os pulsos, na era de Moby mais provavelmente serviriam para provocar bocejos. Para vender CDs e encher salas de concerto nesse nosso século XXI, talvez os músicos precisem mesmo tocar certos clássicos num andamento mais apressado. E talvez isto não seja o fim do mundo. Nem mesmo Kliemt pensaria em banir totalmente as interpretações mais rápidas. "Não pretendo ser dogmático e ficar dizendo às pessoas exatamente como devem tocar, pois existe espaço para a variedade", diz ele. "Acho apenas que quando têm a oportunidade de ouvir suas músicas favoritas tocadas mais lentamente e ouvem de mente aberta, as pessoas sentem bem lá no fundo que ela soa melhor."

Minha cabeça já está girando com todo esse debate sobre o andamento musical quando Kliemt finalmente se senta ao piano em Hamburgo. Segue-se então uma mistura de concerto e seminário. Antes de cada peça, Kliemt toca alguns compassos no andamento mais rápido da preferência da maioria dos pianistas para em seguida repetir o trecho em seu andamento mais vagaroso. Passa então a falar sobre as diferenças.

A primeira peça do programa é uma conhecida sonata de Mozart, em dó maior, KV 279, que eu costumo ouvir numa gravação de Daniel Barenboim. Kliemt começa tocando um trecho num andamento familiar aos ouvidos modernos. Parece bom. É então que ele desacelera para aquele que considera o *tempo giusto*. Sua cabeça movimenta-se em devaneio enquanto os dedos acariciam as teclas. "Quando tocamos depressa demais, a música perde o encanto, as sutilezas, o caráter", explica-nos Kliemt. "Como cada nota precisa de tempo para desabrochar, precisamos do vagar para enunciar a melodia e o prazer da música." Desacelerada em relação ao andamento mais conhecido, a Sonata KV 279 parece inicialmente estranha. Até que começa a fazer sentido. Pelo menos para meus ouvidos de leigo, a versão em *tempo giusto* parece mais rica, mais densa, mais melodiosa. Funciona muito bem. Segundo o cronômetro que consegui contrabandear para dentro da sala de concerto, Kliemt percorre os três movimentos da sonata em vinte e dois minutos e seis segundos. No meu CD, Barenboim despacha as mesmas notas em quatorze minutos.

   Tal como Talsma, Kliemt considera que faz sentido amainar o andamento das obras clássicas mais rápidas e deixar as mais lentas mais ou menos como estão. Mas sustenta que tocar no *tempo giusto* não significa apenas reinterpretar as indicações do metrônomo. É preciso entrar na música, sentir cada contorno, descobrir a batida natural da peça, seu *Eigenzeit*. Kliemt acha muito importante harmonizar o andamento musical com os ritmos do corpo humano. Em 1784, Mozart publicou uma famosa sonata que ficou conhecida como "Rondo alla Turca", a "Marcha Turca". A maioria dos pianistas a executa numa velocidade jovial, boa para correr, ou no mínimo para fazer jogging. Kliemt a interpreta num andamento mais lento que evoca soldados marchando. Outra referência decisiva é a dança. Muitas das obras mais antigas de música clássica foram compostas para dançar, o que significava que os aristocratas empoados da época precisavam ouvir as notas para saber quando dar o próximo passo. "Na época de Mozart, a música ainda se assemelhava a uma linguagem", explica Kliemt. "Quando se toca depressa demais, ninguém entende nada."

   O recital prossegue. Kliemt submete ao mesmo processo as três últimas peças, uma Fantasia de Mozart e duas sonatas de Beethoven, e todas soam esplendidamente, nem de longe vagarosas demais, pesadonas ou tediosas. Afinal de contas, um bom músico é perfeitamente capaz de desacelerar o andamento e ainda assim comunicar velocidade e vivacidade, dando ênfase ao ritmo. Cabe então perguntar se Mozart devagar soa melhor que Mozart rápido. Inevitavelmente, é uma questão de gosto. Exatamente como no caso das estrelas pop que apresentam na MTV versões acústicas de suas canções superexcitadas. É possível que haja espaço para ambas as coisas em nosso mundo apressado. Pessoalmente, gosto do estilo Tempo Giusto. Mas também continuo gostando de ouvir Barenboim tocar Mozart e Beethoven.

Para descobrir o que pensa a respeito o público comum, improviso uma pesquisa de opinião depois do recital de Hamburgo. Um professor de certa idade, o cabelo desgrenhado, não ficou convencido. "Lento demais, lento demais", resmunga. Outros, contudo, parecem encantados com o que ouviram. A fiscal de renda Gudula Bischoff, com seu terninho creme acompanhado de blusa florida, é uma velha admiradora de Kliemt. Foi ele que abriu seus olhos para o gênio de Bach, explica. "Quando Uwe toca, é lindo, uma maneira completamente nova de ouvir música", diz ela, com um ar sonhador que não costumamos associar a fiscais de renda. "Como podemos ouvir perfeitamente as notas quando ele toca, a melodia se destaca melhor e a música parece mais viva."

Kliemt conseguiu pelo menos uma adesão nessa noite. Entre os espectadores que fazem fila depois do recital para cumprimentá-lo está Natascha Speidel, 29 anos, muito séria em sua gola rulê branca. Estudante de violino, ela está acostumada a percorrer as peças musicais no andamento preferido pela maioria dos músicos. "Nas escolas de música, a técnica é uma das maiores prioridades, e é muito comum as pessoas tocarem depressa", explica-me ela. "Nós ouvimos as músicas sendo tocadas depressa, praticamos depressa e tocamos depressa. Para mim, o andamento rápido parece natural."

— Que achou de Kliemt? — pergunto.

— Maravilhoso — responde ela. — Achei que o andamento vagaroso acabaria sendo chato, mas aconteceu o contrário. A música pareceu muito mas interessante porque podemos ouvir muito mais detalhes do que num andamento mais rápido. No fim do recital, olhei para o relógio e pensei: "Caramba, já se passaram duas horas!" O tempo passou muito mais depressa do que eu esperava.

Mas nem por isto Speidel vai tratar logo de aderir ao movimento Tempo Giusto. Ela continua gostando de tocar rápido e sabe que se desacelerar fará mal às suas notas na escola de música. Também poderia ver ameaçado seu sonho de conseguir emprego numa orquestra. "Por enquanto, não posso optar por tocar mais lentamente em público, pois as pessoas esperam um andamento mais rápido", diz. "Mas talvez passe a tocar mais vagarosamente para mim mesma de vez em quando. Vou ter que pensar no assunto."

Para Kliemt, isto já é uma vitória. Foi plantada a sementinha do vagar. Depois que o público se dispersa na noite perfumada, ficamos por algum tempo no estacionamento, apreciando o pôr do sol avermelhado. Kliemt está muito animado. Claro que ele sabe que o Tempo Giusto ainda tem muitos obstáculos a enfrentar. Cheios de estoques de CDs para serem despejados no mercado e empenhados em proteger reputações, os pesos-pesados da música clássica não têm muito tempo para um movimento segundo o qual passaram a vida inteira tocando e regendo no andamento errado. O próprio Kliemt ainda está aprimorando sua busca do *tempo giusto*. Pode ser necessário passar por muita tentativa e erro até encontrar a velocidade certa: algumas de suas atuais gravações são mais rápidas que as que fez dez anos atrás. "É possível que ao começar a pôr em prática a ideia do maior vagar eu tenha exagerado um pouco", diz ele. "Ainda há muita coisa a ser debatida."

Seja como for, Kliemt exala um entusiasmo propriamente messiânico. Como outros adeptos do Tempo Giusto, ele considera que o movimento pode vir a ser a maior revolução experimentada no mundo da música clássica em mais de um século. E se entusiasma com os avanços de outras campanhas da filosofia Devagar. "Quarenta anos atrás, as pessoas riam da agricultura orgânica, mas hoje já está parecendo que vai se transformar no padrão em toda a Alemanha", diz Kliemt. "Quem sabe daqui a quarenta anos todo mundo não estará tocando Mozart mais devagar."

Enquanto o movimento Tempo Giusto tenta reescrever a história da música clássica, há quem esteja se valendo do vagar musical para desafiar simbolicamente o culto da velocidade.

Um velho farol às margens do rio Tâmisa, no leste de Londres, passou a abrigar aquele que pode vir a ser o mais longo concerto jamais dado. O projeto chama-se Longplayer e deverá durar mil anos. A música baseia-se em vinte minutos de gravação de notas tocadas em sinos tibetanos. De dois em dois minutos, um computador Apple iMac reproduz seis trechos da gravação em tonalidades diferentes, gerando uma trilha sonora que nunca haverá de se repetir em um milênio inteiro. Jem Finer, o inventor do Longplayer, queria assim firmar posição contra os horizontes estreitos de nosso mundo enlouquecido pela pressa. "Como está tudo se tornando cada vez mais rápido e nossa capacidade de atenção diminui, esquecemos como desacelerar", diz-me ele. "Eu queria fazer alguma coisa que falasse do tempo como um processo lento e prolongado, e não mais algo pelo qual temos de passar voando." Ficar sentado no alto do farol com visão circular para o Tâmisa, ouvindo o profundo e meditativo sussurro dos sinos, é realmente uma experiência das mais desaceleradoras. O Longplayer, por sinal, está alcançando um público maior que o dos curiosos que fazem a peregrinação até o leste londrino. Durante o ano de 2000, um segundo computador transmitia aquelas sonoridades relaxantes para a Zona de Repouso do Millennium Dome, do outro lado do rio. Em 2001, mereceu quatro horas de transmissão ininterrupta ao vivo da rádio nacional holandesa. A qualquer momento, Longplayer pode ser captado na internet.

Uma outra maratona musical está em andamento em Halberstadt, pequena cidade alemã famosa por seus órgãos antigos. Lá, a igreja de São Burchardi, construção do século XII saqueada por Napoleão, é o cenário de um concerto que terminará no ano de 2640, se os patrocinadores permitirem. A obra executada foi composta em 1992 pelo compositor americano de vanguarda John Cage. Seu título não podia ser mais eloquente: ASLSP, ou *As Slow As Possible* (O mais devagar possível). A necessária duração da obra há muito vem sendo objeto de debate entre os entendidos. Havia os que consideravam suficientes vinte minutos; os mais radicais não faziam por menos que a eternidade. Depois de consultar uma comissão de musicólogos, compositores, organistas, teólogos e filósofos, Halberstadt acabou optando por 639 anos — exatamente o período transcorrido desde a fabricação do famoso órgão Blockwerk da cidade.

Para fazer justiça à obra de Cage, os organizadores construíram um órgão que durará séculos. As notas tocadas continuam ressoando muito depois que o organista já se foi, graças aos pesos presos ao teclado. O recital começou em setembro de 2001, com um intervalo que durou dezessete meses. Durante esse período, o único som ouvido era o dos foles do órgão inflando. Em fevereiro de 2003, um organista tocou as três primeiras notas, que ficarão reverberando pela igreja até o verão de 2004, quando então serão tocadas as duas notas seguintes.

A ideia de um concerto tão lento que nenhum dos presentes à noite de estreia viverá o bastante para ouvir o fim parece ferir uma nota sensível no público. Centenas de espectadores chegam a Halberstadt toda vez que um organista se prepara para tocar mais uma série de notas. Durante os longos meses de intervalo, os visitantes acorrem para se embeber dos sons residuais que continuam ecoando pela igreja.

Compareci ao concerto ASLSP no verão de 2002, quando os foles ainda estavam se enchendo de ar e antes que o órgão tivesse sido instalado. Meu guia foi Norbert Kleist, advogado e membro do John Cage Project. Encontramo-nos em frente à igreja de São Burchardi. Do outro lado do pátio, velhas construções de fazenda haviam sido adaptadas como habitações populares e uma oficina de fabricação de móveis. Perto da igreja havia uma escultura moderna, composta de cinco vigas de ferro. "Ela representa a ruptura do tempo", explicou Kleist, buscando no bolso um molho de chaves.

Passamos por um pesado portão de madeira e entramos na igreja, que estava espetacularmente vazia. Nem bancos, nem altar, nem imagens — apenas o cascalho espalhado pelo piso e um teto muito alto sustentado por vigas de madeira. A temperatura era fresca, e pairava no ar um cheiro de alvenaria. Pombos esvoaçavam na altura dos vitrais. Acomodados numa grande caixa de carvalho, os foles do órgão pareciam a miniatura de uma central de energia num dos transeptos, bufando e fungando à meia-luz. O leve apito que emitiam quase parecia musical, como uma locomotiva a vapor chegando à estação ao fim de uma longa jornada.

Kleist refere-se à execução de *As Slow As Possible* ao longo de 639 anos como um autêntico desafio à cultura afobada e apressada do mundo moderno. Enquanto nos afastávamos da igreja, deixando que o órgão lá ficasse tratando de encher seus enormes pulmões, ele comentou: "Talvez tenhamos aqui o início de uma revolução em matéria de vagar."

CAPÍTULO DEZ

CRIANÇAS: CRIAR FILHOS SEM PRESSA

A educação mais eficiente é deixar que a criança brinque entre coisas adoráveis.

— PLATÃO (427–347 a.C.)

HARRY LEWIS É O DECANO DE UMA DAS FACULDADES NA UNIVERsidade de Harvard. No início de 2001, ele compareceu a uma reunião em que os estudantes foram convidados a expressar suas queixas sobre a equipe da universidade. Um dos alunos provocou uma confusão memorável. Ele queria simplesmente abreviar seus cursos de biologia e inglês, compactando tudo em três anos, em vez dos habituais quatro. Estava extremamente irritado com seu conselheiro acadêmico, que não conseguia ou não se dispunha a organizar um calendário que pudesse acomodar todos os cursos. Enquanto ouvia o estudante se lamuriando por estar sendo retido em seu avanço, Lewis viu uma luzinha acender dentro de sua cabeça.

"Lembro que pensei: 'Espera aí, você está precisando de ajuda, mas não da maneira que pensa'", conta o decano. "Está precisando dar um tempo para pensar no que é realmente importante, em vez de ficar tentando imaginar como socar o máximo de matérias no menor prazo possível."

Depois da reunião, Lewis começou a refletir sobre a maneira como o estudante do século XXI se transformou num discípulo da pressa. A partir daí, foi apenas um passo em direção a se manifestar contra o flagelo das programações sobrecarregadas e dos programas acelerados de graduação. No verão de 2001, o decano escreveu uma carta aberta aos alunos do primeiro ano em Harvard. Era uma apaixonada defesa e ilustração de um novo tipo de entendimento da vida no campus e fora dele. O texto era ao mesmo tempo um belo resumo das ideias que estão no centro da filosofia Devagar. A carta, que passou a ser distribuída anualmente aos calouros de Harvard, tem o seguinte título: *Desacelere*.

Em suas sete páginas, Lewis explica como é possível extrair mais da universidade — e da vida — fazendo menos. Exorta os estudantes a pensar duas vezes antes de se empenhar numa corrida louca para alcançar logo a graduação. É necessário tempo para dominar um assunto, explica, assinalando que cada vez mais as principais faculdades de medicina, direito e economia dão preferência a candidatos mais maduros, dispostos a se empenhar em algo mais que uma "formação universitária abreviada e intensa". Lewis adverte para os riscos da excessiva acumulação de atividades extracurriculares. Qual o sentido, pergunta, de jogar lacrosse, presidir debates, organizar conferências, participar de peças de teatro e editar uma página no jornal do campus para acabar passando o período inteiro em Harvard superexcitado, lutando para não ficar para trás? É muito melhor fazer menos coisas e ter tempo suficiente para aproveitá-las bem.

Em matéria de vida acadêmica, Lewis prega a mesma opção pelo menos é mais. Dê um jeito de reservar bastante tempo para descansar e relaxar, propõe, e certifique-se de que está cultivando a arte de não fazer nada. "O tempo ocioso não é um vazio que precisa ser preenchido", escreve o decano. "É aquilo que permite que as outras coisas que ocupam sua mente sejam reorganizadas de maneira criativa, como o quadrado vazio no quebra-cabeça do 4 por 4, que permite que as outras quinze peças sejam deslocadas." Em outras palavras, não fazer nada, viver Devagar, constitui parte essencial do pensamento esclarecido.

O panfleto *Desacelere* não é uma carta de princípios para preguiçosos e beatniks ressuscitados. Lewis preocupa-se tanto com o trabalho duro e o sucesso acadêmico quanto qualquer outro peso-pesado de Harvard. Sua tese é simplesmente de que uma certa dose de vagar seletivo pode ajudar os estudantes a viver e estudar melhor. "Ao recomendar-lhes que pensem na possibilidade de desacelerar e limitar suas atividades programadas, não estou querendo desestimulá-los a dar o melhor de si e mesmo de sair em busca da excelência máxima", conclui ele. "Mas é mais provável que vocês sejam capazes de empreender seus esforços com a intensidade necessária para fazer um trabalho de primeira qualidade em determinada área se se permitirem algum tempo de lazer, uma certa dose de recreação e um pouco de tempo para a solidão."

O alerta chegou no momento exato. Em nosso mundo turbinado, o vírus da pressa já se disseminou da idade adulta para os anos da juventude. Hoje em dia, crianças de todas as idades estão crescendo mais rápido. Meninos de 6 anos de idade organizam sua vida social pelo celular e adolescentes montam negócios sem sair do quarto. Começa cada vez mais cedo a ansiedade em relação à modelagem do corpo, ao sexo, às marcas de consumo e à carreira. A própria infância parece estar sendo encurtada, e aumenta o número de meninas que chegam à puberdade cada vez mais cedo antes de atingir os anos da adolescência. Os jovens de hoje certamente são mais ocupados, mais programados e mais apressados que os da minha geração. Recentemente, uma professora conhecida minha procurou os pais de uma criança que estava aos seus cuidados. Ela considerava que o menino passava tempo demais na escola, envolvido num excesso de atividades extracurriculares. Sugeriu então que lhe fosse aliviada a sobrecarga. O pai ficou furioso. "Ele precisa aprender a trabalhar dez horas por dia, como eu", retrucou. O menino tinha 4 anos.

Em 1989, o psicólogo americano David Elkind publicou um livro intitulado *The Hurried Child: Growing Up Too Fast Too Soon* [A criança apressada: Crescer rápido demais, cedo demais]. Como indica o título, Elkind estava advertindo contra a moda de apressar a chegada das crianças à idade adulta. Quantas pessoas terão captado a mensagem? Aparentemente, muito poucas. Uma década depois, as crianças em geral estão mais apressadas do que nunca.

As crianças não nascem obcecadas com velocidade e produtividade — nós é que as fazemos assim. Os filhos de pais solteiros sofrem uma pressão ainda maior no sentido de carregar responsabilidades de adulto. A publicidade as estimula a entrar mais cedo para a roda-viva do consumo. Na escola, aprendem a viver olhando para o relógio e a empregar o tempo da maneira mais eficiente possível. Os pais ainda reforçam a tendência, tratando de encher a agenda dos filhos com atividades extracurriculares. De todas as maneiras, as crianças estão sempre recebendo a mensagem de que menos não é mais e de que é sempre melhor fazer tudo mais depressa. Uma das primeiras frases que meu filho aprendeu a dizer foi: "Vamos nessa! Corre!"

A competição também contribui para levar muitos pais a apressar os filhos. Todos queremos que nossa prole dê certo na vida. Num mundo agitado como o nosso, isto significa tratar do botá-los na pista de alta velocidade em todas as frentes — escola, esportes, arte, música. Já não basta manter um ritmo igual ao dos filhos do vizinho; hoje, nossos queridinhos têm que superá-los em cada disciplina.

O medo de que os filhos fiquem para trás não é novo. Já no século XVIII, Samuel Johnson fazia uma advertência aos pais hesitantes: "Enquanto você fica tentando resolver entre dois livros qual o que seu filho deve ler primeiro, uma outra criança já leu os dois." Na nossa economia global funcionando 24 horas por dia, sete dias por semana, contudo, a pressão para ficar sempre à frente do resto é mais feroz que nunca, levando àquilo que os especialistas já batizaram de "hipereducação", a compulsão para estar sempre aperfeiçoando os filhos. Preocupados em abrir caminho para os filhos, os pais mais ambiciosos tocam Mozart para eles ainda no berço, ensinam-lhes linguagem gestual antes de completarem seis meses e lhes dão de presente um dicionário infantil para que já comecem a aprender vocabulário ao completar um ano. Os cursos de informática e os seminários de motivação já começaram a aceitar matrículas de crianças de apenas 4 anos de idade. As aulas de golfe começam aos 2 anos. Como todo mundo trata de acelerar os filhos, a pressão para entrar na corrida é imensa. Outro dia, deparei-me com o anúncio de um curso de línguas estrangeiras da BBC para crianças. "Fale francês aos 3 anos! Espanhol aos 7!", propunha a chamada. "Se você ficar esperando, será tarde demais!" Meu primeiro instinto foi pegar o telefone e fazer uma reserva. Meu segundo instinto foi sentir-me culpado por não ter atendido ao primeiro.

Em nosso mundo implacável, a escola é um campo de batalha onde a única coisa que importa é ser o primeiro da turma. O que parece mais patente no Leste asiático do que em qualquer outro lugar, pois lá os sistemas educacionais se baseiam no princípio do "inferno das provas". Para não ficar para trás, milhões de crianças da região passam as noites e os fins de semana em instituições conhecidas como "escolas da decoreba". Não é incomum que tenham de dedicar oitenta horas por semana à vida acadêmica.

Na corrida em busca de resultados de excelência nos padrões internacionais de exames, as escolas do mundo anglo-saxônico se têm destacado particularmente na tentativa de copiar o modelo do Leste asiático. Ao longo das duas últimas décadas, os governos passaram a adotar a doutrina da "intensificação", que significa aumentar a pressão, com mais deveres de casa, mais exames e um currículo rígido. Não raro a criança começa a mourejar antes mesmo de entrar para a escola. Na creche que frequentava em Londres, meu filho começou aos 3 anos de idade a aprender — sem grande êxito — como segurar uma caneta e escrever. As aulas particulares também estão na moda no Ocidente, em idades cada vez mais precoces. Pais americanos preocupados em conseguir lugar nos melhores jardins de infância submetem seus filhinhos de 4 anos a treinamento em técnicas de entrevista. Em Londres, crianças de 3 anos já são confiadas a professores particulares.

E a intensificação não se limita à formação escolar. Entre uma aula e outra, muitas crianças correm de uma atividade extracurricular a outra, o que não lhes deixa tempo para relaxar, brincar livremente ou permitir que a imaginação se solte. Não sobra tempo para ir Devagar.

As crianças estão pagando um preço cada vez maior por levarem vidas apressadas. Já aos 5 anos de idade podem começar a sofrer de problemas estomacais, enxaqueca, insônia, depressão e distúrbios de alimentação provocados pelo estresse. Como todo mundo em nossa sociedade "sempre ligada", muitas crianças hoje em dia dormem muito pouco. O que pode deixá-las irritadiças, agitadas e impacientes. Crianças que não dormem o suficiente têm mais dificuldade para fazer amigos — e mais possibilidades de ficar abaixo do peso desejável, pois o sono profundo libera o hormônio do crescimento humano.

Em matéria de aprendizado, a pista de alta da novidade traz mais prejuízos que vantagens para as crianças. A Academia Americana de Pediatria adverte que a dedicação intensiva a um esporte em idade muito precoce pode causar danos físicos e psicológicos. O mesmo se aplica à educação. São cada vez maiores os indícios de que as crianças aprendem melhor quando podem aprender com calma. Kathy Hirsh-Pasek, professora de psicologia infantil na Universidade de Temple, na Filadélfia, Pensilvânia, submeteu recentemente a um teste 120 crianças americanas em idade pré-escolar. Metade delas foi para creches que davam ênfase à interação social, adotando métodos lúdicos de aprendizado; as outras frequentaram creches que tratavam de apressá-las em direção à vida acadêmica, recorrendo ao tipo de ensino que os especialistas chamam de "treinar e mandar ver". Hirsh-Pasek constatou que as crianças conduzidas ao ambiente mais tranquilo e Devagar revelavam-se menos ansiosas, mais dispostas a aprender e mais capazes de pensar de maneira independente.

Em 2003, Hirsh-Pasek publicou em colaboração com outro autor o livro *Einstein Never Used Flash Cards: How Our Children REALLY Learn — and Why they Need to Play More and Memorize Less* [Einstein nunca usou cartões de lembrete: Como nossos filhos REALMENTE aprendem — e por que precisam brincar mais e memorizar menos]. O livro está cheio dos resultados de investigações que desmontam o mito de que o "aprendizado precoce" e a "aceleração acadêmica" formam melhores cérebros. "Em matéria de criação e ensino das crianças, a crença moderna de que 'quanto mais rápido melhor' e de que precisamos 'aproveitar cada momento' simplesmente está errada", diz Hirsh-Pasek. "Quando examinamos as constatações científicas, fica evidente que as crianças aprendem melhor e desenvolvem personalidades mais integradas quando podem aprender num ritmo mais tranquilo, menos marcial e apressado."

No Leste asiático, a implacável ética do trabalho, que em certa época tornou as escolas da região invejadas em todo o mundo, com toda evidência está dando para trás. Os alunos estão perdendo sua tradicional vantagem no placar dos exames internacionais, mostrando-se incapazes de desenvolver as capacidades criativas necessárias para a economia da era da informação. Cada vez mais, os estudantes do Leste asiático se rebelam contra a ética de estudar até cair morto. Os índices de criminalidade e suicídio estão aumentando, e a gazeta, que costumava ser considerada um problema ocidental, atingiu dimensões de epidemia. Todo ano, mais de cem mil alunos japoneses dos cursos primário e secundário matam aula durante mais de um mês. Muitos outros simplesmente se recusam a ir à escola.

Mas o fato é que em todo o mundo industrializado é crescente a reação contra a imposição de padrões de afobação à infância. A carta de Lewis aos estudantes de Harvard sobre a desaceleração causou sensação por toda parte, entre estudantes, professores e colunistas de jornal. Os pais com filhos nessa universidade tratam de mostrá-la aos filhos menores. "Parece que virou uma espécie de bíblia em certas famílias", diz Lewis. Muitas ideias de *Desacelere* estão ganhando terreno nos meios de comunicação. As revistas especializadas em vida em família estão constantemente publicando matérias sobre os riscos do excesso de pressão sobre as crianças. Todo ano surgem novos livros de psicólogos e educadores demonstrando cientificamente as desvantagens do estilo "arrasa-quarteirão" de criar os filhos.

Não faz muito tempo, a revista *New Yorker* publicou uma charge que bem resumia o crescente temor de que os jovens de hoje não estejam sendo capazes de viver realmente a infância. Dois alunos de escola primária estão caminhando pela rua, com livros debaixo do braço e boné de beisebol na cabeça. Com um desencanto que não tem nada a ver com sua idade, um deles reclama para o outro: "Tantos brinquedos e tão pouco tempo na agenda."

Não chega a ser uma novidade. Como tantas coisas no movimento Devagar, a batalha para devolver a infância às crianças tem origem na Revolução Industrial. Com efeito, o conceito moderno de infância como época de inocência e imaginação é uma decorrência do movimento romântico, que começou a se manifestar em toda a Europa no fim do século XVIII. Até então, as crianças eram consideradas miniadultos para os quais precisava ser encontrado algum emprego, o mais rápido possível. Na educação, o filósofo francês Jean-Jacques Rousseau deu o sinal de alerta para as mudanças ao investir contra a tradição de transmitir ensinamentos aos jovens como se já fossem crescidos. Em *Émile*, tratado que marcou época, sobre a educação das crianças de acordo com a natureza, escreveu ele: "A infância tem sua maneira própria de ver, pensar e sentir, e nada poderia ser mais absurdo que pretender impor-lhe a nossa maneira." No século XIX, os reformistas voltaram sua atenção para os males do trabalho infantil nas fábricas e minas que constituíam a base da nova economia industrial. Em 1819, Coleridge cunhou a expressão "escravos brancos" para se referir às crianças que mourejavam nas fábricas de tecido da Inglaterra. Pelo fim do século XIX, a Grã-Bretanha já começava a tirar as crianças do trabalho para encaminhá-las para a sala de aula, para que não se vissem privadas de sua infância.

Hoje, pais e educadores de todo o mundo estão mais uma vez tomando medidas para dar aos jovens a liberdade de desacelerar, de serem crianças. Em minhas tentativas de encontrar entrevistados, costumo mandar mensagens para certos sites voltados para a educação dos filhos. Em questão de dias, minha caixa de entrada está abarrotada de e-mails de três continentes. Alguns são enviados por adolescentes se queixando de uma vida de correrias. Uma menina australiana chamada Jess escreve dizendo que se considera uma "adolescente afobada" e reclamando que "não tenho tempo para nada!" Mas a maioria dos e-mails é de pais entusiasmados com os progressos de seus filhos em matéria de desaceleração.

Comecemos pela sala de aula, onde está aumentando a pressão por um tipo de abordagem Devagar em matéria de aprendizado. No fim de 2002, Maurice Holt, professor emérito de educação na Universidade do Colorado, em Denver, publicou manifesto propondo a mobilização de um movimento internacional em favor do "Ensino Devagar". Como no caso de tantos outros, sua inspiração vem do Slow Food. Em seu entendimento, socar informação nas crianças com a maior velocidade possível tem valor tão nutritivo quanto engolir um Big Mac. Muito melhor é estudar num ritmo tranquilo, procurando explorar com mais profundidade os temas, estabelecer conexões, aprender a pensar e não apenas a passar nos exames. Se comer Devagar estimula o palato, aprender Devagar pode abrir horizontes e revigorar a mente.

"De uma só tacada, o conceito da escola devagar põe por terra a ideia de que o ensino é uma questão de incutir informação, testar e padronizar a experiência", escreve Holt. "A maneira devagar de encarar a comida permite descobertas, o desenvolvimento do gosto. Os festivais de gastronomia Devagar oferecem novos pratos e novos ingredientes. Da mesma forma, as escolas Devagar abrem caminho para a invenção e permitem reagir às mudanças culturais, ao passo que as escolas do regime da pressa estão sempre fabricando os mesmos padrões."

Holt e seus seguidores nada têm de extremistas. Não querem que as crianças aprendam menos, ou que fiquem zanzando nos horários de aula. Trabalhar com afinco também é uma regra do estudo Devagar. Só que, em vez de ficar obcecadas com provas, metas e prazos, as crianças teriam liberdade de se apaixonar pelo aprendizado. Em vez de passar uma aula de história inteira ouvindo um professor recitar datas e fatos sobre a crise dos mísseis em Cuba, os alunos poderiam realizar seu próprio debate ao estilo da Assembleia Geral da ONU. Cada aluno pesquisaria a posição assumida por um país importante na crise de 1962, apresentando-a ao resto da classe. As crianças estariam de qualquer maneira se empenhando a fundo, mas sem a chatice da decoreba. Como qualquer outro ramo do movimento Devagar, o "Ensino Devagar" é uma questão de equilíbrio.

Os países que adotaram práticas Devagar de educação já estão colhendo frutos. Na Finlândia, as crianças começam sua formação pré-escolar aos 6 anos, e o aprendizado formal, aos 7. Daí para a frente, enfrentam em número menor as provas tão cheias de pressão que constituem o horror da vida estudantil, do Japão à Grã-Bretanha. E qual é o resultado? A Finlândia está sempre em primeiro lugar na respeitada classificação mundial de desempenho educativo estabelecida pela Organização para a Cooperação e o Desenvolvimento Econômico. E delegados de todo o mundo industrializado afluem ao país para estudar o "modelo finlandês".

Em outros países, os pais que desejam ver os filhos aprendendo a passo Devagar estão se voltando para o ensino privado. Na Alemanha do período entreguerras, Rudolf Steiner lançou pioneiramente um tipo de educação que está no extremo oposto do aprendizado acelerado. Ele considerava que as crianças nunca devem ser apressadas a estudar certas coisas se ainda não estão preparadas, e se opunha à alfabetização antes dos 7 anos de idade. Em sua opinião, elas deviam passar os primeiros anos de vida brincando, desenhando, contando histórias e aprendendo sobre a natureza. Steiner também se manifestava contra os horários rígidos que obrigavam os alunos a ficar saltando de uma matéria a outra ao sabor dos ponteiros do relógio, preferindo permitir que estudassem determinado assunto até se sentirem prontas para seguir em frente. Hoje, passa de oitocentos em todo o mundo o número de escolas inspiradas nos métodos de Steiner, e outras são constantemente abertas.

A Escola Experimental do Instituto de Estudos Infantis de Toronto também opta pela abordagem Devagar. Seus duzentos alunos, com idades de 4 a 12 anos, aprendem a aprender, a entender, a buscar o conhecimento por si mesmo, livres da generalizada obsessão com provas, notas e prazos. Quando efetivamente são submetidos a exames, contudo, seus resultados em geral são muito altos. Muitos ganharam bolsas de estudo para importantes universidades de todo o mundo, corroborando o ponto de vista de Holt segundo o qual "a suprema ironia do ensino Devagar está em que, precisamente por proporcionar o conteúdo intelectual de que os alunos precisam (...) são obtidos bons resultados nas provas. Tal como a felicidade, o sucesso é mais fácil de ser alcançado indiretamente." Embora a Escola Experimental funcione desde 1926, sua filosofia é hoje mais popular que nunca. Apesar das anuidades de 7 mil dólares canadenses, há mais de mil crianças na lista de espera.

No Japão, surgem por toda parte academias experimentais para atender à demanda de um tipo de ensino mais tranquilo. Um caso bem conhecido é o da Macieira, fundada em 1988, no bairro de Saitama, em Tóquio, por um grupo de pais em desespero de causa. A filosofia da escola está a milhares de quilômetros da disciplina marcial, da competição exasperante e do clima sufocante que prevalece habitualmente nas salas de aula japonesas. Os alunos entram e saem a seu bel-prazer, estudam o que querem quando querem e não fazem provas. Embora pareça uma perfeita anarquia, esse regime mais relaxado na verdade funciona bastante bem.

Numa tarde recente, vinte alunos com idades de 6 a 19 anos sobem a frágil escada de madeira em direção à pequena sala de aula no primeiro andar. Nada há neles que indique rebeldia — alguns pintam o cabelo, mas não se veem tatuagens nem piercings. À maneira japonesa, eles deixam os sapatos na entrada e se ajoelham para estudar junto às mesas baixinhas espalhadas pela sala em forma de L. De vez em quando, um aluno se levanta para preparar chá verde na cozinha ou atender um telefonema no celular. Fora isto, está todo mundo concentrado no trabalho, tomando notas ou trocando ideias com os professores e os colegas.

Hiromi Koike, figurinha angélica de 17 anos, vestindo jeans e com um boné de brim na cabeça, vem me explicar por que escolas como a Macieira são uma bênção dos céus. Incapaz de acompanhar o ritmo acelerado e a constante pressão da educação oficial tradicional, ela foi ficando para trás e se tornou alvo de zombaria dos colegas. Quando resolveu simplesmente se recusar a ir à escola, os pais decidiram matriculá-la na Macieira, onde ela agora se encaminha para obter um diploma de nível secundário, levando para isto quatro anos, em vez dos três habituais. "Na escola normal, a gente está sempre debaixo de pressão para ir depressa, fazer tudo com prazo marcado", diz. "Prefiro de longe estar aqui na Macieira, pois posso controlar os meus horários e aprender no meu ritmo. Aqui não é crime andar devagar."

Os críticos advertem que o Ensino Devagar se adapta melhor a crianças bem preparadas em termos acadêmicos ou de famílias que valorizam muito a educação. E há aí alguma verdade. Mas certos elementos da doutrina Devagar também podem funcionar numa sala de aula comum, e é por isto que alguns dos países mais rápidos em seus avanços começam a mudar sua filosofia de ensino. Em todo o Leste asiático, os governos tomam medidas para aliviar a carga sobre os estudantes. O Japão adotou um estilo "ensolarado" de educar, o que significa mais liberdade na sala de aula, mais tempo para o pensamento criativo e horários mais curtos. Em 2002, o governo finalmente aboliu as aulas aos sábados — sim, aos sábados. Começou também a apoiar o número cada vez maior de escolas privadas que adotam uma filosofia mais Devagar em matéria de ensino. Em 2001, a Macieira finalmente recebeu total aprovação do governo.

Os sistemas de ensino da Grã-Bretanha também começam a buscar maneiras de aliviar a pressão sobre seus estressados alunos. Em 2001, o País de Gales aboliu as habituais provas de avaliação para os alunos de 7 anos de idade. Em 2003, a Escócia começou a explorar maneiras de dar menos ênfase aos exames formais. De acordo com um plano recém-adotado, as escolas primárias da Inglaterra passarão a se empenhar em tornar o ensino mais agradável.

Os pais também começam a questionar o sufoco acadêmico que prevalece em tantas escolas particulares inglesas. Alguns estão pressionando os diretores por menos deveres de casa e mais tempo Devagar para artes, música ou simplesmente para pensar. Outros transferem os filhos para escolas que adotam uma filosofia menos apressada.

Foi o que fez o corretor londrino Julian Griffin. Como tantos pais bem-sucedidos, ele queria dar ao filho a melhor educação possível. A família chegou inclusive a se mudar, para permitir que o menino fosse a pé para uma excelente escola primária particular no sul de Londres. Não demorou, no entanto, para que James, criança sonhadora e de pendores artísticos, começasse a se perder. Embora mostrasse bom desempenho no desenho e nos trabalhos manuais, ele não conseguia acompanhar o ritmo acadêmico — as longas horas na sala de aula, os deveres de casa, as provas. A maioria dos pais encontrava dificuldade para ajudar os filhos a galgar a montanha de deveres de casa, mas as batalhas eram particularmente virulentas na casa dos Griffin. James começou a sofrer ataques de pânico, e chorava quando os pais o deixavam na escola. Depois de dois anos de sofrimento, e uma fortuna gasta com psicólogos, os Griffin decidiram procurar outra escola. Todas as escolas particulares lhes fecharam as portas. Uma diretora chegou a insinuar que James podia ter problemas cerebrais. No fim das contas, quem forneceu a solução foi a médica da família. "Não há nada errado com James", disse ela. "Ele só precisa desacelerar. O melhor é matriculá-lo numa escola pública."

As escolas públicas britânicas não sufocam os alunos. Assim foi que, em setembro de 2002, os Griffin matricularam James numa escola primária pública muito apreciada por pais ambiciosos de classe média no sul de Londres. E essa escola praticamente moldou James. Embora ainda tenha uma certa tendência para sonhar acordado, ele desenvolveu o gosto pelo aprendizado e hoje está em posição intermediária em sua classe. Gosta de ir à escola e faz o dever de casa — que lhe toma cerca de uma hora por semana — sem reclamar. Também passou a frequentar uma aula semanal de cerâmica. Acima de tudo, sente-se feliz, e sua autoconfiança está voltando. "Parece que meu filho me foi devolvido", diz Julian. Desiludidos com a cultura do sufoco no ensino privado, os Griffin pretendem mandar o filho mais novo, Robert, para a mesma escola. "Ele tem um temperamento diferente do de James, e tenho certeza de que poderia acompanhar o ritmo no ensino privado, mas para quê?", explica Julian. "Qual o sentido de forçar tanto as crianças a ponto de esgotá-las?"

Mesmo quando as crianças parecem estar indo bem, outros pais também as estão tirando de escolas particulares para permitir que exercitem mais livremente a criatividade. Aos 4 anos de idade, Sam Lamiri foi aprovado no exame de admissão para uma excelente escola particular londrina. Sua mãe, Jo, ficou feliz e orgulhosa. Mas embora Sam se saísse bem nos cursos, ela achava que a escola estava exigindo demais das crianças. Especial motivo de desapontamento era a pouca importância conferida às artes. Para esta finalidade, era reservada apenas uma hora nas tardes de sexta-feira — e ainda assim, se a professora estivesse com vontade. Lamiri achou que Sam estava se perdendo. "Ele estava com a cabeça tão cheia de fatos e informações, e sofria tanta pressão para progredir nos parâmetros acadêmicos, que não tinha mais espaço para usar a imaginação", diz ela. "Não tinha nada a ver com o que eu queria para os meus filhos — eu queria que eles se sentissem integrados, interessados e imaginativos."

Quando as mensalidades escolares passaram a pesar mais no orçamento da família por causa de uma mudança na situação financeira,

Lamiri encontrou o pretexto para mudar tudo. No meio do ano escolar de 2002, ela transferiu Sam para uma escola pública muito procurada, e agora está satisfeita com o ritmo mais suave e a ênfase que lá é dada à exploração do mundo através da arte. Sam sente-se mais feliz e tem mais energia. Passou a se interessar vividamente pela natureza, especialmente por cobras e guepardos. Lamiri também percebe que sua criatividade está mais aguçada. Outro dia, ele perguntou o que aconteceria se fosse possível construir uma escada gigantesca em direção ao espaço sideral. "O Sam nunca teria feito uma pergunta dessas antes", diz a mãe. "Hoje ele se expressa com muito mais imaginação."

Enfrentar a tendência predominante para o sufoco, contudo, pode dar nos nervos. Os pais que permitem que os filhos desacelerem invariavelmente ficam com um misto de medo e sentimento de culpa de estarem oferecendo menos do que eles merecem. Ainda assim, é cada vez maior o número dos que estão arriscando. "Quando tantas pessoas ao seu redor estão cultivando o sufoco, a gente às vezes se pergunta se está fazendo o melhor", diz Lamiri. "No fim das contas, temos mesmo de seguir o instinto."

Há também os pais que consideram que o instinto indica que devem simplesmente tirar os filhos da escola. O ensino em casa está em ascensão, e os Estados Unidos estão na liderança. As estatísticas não são muito claras em parte alguma, mas o Instituto Nacional de Pesquisa sobre o Ensino em Casa calcula que mais de um milhão de jovens americanos estão atualmente fazendo seu aprendizado assim. Outras estimativas falam de cem mil crianças no Canadá, noventa mil na Grã-Bretanha, trinta mil na Austrália e oito mil na Nova Zelândia.

São vários os motivos que podem levar os pais a decidir educar os filhos em casa: protegê-los de maus-tratos e perseguições, de drogas e outras formas antissociais de comportamento; criá-los dentro de determinada tradição religiosa ou moral; proporcionar-lhes melhor educação. Mas muitos também veem na educação no lar uma forma de livrar as crianças da tirania dos horários, para permitir que aprendam e vivam em seu próprio ritmo. Para permitir que caminhem Devagar. Mesmo as famílias que começam o esquema da educação no lar organizando o aproveitamento do dia de forma rígida geralmente acabam adotando métodos mais informais. Se está fazendo um dia de sol lindo, por exemplo, podem decidir de uma hora para outra visitar um museu ou fazer uma caminhada. Vimos anteriormente que o fato de poder controlar o uso do tempo faz com que as pessoas se sintam menos pressionadas no trabalho. O mesmo se aplica na educação. Tanto os pais quanto os filhos afirmam que a possibilidade de fazer os próprios horários, ou escolher o ritmo das coisas, contribui para conter os reflexos condicionados da pressa. "Quando a gente pode controlar os horários, a pressão para estar sempre correndo é muito menor", diz um professor particular de Vancouver. "Automaticamente, vamos desacelerando."

A educação em casa muitas vezes requer que a família inteira adote um ritmo de vida mais Devagar. Muitos pais acabam constatando que suas prioridades mudam, uma vez que passam menos tempo trabalhando e mais tempo supervisionando a educação dos filhos. "Quando as pessoas começam a se fazer perguntas sobre a educação, começam também a fazer perguntas sobre tudo mais — política, meio ambiente, trabalho", diz Roland Meighan, especialista britânico em educação no lar. "O gênio saiu da garrafa."

Bem de acordo com a filosofia Devagar, a educação em casa não significa desistir nem ficar para trás. Pelo contrário, estudar em casa revela-se na realidade altamente eficiente. Como todo mundo sabe, nas escolas perde-se muito tempo: os alunos têm de pegar condução para ir e para voltar para casa; fazer intervalos obedecendo a ordens; assistir a aulas de matérias que já dominam; ficar se esfalfando com deveres de casa irrelevantes. Quando se estuda sozinho em casa, o tempo pode ser aproveitado de maneira mais produtiva. As pesquisas mostram que as crianças educadas em casa aprendem mais depressa e melhor que os colegas formados em salas de aula convencionais. São muito apreciadas nas universidades porque demonstram, por um lado, curiosidade, criatividade e imaginação, e ao mesmo tempo maturidade e iniciativa para investir em algum tema por conta própria.

Tampouco tem fundamento o receio de que as crianças fiquem prejudicadas em termos sociais quando deixam a sala de aula. Os pais que educam seus filhos em casa geralmente acabam se associando a outros para compartilhar o ensino e viagens, e para promover reuniões. E como as crianças educadas em casa aprendem a matéria mais rápido, dispõem de mais tempo livre para a recreação, da qual pode fazer parte a associação a equipes esportivas ou clubes cheios de colegas das escolas convencionais.

Beth Wood, que mudou para a educação em casa no início de 2003, quando tinha 13 anos, jamais sonharia em voltar para uma sala de aula. Quando era menor, ela frequentou uma escola do método Steiner perto de casa em Whitstable, pequeno porto de pescadores cerca de 70 quilômetros a leste de Londres. Criança de inteligência precoce, Beth progredia muito bem no ambiente menos rígido. Quando aumentou o tamanho de sua turma, no entanto, com a chegada de vários alunos turbulentos, ela ficou tão infeliz que sua mãe, Claire, decidiu transferi-la. Como as escolas primárias públicas locais não eram boas, começaram a percorrer escolas particulares da região. Várias delas ofereceram uma bolsa de estudos a Beth, prometendo mandá-la direto para o processo de "aprendizado acelerado". Avessa à ideia de botar a filha na pista de alta velocidade, Claire decidiu dar o salto para a educação no lar. O encaminhamento de Beth para um andamento mais tranquilo correspondia a uma mudança em sua própria vida: em 2000, ela havia deixado um emprego estressante e absorvente como perita de seguros da Marinha para montar uma fábrica caseira de sabão.

A educação em casa fez maravilhas por Beth. Ela se sente mais tranquila e confiante, adorando a liberdade de aprender em seu próprio ritmo. Se não sente vontade de estudar geografia na segunda-feira, sabe que pode fazê-lo mais tarde na semana. E quando algum tema a interessa muito, ela passa a ler a respeito com voracidade. A liberdade de horários e o fato de que faz tudo que tem de fazer duas vezes mais rápido que na escola também lhe deixa muito tempo de sobra para atividades extracurriculares: ela tem muitos amigos, toca violino numa orquestra de jovens, frequenta um curso semanal de pintura e é a única mulher do time de polo aquático na piscina pública de seu bairro. Talvez a coisa mais importante para Beth, que é alta e parece mais velha do que realmente é, seja o fato de nunca se sentir afobada ou escrava do relógio. Como controla a própria gestão do tempo, ela está imune à doença do tempo. "Meus amigos que frequentam a escola estão sempre apressados, estressados ou de saco cheio, mas comigo isto nunca acontece", diz. "Eu realmente me sinto bem estudando."

Sob a tranquila supervisão da mãe, Beth está seguindo o currículo oficial do país, e em algumas matérias se sai excepcionalmente bem. Sua paixão é a história, e ela já pensa em estudar arqueologia em Oxford ou Cambridge. Logo começará a se preparar para os exames que todos os estudantes britânicos têm de fazer aos 16 anos. Claire considera que a filha poderia passar por eles em apenas um ano, em vez dos dois anos habituais, mas pretende contê-la. "Ela seria capaz de correr feito uma louca, mas não vejo sentido nisto", comenta. "Se for num ritmo mais lento, conseguindo equilibrar bem o estudo e o lazer, poderá aprender muito mais."

Sempre que se fala da necessidade de desaceleração para as crianças, as brincadeiras são uma das primeiras preocupações. Muitos estudos demonstram que a disponibilidade de tempo não organizado para brincar ajuda as crianças menores a desenvolver suas capacitações sociais e de linguagem, a criatividade e a capacidade de aprender. As brincadeiras improvisadas são o oposto do "tempo de qualidade", que implica diligência, planejamento, horários e finalidades. Não estamos falando de aulas de balé nem de jogo de futebol. A brincadeira não organizada se expressa em atividades como cavar a terra no jardim em busca de lesmas, fazer bagunça com os brinquedos no quarto, construir castelos de Lego, correr para baixo e para cima com outras crianças no playground ou simplesmente ficar olhando pela janela. É uma questão de explorar o mundo e a reação que se tem diante dele, no ritmo de cada um. Para um adulto acostumado ao aproveitamento neurótico de cada segundo, brincar improvisadamente parece uma perda de tempo. E nosso primeiro reflexo é encher os espaços "vazios" da agenda com atividades prazerosas e enriquecedoras.

A terapeuta ocupacional Angelika Drabert visita jardins de infância em Munique para conversar com os pais sobre a importância do tempo dedicado às brincadeiras não organizadas. Ela ensina que não devem apressar ou sobrecarregar os filhos. Drabert tem uma bolsa cheia de cartas de mães agradecidas. "Quando a gente mostra aos pais que eles não precisam estar sempre providenciando atividades e diversões para cada momento do dia, todo mundo relaxa, o que é bom", diz. "Às vezes, a vida também precisa ser lenta ou tediosa para as crianças."

Muitos pais estão chegando a esta conclusão sem a ajuda de terapeutas. Nos Estados Unidos, milhares de pessoas vêm aderindo a grupos, como o Família em Primeiro Lugar, que fazem campanha contra a epidemia do agendamento permanente. Em 2002, a cidade americana de Ridgewood, em Nova Jersey, com 25 mil habitantes, começou a promover anualmente um evento batizado de Preparar, Apontar, Relaxar! Em determinado dia do mês de março, os professores entram em acordo para não passar nenhum dever de casa, sendo cancelados todos os eventos esportivos, os encontros sociais no clube e as aulas particulares. Os pais dão um jeito de voltar para casa cedo para jantar com os filhos e passar a noite com eles. O evento passou a fazer parte do calendário oficial da cidade, e algumas famílias resolveram aplicar a filosofia Devagar no resto do ano também.

O sinal para desacelerar muitas vezes vem das próprias crianças. Veja-se por exemplo a família Barnes, que vive na região oeste de Londres. A mãe, Nicola, trabalha em regime de tempo parcial para uma empresa de pesquisa de mercado. Seu marido, Alex, é diretor financeiro de uma editora. São pessoas muito ocupadas, com agendas carregadas. Até recentemente, seu filho Jack, de 8 anos, levava o mesmo tipo de vida. Participava de times organizados de futebol e críquete, tinha aulas de natação e tênis e estava integrado a um grupo de teatro. Nos fins de semana, a família percorria galerias de arte e museus, participava de eventos musicais para crianças e visitava centros de estudos naturais nas imediações de Londres. "Nossa vida era organizada como uma campanha militar", diz Nicola. "Não sobrava nem um minuto sem ocupação."

Até que um belo dia, numa tarde de fim de primavera, tudo mudou. Jack queria ficar em casa e brincar no quarto em vez de ir à aula de tênis. A mãe insistiu em que ele fosse. No carro, zunindo pela zona oeste de Londres, cantando os pneus nas esquinas e avançando sinais amarelos para não se atrasar, Jack estava calado no banco de trás. "Olhei pelo espelho, e ele estava ferrado no sono — e foi aí que a ficha caiu", lembra Nicola. "De repente, pensei: 'Mas que loucura! Estou arrastando ele para uma coisa que ele realmente não quer. Assim vou acabar esgotando essa criança.'"

Naquela mesma noite, a família Barnes se reuniu na mesa da cozinha para abreviar a agenda de Jack. Decidiram que ele não devia fazer mais de três atividades extracurriculares de cada vez. Jack optou pelo futebol, a natação e o teatro. Decidiram também diminuir as saídas programadas de fim de semana. Em consequência, Jack dispõe agora de mais tempo para brincar no jardim ou em seu quarto e encontrar os amigos no parque perto de casa. Aos sábados, em vez de cair morto na cama depois do jantar, ele agora recebe amigos para dormir em sua casa. Domingo de manhã, faz panquecas e pipoca com um deles. Para baixar um pouco a bola foi necessário se adaptar, pelo menos no caso dos pais. Nicola temia que Jack ficasse entediado e inquieto, especialmente nos fins de semana. Alex achava que ele ia sentir falta do críquete e do tênis. Mas o fato é que Jack desabrochou com o regime mais leve de atividades. Parece mais animado, mais conversador e parou de roer as unhas. O treinador de futebol observou que suas passadas são mais ágeis. O diretor do grupo de teatro vê nele mais energia e iniciativa. "Acho que ele está simplesmente desfrutando mais de tudo na vida", diz a mãe. "Só lamento que não tenhamos tornado as coisas mais leves para ele antes."

Nicola sente-se mais próxima do filho, agora que tem mais tempo para passar com ele sem fazer nada. Também sente que sua vida está menos afobada. Toda aquela constante mudança de uma atividade para outra era estressante e consumia tempo.

Agora os Barnes estão planejando diminuir o tempo dedicado à mãe de todas as atividades extracurriculares: a televisão. Referi-me anteriormente às cidades como gigantescos aceleradores de partículas. A metáfora também pode ser aplicada à televisão, especialmente no caso dos jovens. A televisão acelera a transição das crianças para a idade adulta, expondo-as a questões do mundo dos adultos e transformando-as em consumidores em idade precoce. Como passam tanto tempo diante da TV — até quatro horas por dia em média, nos Estados Unidos —, as crianças precisam estar sempre correndo para dar conta do resto no que lhes sobra de tempo. Em 2002, dez importantes organizações de saúde pública, entre elas a Associação Médica Americana e a Academia Americana de Pediatria, divulgaram uma carta aberta advertindo que o excesso de tempo diante da televisão torna os jovens mais agressivos. Há estudos demonstrando que as crianças que estão em contato com violência na programação de TV ou em jogos de computador têm mais probabilidade de ser inquietas e incapazes de se manter tranquilamente sentadas e de se concentrar.

Em salas de aula de todo o mundo, nas quais aumenta cada vez mais o número de crianças com diagnósticos de dificuldade de concentração, os professores tendem a identificar na televisão a origem do problema. O excesso de velocidade visual proveniente da telinha certamente tem efeito no cérebro dos jovens. Em 1997, a transmissão pela TV japonesa de um vídeo Pokemon provocou ataques epiléticos em quase setecentas crianças que o assistiam em casa, por causa das luzes brilhantes que eram projetadas. Para prevenir processos judiciais, as empresas de programas de computação passaram a vender seus jogos com advertências sobre eventuais problemas de saúde.

Por isto é que muitas famílias estão dizendo basta. Em tantos lares agitados e conectados de todo o mundo, os pais passaram a restringir o acesso dos filhos à telinha — e com isto constataram que a vida tornou-se menos agitada. Para saber como é a vida numa zona livre de televisão, programo uma visita a Susan e Jeffrey Clarke, dinâmico casal de quarentões que vive com os dois filhos pequenos em Toronto. Até recentemente, a televisão estava para eles no centro da vida de família. Grudados como zumbis à tela de televisão, Michael, de 10 anos, e Jessica, de 8, estavam frequentemente perdendo a noção do tempo, e acabavam tendo de correr para não se atrasar. Era comum os dois engolirem as refeições para voltar para a frente da televisão.

Tendo lido a respeito do movimento de reação à televisão, os Clarke decidiram fazer a experiência. Cortaram o mal pela raiz, confinando o aparelho Panasonic de 27 polegadas a um armário debaixo da escada. Passada a primeira onda de protestos, os resultados foram incríveis. Em não mais que uma semana, as crianças haviam enchido o porão de colchonetes e começado a fazer ginástica periodicamente com pequenos aparelhos. Como outras famílias que conseguiram se libertar da televisão, os Clarke descobriram de uma hora para outra que tinham tempo à sua disposição, o que ajudou a acabar com a correria na vida cotidiana. Boa parte das horas que costumavam ser gastas em frente à televisão são empregadas hoje em dia em atividades mais Devagar — leitura, jogos de mesa, brincar no quintal, estudar música ou simplesmente conversar. As duas crianças parecem mais saudáveis e agora estão se saindo bem na escola. Jessica dorme com mais facilidade à noite. Michael, que tinha problemas de leitura e concentração, passou a devorar livros por iniciativa própria.

Numa recente noite de quinta-feira, a residência dos Clarke parecia invejavelmente tranquila. Susan estava na cozinha preparando um prato de massa. Michael lia *Harry Potter e o cálice de fogo* no sofá da sala de estar. A seu lado, Jeffrey passava os olhos no *Globe and Mail*. Deitada no chão, Jessica escrevia uma carta à avó.

Mas os Clarke não são assim tão certinhos quanto podem parecer. O aparelho de televisão voltou à sala de estar, e as crianças têm autorização para ver um programa ou outro. Jeffrey me garante que muitas vezes a casa é mais caótica do que parecia durante minha visita. Mas o fato de ter sido muito diminuída a dieta de televisão fez com que o andamento básico da vida em família passasse de um frenético *prestissimo* para um mais decoroso *moderato*. "Com toda certeza temos hoje uma tranquilidade que não conhecíamos antes", diz Susan. "Continuamos a ter uma vida ativa e interessante. A diferença é que não estamos o tempo todo correndo para baixo e para cima como galinhas desnorteadas."

Num mundo obcecado com a necessidade de fazer tudo sempre mais rápido, contudo, haverá quem tenha mais facilidade que outros para criar os filhos num ritmo Devagar. Certas formas de desaceleração têm um preço que nem todos podem pagar. É preciso ter dinheiro para mandar o filho para uma escola particular que adote métodos

Devagar de ensino. Para que haja tempo para a educação em casa, pelo menos um dos pais precisa trabalhar menos, o que não haverá de ser possível para todas as famílias. Seja como for, muitas maneiras de pôr um filho no caminho mais Devagar são gratuitas. Diminuir o número de horas de televisão ou de atividades extracurriculares, por exemplo, não custa nada.

Mais que o dinheiro, no entanto, a principal barreira para a criação dos filhos em ritmo Devagar — e mesmo para fazer qualquer coisa Devagar — é a nossa mentalidade moderna. A necessidade de apressar as crianças ainda é muito arraigada. Em vez de saudar as tentativas oficiais de diminuir a sobrecarga de trabalho nas salas de aula, muitos pais japoneses fazem com que os filhos passem número ainda maior de horas em aulas particulares. Em todo o mundo industrializado, pais e políticos continuam escravizados aos resultados de provas como meio de avaliação do aproveitamento.

Para livrar a próxima geração do culto da velocidade, será necessário reinventar toda a nossa filosofia da infância, exatamente como fizeram os românticos dois séculos atrás. Mais liberdade e fluidez na educação, mais ênfase no prazer do aprendizado, mais espaço para as brincadeiras não organizadas, menos obsessão com o aproveitamento de cada segundo, menos pressão para imitar os hábitos dos adultos. Os adultos certamente podem fazer a sua parte, contendo a tendência de paparicar demais os filhos e dando o exemplo do Devagar em suas próprias vidas. Nenhum desses passos pode ser dado com facilidade. Mas o que se tem podido observar é que vale a pena.

Nicola Barnes hoje comemora o fato de que seu filho, Jack, já não está sempre preocupado em fazer o máximo possível com cada momento do dia. "É uma lição tão importante de se aprender, para crianças e adultos", diz ela. "A vida simplesmente fica melhor quando a gente sabe desacelerar."

CONCLUSÃO

ENCONTRAR O *TEMPO GIUSTO*

Toda a luta da vida, em certa medida, é a luta para saber com que rapidez ou tranquilidade fazer cada coisa.

— STEN NADOLNY, AUTOR DE
A DESCOBERTA DO VAGAR (1996)

EM 1898, MORGAN ROBERTSON PUBLICOU FUTILITY, UM ROMANCE de incrível antevisão sobre a loucura de correr atrás do recorde transatlântico de velocidade a qualquer custo. A história começa quando é lançado ao mar o maior navio de cruzeiro jamais construído, um transatlântico "praticamente impossível de afundar" e capaz de singrar o mar a toda velocidade em quaisquer condições climáticas. Na primeira viagem, contudo, o navio abalroa outro. Uma testemunha do acidente protesta contra a "absurda destruição de vidas e bens em nome da velocidade". No romance, o nome do navio era Titan. Quatorze anos mais tarde, em 1912, o Titanic chocou-se com um iceberg, matando mais de 1.500 pessoas.

O naufrágio do invulnerável Titanic tinha todas as características de um brado de advertência a um mundo escravizado à velocidade. Não faltou quem esperasse que a tragédia obrigasse a humanidade a parar para respirar um pouco, examinar demorada e atentamente o culto da aceleração e dar-se conta de que havia chegado o momento de desacelerar um pouco.

Mas não foi o que aconteceu. Um século depois, o mundo continua se esforçando para fazer tudo cada vez mais rápido — e pagando por isto um preço muito alto. O tributo cobrado pela cultura da afobação é mais que conhecido. Estamos levando o planeta e a nós mesmos para o esgotamento. Dispomos de tão pouco tempo e sentimos tanta falta dele que deixamos de lado amigos, família e parceiros. Praticamente já não sabemos como aproveitar as coisas, pois estamos sempre olhando para o que vem à frente. Boa parte da comida que ingerimos é sem graça e danosa para a saúde. Como nossos filhos foram apanhados no mesmo turbilhão de correria, o futuro não parece muito promissor.

Mas nem tudo está perdido. Ainda é possível mudar o rumo das coisas. Embora a velocidade, o frenesi e a obsessão de ganhar tempo continuem a ser as marcas da vida moderna, está surgindo uma forte reação. O movimento Devagar está em marcha. Em vez de fazer tudo sempre mais depressa, muitas pessoas estão desacelerando e constatando que o vagar as ajuda a viver, trabalhar, pensar e ter prazer.

Mas será que o movimento Devagar é realmente um movimento? Ele certamente tem todos os ingredientes que os acadêmicos consideram necessários: adesão popular, um projeto de um novo estilo de vida, enraizamento na vida cotidiana. É bem verdade que o movimento Devagar não dispõe de uma estrutura formal, e continua merecendo reconhecimento apenas reticente. Muitas pessoas desaceleram — trabalhando menos horas, por exemplo, ou encontrando tempo para cozinhar — sem se sentirem parte de uma cruzada global. Mas o fato é que cada gesto de desaceleração é água para o moinho.

A Itália pode ser o que mais se aproxima de uma referência espiritual do movimento Devagar. Com sua ênfase no prazer e no lazer, o tradicional estilo de vida mediterrâneo constitui um antídoto natural para a velocidade. Slow Food, Slow Cities e Slow Sex têm raízes na Itália. Mas o movimento Devagar não é uma questão de transformar o planeta inteiro numa estação de férias mediterrânea. A maioria de nós não quer substituir o culto da velocidade pelo culto da lentidão. A velocidade pode ser divertida, produtiva e poderosa, e sem ela o mundo seria mais pobre. O que o mundo precisa, e o que o movimento Devagar oferece, é um caminho intermediário, uma maneira de associar a *dolce vita* ao dinamismo da era da informação. O segredo está no equilíbrio: em vez de fazer tudo mais depressa, fazer tudo na velocidade certa. Às vezes depressa. Às vezes devagar. Às vezes nem uma coisa nem outra. Viver Devagar significa nunca se afobar, nunca tentar ganhar tempo só para ganhar tempo. Significa manter-se calmo e imperturbável mesmo quando as circunstâncias nos obrigam a apressar as coisas. Uma das maneiras de cultivar o vagar interno é criar espaço para atividades que vão de encontro à aceleração — meditação, tricô, jardinagem, ioga, pintura, leitura, caminhadas, *chi kung*.

Não existe uma fórmula padrão para a desaceleração, nenhum guia universal sobre a velocidade certa. Cada pessoa, cada ato, cada momento tem seu próprio *Eigenzeit*. Há pessoas que vivem muito bem numa velocidade que mandaria a maioria de nós para o túmulo antes do tempo. Todo mundo tem o direito de escolher o ritmo que o faz feliz. Explica Uwe Kliemt, o pianista do Tempo Giusto: "O mundo se torna mais rico quando abrimos espaço para velocidades diferentes."

Naturalmente, o movimento Devagar ainda enfrenta sérios obstáculos — não sendo o menor deles nossos próprios preconceitos. Até quando desejamos desacelerar, sentimo-nos forçados a manter o ritmo por uma combinação de ganância, inércia e medo. Num mundo diretamente plugado na velocidade, a tartaruga ainda precisa de muita lábia.

Os adversários descartam o movimento Devagar como uma moda passageira, ou uma filosofia marginal que nunca interessará multidões. É bem verdade que o apelo pela diminuição da velocidade não foi capaz de conter a aceleração do mundo desde a Revolução Industrial. E muita gente que abraçou a causa do vagar nas décadas de 1960 e 1970 passou as duas décadas seguintes, as de 1980 e 1990, correndo atrás para compensar o atraso. Cabe perguntar, por exemplo, se no momento em que a economia global começar a se reerguer novamente, ou quando vier à tona o próximo boom ao estilo ponto-com, toda essa conversa de desaceleração não será atirada pela janela, tratando todo mundo de correr para ganhar dinheiro rápido. Não tenha tanta certeza assim. Mais que qualquer outra geração anterior, somos perfeitamente capazes de entender o perigo e a inutilidade da permanente aceleração, e estamos mais decididos que nunca a reverter o culto da velocidade. A demografia também está do lado da desaceleração. Em todo o mundo desenvolvido, as populações estão envelhecendo, e à medida que envelhecemos, a maioria de nós tem uma coisa em comum: desaceleramos.

O movimento Devagar tem seu próprio ritmo. Dizer não à velocidade requer coragem, e as pessoas se sentem mais compelidas a dar o passo quando sabem que não estão sozinhas, que outros compartilham a mesma visão e estão correndo os mesmos riscos. O movimento Devagar se fortalece com as adesões. Toda vez que um grupo como Slow Food ou a Sociedade para a Desaceleração do Tempo chega às manchetes, torna-se um pouco mais fácil para cada um de nós questionar a velocidade. Além disso, quando as pessoas começam a colher os frutos da desaceleração em determinada esfera de ação da vida, frequentemente passam a aplicar a mesma lição a outras. Alice Waters, proprietária do aclamado restaurante Chez Panisse em Berkeley, Califórnia, é uma estrela do movimento Slow Food. Em 2003, ela começou a fazer conferências sobre as vantagens da Educação Devagar. As pessoas também estão ligando uma coisa a outra na vida cotidiana. Depois de descobrir os tranquilos prazeres do sexo tântrico, Roger Kimber diminuiu sua carga de trabalho. Para Claire Wood, desistir do emprego superturbinado no setor de seguros para passar a fabricar sabão era uma decisão que andava de mãos dadas com o projeto de educação em casa para sua filha, Beth. A utilização do *chi kung* para desacelerar na quadra de squash ajudou o professor de economia Jim Hughes a não se apressar na consultoria de empregos e na sala de aula. Deixar o celular desligado à noite serviu de inspiração à banqueira Jill Hancock para aprender a cozinhar. "Quando a gente começa a desafiar a mentalidade da permanente movimentação e agitação no trabalho, passa também a desafiá-la nos outros setores da vida", diz ela. "Passamos a querer ir mais fundo nas coisas, em vez de ficar apenas surfando pela superfície."

Essa noção de que falta alguma coisa na nossa vida está por trás da tendência mundial para o vagar. O que ainda não se sabe, contudo, é se esse "algo mais" vai mais fundo que uma simples melhora na qualidade de vida. São muitos os que consideram que a desaceleração tem uma dimensão espiritual. Mas muitos não o consideram. O movimento Devagar é suficientemente amplo para abrigar ambas as tendências. Seja como for, a defasagem entre as duas não pode ser tão grande quanto parece. A grande vantagem de desacelerar é recuperar o tempo e a tranquilidade necessários para estabelecer nexos importantes para nós — com pessoas, com a cultura, com o trabalho, com a natureza, com nossos próprios corpos e mentes. Há quem chame isto de viver melhor. Outros diriam que se trata de uma dimensão espiritual.

O movimento Devagar certamente implica um questionamento do materialismo desenfreado que movimenta a economia global. Por isso é que os críticos consideram que não poderemos sustentá-lo, ou que a desaceleração será sempre um capricho de estilo de vida para ricos. É bem verdade que certas manifestações da filosofia Devagar — a medicina alternativa, os bairros exclusivamente para pedestres, a carne de gado que pasta livremente — não se adaptam a todos os orçamentos. Mas a maioria delas, sim. Passar mais tempo com os amigos e a família não custa nada. Como tampouco caminhar, cozinhar, meditar, fazer amor, ler ou jantar à mesa, em vez de fazê-lo em frente à televisão. A simples decisão de resistir à pressão para correr é absolutamente grátis.

Nem se haverá de dizer que o movimento Devagar é antagônico ao capitalismo. Pelo contrário, oferece-lhe novo alento. Em sua forma atual, o capitalismo global nos obriga a fabricar mais depressa, trabalhar mais depressa, consumir mais depressa, viver mais depressa, qualquer que seja o custo. Passando a encarar as pessoas e o ambiente como bens valiosos, e não como fatores descartáveis de produção, a alternativa Devagar poderia fazer com que a economia trabalhasse para nós, e não o contrário. O capitalismo Devagar poderia significar crescimento mais lento, ideia difícil de fazer passar num mundo obcecado com os índices Dow Jones, mas a ideia de que a vida não se limita a maximizar o PIB ou vencer a corrida de ratos está ganhando terreno, especialmente nos países mais ricos, onde é cada vez maior o número de pessoas que tentam encontrar uma solução para o alto custo de suas vidas frenéticas.

Em nossa época hedonista, o movimento Devagar não deixa de ter um trunfo de marketing na manga: promete prazer. O princípio fundamental da filosofia Devagar é usar o tempo necessário para fazer as coisas direito, e portanto para ter mais prazer nelas. Qualquer que seja seu efeito nos indicadores econômicos, a filosofia Devagar proporciona as coisas que realmente nos fazem felizes: saúde, um ambiente saudável, comunidades e relacionamentos fortes, liberdade em relação à perpétua correria.

Mas conseguir convencer as pessoas das vantagens da desaceleração é apenas o começo. A desaceleração continuará sendo uma luta até que consigamos rever radicalmente as regras que governam quase todas as esferas da vida: a economia, o trabalho, o urbanismo, a educação, a medicina. Para isto, será necessária uma habilidosa mistura de persuasão, liderança visionária, rigor legislativo e consenso internacional. Será um desafio, mas é crucial. Já existem motivos de otimismo. Coletivamente, sabemos que nossas vidas estão frenéticas demais e queremos desacelerar. Individualmente, somos mais numerosos os que estamos pondo o pé no freio e verificando que nossa qualidade de vida melhora. A grande questão agora é saber quando o individual poderá tornar-se coletivo. Quando os muitos atos pessoais de desaceleração que se manifestam pelo mundo afora atingirão massa crítica? Quando é que o movimento Devagar poderá se transformar numa revolução Devagar?

Para ajudar o mundo a chegar ao momento dessa virada, cada um de nós deve abrir espaço para o vagar. Um bom ponto de partida é reavaliar nossa relação com o tempo. Larry Dossey, o médico americano que cunhou a expressão "doença do tempo", ajuda seus pacientes a tratá-la ensinando como sair do tempo, usando biofeedback, meditação e oração para arquitetar "fugas do tempo". Encarando de frente a maneira como o relógio passou a governar suas vidas, eles se tornam capazes de desacelerar. Todos temos o que aprender com isto. Tente pensar no tempo não como um recurso finito que está sempre se esgotando, ou como um tirano a ser temido ou vencido, mas como o elemento benigno no qual vivemos. Pare de viver cada minuto como se Frederick Taylor estivesse rondando para fiscalizar, controlando o cronômetro e tamborilando na prancheta.

Se nos tornarmos menos neuróticos em relação ao tempo, passaremos a fazer uso mais interessante da sociedade das 24 horas. No início deste livro, argumentei que um mundo que funciona 24 horas por dia é um mundo que convida à pressa. Basta que nos deem a chance de fazer qualquer coisa a qualquer momento, e seremos capazes de encher nossas agendas até estourar. Mas a sociedade das 24 horas não é intrinsecamente ruim. Se pudermos encará-la num espírito Devagar — fazendo menos coisas, com menos pressa —, ela poderá nos proporcionar a flexibilidade de que precisamos para desacelerar.

Em matéria de desaceleração, é melhor começar aos poucos. Improvise uma refeição. Dê uma caminhada com um amigo em vez de ir correndo para o shopping comprar coisas de que não precisa realmente. Leia os jornais sem ligar a televisão. Comece a fazer massagens quando estiver fazendo amor. Ou simplesmente reserve alguns minutos para ficar tranquilamente sentado num lugar sossegado.

Se se sentir bem com um pequeno gesto devagar, passe às decisões mais importantes. Faça uma reavaliação de seu horário de trabalho ou entre em campanha para que sua vizinhança seja mais amena para os pedestres. À medida que a vida se for tornando melhor, você passará a fazer a si mesmo a mesma pergunta que frequentemente me faço: Por que não comecei a desacelerar antes?

Aos pouquinhos, o meu velocímetro está ficando menos desenfreado. O tempo já não parece um capataz cruel e implacável. Trabalhar como freelancer ajuda, assim como meditar e deixar o relógio na gaveta. Eu passei a cozinhar, ler e desligar o celular com mais frequência. O fato de ter entendido que menos pode ser mais em matéria de hobbies — nada de tênis até que meus filhos estejam mais crescidos — diminuiu a pressão para estar sempre correndo. Lembrar que a velocidade nem sempre é a melhor política, que a pressa frequentemente não tem sentido e pode mesmo ser contraproducente é o suficiente para conter o reflexo da aceleração. Sempre que me apanho correndo simplesmente por correr, paro, respiro fundo e penso: "Não há necessidade disso. Calma. Desacelere."

As pessoas ao meu redor notam a diferença. Eu sempre detestei as filas de supermercado, considerando-as uma afronta a minha cruzada pessoal de velocidade e eficiência. O maior motivo de irritação eram as mulheres que calmamente ficam procurando o dinheiro trocado na bolsa. Hoje, não tenho dificuldade para ficar na fila sem fumegar, mesmo quando outras filas parecem andar mais depressa. Não fico mais me queixando por causa dos segundos ou minutos "perdidos". Em recente ida ao supermercado, convidei o sujeito que estava atrás de mim a passar à frente, pois estava menos carregado. Minha mulher ficou abismada. "Você realmente está desacelerando", disse, em tom de aprovação.

Quando comecei a escrever este livro, contudo, o verdadeiro teste para saber se estava desacelerando era ler sem pressa as histórias para meu filho dormir. Pois posso dar boas notícias. Hoje, sou capaz de ler vários livros por noite sem me preocupar uma única vez com o tempo nem sentir o impulso de pular alguma página. E leio devagar, saboreando cada palavra, enfatizando o drama ou o humor das situações com o tom da voz ou expressões faciais. Meu filho, que está com 4 anos, adora, e a hora das histórias passou a ser um encontro de almas, em vez de uma guerra de palavras. Acabou-se a velha queda de braço do tipo "Quero mais histórias!"/"Não, já chega!".

Certa noite, não faz muito tempo, aconteceu uma coisa incrível. Deitei-me na cama do meu filho para ler para ele um longo conto de fadas sobre um gigante. Ele estava cheio de dúvidas, e paramos para resolvê-las. Passei então a ler uma história ainda mais longa, desta vez sobre um dragão e o filho de um fazendeiro. Ao virar a última página do livro, de repente dei-me conta de que, embora não soubesse há quanto tempo estava mergulhado na leitura — quinze minutos, meia hora, talvez mais —, eu gostaria de prosseguir. Meu namoro com a história de um minuto para ler na cama era hoje coisa do passado distante. Perguntei ao meu filho se queria que eu lesse mais. Ele esfregou os olhos. "Papai, acho que por hoje chega", disse. "Estou cansado." Beijou-me no rosto e meteu-se debaixo das cobertas. Apaguei a luz da cabeceira e saí do quarto. E desci lentamente as escadas com um sorriso nos lábios.

NOTAS

Introdução: A era da fúria

"DOENÇA DO TEMPO": Larry Dossey, Space, Time and Medicine (Boston: Shambhala Publications, 1982).

PSICOLOGIA DA VELOCIDADE: De minha entrevista com Guy Claxton em julho de 2002.

KAMEI SHUJI: Scott North, "Karoshi and Converging Labor Relations in Japan and America", Labor Center Reporter 302.

ANFETAMINAS NO LOCAL DE TRABALHO NOS EUA: Baseado em testes realizados nos locais de trabalho pela Quest Diagnostics em 2002.

SETE POR CENTO DOS ESPANHÓIS FAZEM SIESTA: Relatado no Official Journal of the American Academy of Neurology (junho de 2002).

CANSAÇO E DESASTRES: Leon Kreitzman, The 24-Hour Society (Londres: Profile Books, 1999), p. 109.

MAIS DE QUARENTA MIL PESSOAS MORREM: Dados da Comissão Europeia. O que os músicos consideram *tempo giusto*: Percy A. Scholes, Oxford Companion to Music (Oxford: Oxford University Press, 1997), p. 1.018.

Capítulo 1: Faça tudo mais depressa

MONGES BENEDITINOS: Jeremy Rifkin, Time Wars: The Primary Conflict in Human History (Nova York: Touchstone, 1987), p. 95.

UVATIARRU: Jay Griffiths, "Boo to Captain Clock", New Internationalist 343, março de 2002.

RELÓGIO DE COLÔNIA: Gerhard Dorn-Van Rossum, History of the Hour: Clocks and Modern Temporal Orders (Chicago: University of Chicago Press, 1996), pp. 234-35.

LEON ALBERTI: Allen C. Bluedorn, The Human Organization of Time: Temporal Realities and Experience (Stanford: Stanford University Press, 2002), p. 227.

CRIAÇÃO DA HORA PADRÃO MUNDIAL: Clark Blaise, Time Lord: The Remarkable Canadian Who Missed His Train, and Changed the World (Toronto: Knopf, 2000).

PROMOÇÃO DA PONTUALIDADE COMO DEVER CÍVICO: Robert Levine, A Geography of Time: The Temporal Adventures of a Social Psychologist (Nova York: Basic Books, 1997), pp. 67-70.

FREDERICK TAYLOR: Ibid, pp. 71-72.

VELOCITIZAÇÃO: Mark Kingwell, "Fast Forward: Our High-Speed Chase to Nowhere", Harper's Magazine (maio de 1998).

QUINHENTOS MILHÕES DE NANOSSEGUNDOS: Tracy Kidder, The Soul of a New Machine (Boston: Little, Brown, 1981), p. 137.

Capítulo 2: Devagar está com tudo

EFEITOS DELETÉRIOS DA VELOCIDADE: Stephen Kern, The Culture of Time and Space, 1880-1918 (Cambridge, MA: Harvard University Press, 1983), pp. 125-26.

"ROSTO DE BICICLETA": Ibid, p. III.

Capítulo 3: Comida: Virando a mesa da velocidade

MÉDIA DE 11 MINUTOS DE REFEIÇÃO NO MCDONALD'S: Nicci Gerrard, "The Politics of Thin", The Observer, 5 de janeiro de 2003.

REFEIÇÕES EM COMUM DEMORADAS DEMAIS: Margaret Visser, *The Rituals of Dinner: The Origins, Evolution, Eccentricities, and Meaning of Table Manners* (Nova York: HarperCollins, 1991), p. 354.

ABATE PRECOCE DE PORCOS: Barbara Adam, *Timescapes of Modernity: The Environment and Invisible Hazards*, Global Environmental Change Series (Nova York: Routledge, 1998).

SALMÕES CRESCEM MAIS RÁPIDO: James Meek, "Britain Urged To Ban GM Salmon", *Guardian*, 4 de setembro de 2002.

TAD'S 30 VARIETIES OF MEALS: Eric Schlosser, *Fast Food Nation: The Dark Side of the All-American Meal* (Nova York: Penguin, 2001), p. 114.

RÉSTAURATION RAPIDE: Adam Sage, "*Au Revoir* to the Leisurely Lunch", Times [Londres], 16 de outubro de 2002.

COLIFORMES EM HAMBÚRGUERES: Schlosser, Fast Food Nation, pp. 196-99.

MENOS VARIEDADES DE ALCACHOFRA: Dados de Renato Sardo, diretor de Slow Food International, citados por Anna Muoio in "We All Go to the Same Place. Let Us Go There Slowly", *Fast Company*, 5 de janeiro de 2002.

AÇÚCAR DO YACON NÃO METABOLIZADO: National Research Council, *Lost Crops of the Incas: Little-Known Plants of the Andes with Promise for Worldwide Cultivation* (Washington, DC: National Academy Press, 1989), p. 115.

ALMOÇO DE NEGÓCIOS DURA TRINTA E SEIS MINUTOS: Baseado em levantamento da revista *Fast Company*.

INDÍGENAS KWAKIUTL SOBRE COMER DEPRESSA: Visser, *Rituals of Dinner*, p. 323.

PATRICK SEROG SOBRE COMER DEVAGAR: Sage, "*Au Revoir*".

DESPESAS COM COMIDA E CELULARES NA ITÁLIA: Entrevista com Carlo Petrini no *New York Times*, 26 de julho de 2003.

Capítulo 4: Cidades: misturando o velho e o novo

MIL E QUINHENTAS PESSOAS FOGEM SEMANALMENTE DAS CIDADES BRITÂNICAS: Baseado no relatório de 2004 *Social and Economic Change and Diversity in Rural England*, do Rural Evidence Research Centre.

"POLÍTICAS DO TEMPO URBANO": Jean-Yves Boulin e Ulrich Muckenberger, *Times in the City and Quality of Life* (Bruxelas: European Foundation for the Improvement of Living and Working Conditions, 1999).

GUERRA AO BARULHO NA EUROPA: Emma Daly, "Trying to Quiet Another City That Barely Sleeps", *New York Times*, 7 de outubro de 2002.

TRÁFEGO AFETA O ESPÍRITO COMUNITÁRIO: Donald Appleyard, professor de Urbanismo na Universidade da Califórnia, Berkeley, fez pesquisas pioneiras a esse respeito em 1970.

DIMINUI O FLUXO PARA OS SUBÚRBIOS: Phillip J. Longman, "American Gridlock", *US News and World Report*, 28 de maio de 2001.

PORTLAND, A CIDADE MAIS HABITÁVEL: Charles Siegel, *Slow Is Beautiful: Speed Limits as Political Decisions on Urban Form* (Berkeley: Preservation Institute Policy Study, 1996).

Capítulo 5: Mente/corpo: mens sana in corpore sano

RELAXAMENTO, PRECURSOR DO PENSAMENTO DEVAGAR: Guy Claxton, *Hare Brain, Tortoise Mind: Why Intelligence Increases When You Think Less* (Londres: Fourth Estate, 1997), pp. 76-77.

OS MAIORES PENSADORES PENSAM DEVAGAR: Ibid, p. 4.

MEDITAÇÃO TRANSCENDENTAL DIMINUI ÍNDICES DE HOSPITALIZAÇÃO: Resultados de um estudo realizado em cinco anos com duas mil pessoas nos Estados Unidos, publicados em *Psychosomatic Medicine* 49 (1987).

"ESTAR NA ÁREA": Robert Levine, *A Geography of Time: The Temporal Adventures of a Social Psychologist* (Nova York: Basic Books, 1997), pp. 33-34.

QUINZE MILHÕES DE AMERICANOS PRATICAM IOGA: Baseado em levantamento realizado pelo Harris Interactive Service Bureau para o *Yoga Journal* em 2003.

"CAMINHAR LEVA MAIS TEMPO...": Edward Abbey, *The Journey Home: Some Words in Defense of the American West* (Nova York: Dutton, 1977), p. 205.

EXERCÍCIOS SUPERSLOW COM PESOS AUMENTAM O COLESTEROL HDL: Carta enviada a Health101.org por Philip Alexander, M.D., chefe da equipe médica da College Station Medical Center Faculty, Texas, A&M University, College of Medicine.

Capítulo 6: Medicina: os médicos e a paciência

"MEDICINA DO BIP": James Gleick, *Faster: The Acceleration of Everything* (Nova York: Random House, 1999), p. 85.

ESTUDO SOBRE FERTILIDADE EM 2002: Dirigido por David Dunson do National Institute of Environmental Health Sciences da Carolina do Norte, compilando dados de sete cidades europeias.

PRATICANTES DA MCA SUPERAM CLÍNICOS GERAIS: Dados divulgados em 1998 pela Associação Médica Britânica.

Capítulo 7: Sexo: a mão vagarosa do amante

MEIA HORA POR SEMANA PARA FAZER AMOR: Estudo realizado em 1994 por pesquisadores da Universdade de Chicago. Citado in James Gleick, *Faster: The Acceleration of Everything* (Nova York: Random House, 1999), p. 127.

VAPT-VUPT: Ver Judith Mackay, *The Penguin Atlas of Human Sexual Behavior* (Nova York: Penguin Books, 2000), p. 20.

ARVIND E SHANTA KALE: Citado in Val Sampson, *Tantra: The Art of Mind-Blowing Sex* (Londres: Vermillion, 2002), p. 112.

PROBLEMAS MATRIMONIAIS PREJUDICAM A PRODUTIVIDADE: Melinda Forthofer, Howard Markman, Martha Cox, Scott Stanley e Ronald Kessler, "Associations Between Marital Distress and Work Loss in a National Sample", *Journal of Marriage and the Family* 58 (agosto de 1996), p. 597.

Capítulo 8: Trabalho: as vantagens de trabalhar menos

BENJAMIN FRANKLIN SOBRE MENOR JORNADA DE TRABALHO: John De Graaf, David Wann e Thomas H. Naylor, *Affluenza: The All-Consuming Epidemic* (San Francisco: Berrett-Koehler, 2001), p. 129.

GEORGE BERNARD SHAW PREVIU: De uma dissertação apresentada por Benjamin Kline Hunnicutt no Symposium on Overwork: Causes and Consequences, em Baltimore, MA, 11—13 de março de 1999.

SEMANA DE QUATRO DIAS DE RICHARD NIXON: Dennis Kaplan e Sharon Chelton, "Is It Time to Dump the Forty-Hour Week?", *Conscious Choice*, setembro de 1996.

SENADO AMERICANO PREVÊ MENOS HORAS DE TRABALHO: De Graaf, *Affluenza*, p. 41.

ENQUANTO OS AMERICANOS TRABALHAM O MESMO: Segundo dados da Organização Internacional do Trabalho e da Organização para a Cooperação e o Desenvolvimento Econômico, o número de horas de trabalho nos Estados Unidos aumentou entre 1980 e 2000 para em seguida diminuir ligeiramente, com a queda dos índices econômicos.

AMERICANO MÉDIO TRABALHA 350 HORAS A MAIS: John De Graaf, Take Back Your Time Day website www.timeday.org.

EUA SUPERAM JAPÃO EM HORAS DE TRABALHO: Baseado em dados da Organização Internacional do Trabalho.

UM DE CADA CINCO BRITÂNICOS NA FAIXA DOS 30: De um levantamento nacional sobre horas extras encomendado em 2002 pelo Ministério do Comércio e da Indústria britânico e a revista *Management Today*.

MARILYN MACHLOWITZ SOBRE VÍCIO EM TRABALHO: Matthew Reiss, "American Karoshi", *New Internationalist* 343 (março de 2002).

MAIS DE 15% DOS CANADENSES À BEIRA DO SUICÍDIO: Baseado em levantamento feito pela Ipsos-Reid em 2002.

PRODUTIVIDADE NA BÉLGICA, NA FRANÇA E NA NORUEGA: Dados sobre produtividade horária baseados em estatísticas do relatório da Organização Internacional do Trabalho relativo a 2003.

70% DAS PESSOAS QUEREM MELHOR EQUILÍBRIO ENTRE A VIDA E O TRABALHO: Levantamento publicado em 2002 por Andrew Oswald, da Universidade Warwick (Reino Unido), e David Blanchflower, do Dartmouth College (EUA).

GERAÇÃO FUREETA: Robert Whymant, revista *Times* [Londres], 4 de maio de 2002.

ALEMÃO MÉDIO GASTA 15% MENOS TEMPO: Baseado em dados da Organização Internacional do Trabalho.

PESQUISA QUE MARCOU ÉPOCA SOBRE A SEMANA DE TRINTA E CINCO HORAS: Realizada pela CSA (Conseil Sondages Analyses) para a revista *L'Expansion* (setembro de 2003).

JAPÃO ESTUDA O "MODELO HOLANDÊS": Asako Murakami, "Work Sharing Solves Netherlands' Woes", *Japan Times*, 18 de maio de 2002.

PREFERIR TRABALHAR MENOS A GANHAR NA LOTERIA: De uma pesquisa nacional sobre horas extras encomendada em 2002 pelo Ministério do Comércio e da Indústria britânico e a revista *Management Today*.

O DOBRO DE AMERICANOS OPTARIA POR FOLGA NO TRABALHO: Levantamento realizado por Yankelovich Partners, Inc.

CANADENSES QUE TRABALHARAM MENOS TINHAM MAIS DINHEIRO: Levantamento realizado em 1997–98 pelo Sindicato de Comunicações, Energia e Trabalhadores do Papel do Canadá.

PROJETO PILOTO DA CADEIA DE HOTÉIS MARRIOTT: Bill Munck, "Changing a Culture of Face Time", *Harvard Business Review* (novembro de 2001).

DONALD HENSRUD: Anne Fisher, "Exhausted All the Time? Still Getting Nowhere?", *Fortune*, 18 de março de 2002.

ESTUDO RECENTE DA NASA: Jane E. Brody, "New Respect for the Nap, a Pause That Refreshes", *Science Times*, 4 de janeiro de 2000.

CHURCHILL SOBRE A SESTA: Walter Graebner, *My Dear Mister Churchill* (Londres: Michael Joseph, 1965).

Capítulo 9: Lazer: a importância de descansar

PLATÃO CONSIDERAVA A MAIS ELEVADA FORMA DE LAZER: Josef Pieper, *Leisure: The Basis of Culture* (South Bend, IN: St. Augustine's Press, 1998), p. 141.

"... DESENROLAR-SE EM ÊXTASE ...": Franz Kafka, tradução de Malcolm Pasley, *The Collected Aphorisms* (Londres: Syrens, Penguin, 1994), p. 27.

MAIS DE QUATRO MILHÕES DE AMERICANOS: Dados sobre tricô do Craft Yarn Council of America.

EQUIVALENTE MENTAL DOS EXERCÍCIOS SUPERSLOW: Extraído do Cloudwatcher's Journal de Cecilia Howard em www.morelife.org/cloudwatcher/cloudwatch-112001.html.

LISZT LEVOU "PRESQUE UNE HEURE": Grete Wehmeyer, *Prestississimo: The Rediscovery of Slowness in Music* (Hamburgo: Rowolth, 1993). (Em alemão.)

MOZART, ABORRECIMENTO COM ANDAMENTO: Uwe Kliemt, "On Reasonable Tempi", ensaio publicado no site Tempo Giusto, www.tempogiusto.de.

BEETHOVEN SOBRE VIRTUOSES: Ibid.

RICHARD ELEN: Sua resenha foi publicada em www.audiorevolution.com.

ORQUESTRAS TOCANDO MUITO MAIS ALTO: Norman Lebrecht, "Turn It Down!", *Evening Standard*, 21 de agosto de 2002.

Capítulo 10: Crianças: criar filhos sem pressa

CRIANÇAS QUE DORMEM MAL TÊM DIFICULDADES PARA FAZER AMIGOS: Samantha Levine, "Up Too Late", *US News and World Report*, 9 de setembro de 2002.

ÉTICA DO TRABALHO DO LESTE ASIÁTICO DÁ PARA TRÁS: "Asian Schools Go Back to the Books", *Time*, 9 de abril de 2002.

FINLÂNDIA SEMPRE EM PRIMEIRO LUGAR: John Crace, "Heaven and Helsinki", *Guardian*, 16 de setembro de 2003.

Conclusão: Encontrar o tempo giusto

AGITAÇÃO DA VIDA: De minha entrevista com Sten Nadolny em 2003.

FUTILITY, ROMANCE DE IMPRESSIONANTE ANTEVISÃO: Stephen Kern, *The Culture of Time and Space, 1880–1918* (Cambridge, MA: Harvard University Press, 1983), p. 110.

FONTES DE CONSULTA

Li muitos livros e artigos para fazer minha pesquisa sobre velocidade, tempo e vagarosidade. Enumero a seguir os mais importantes. Embora alguns tenham origem acadêmica, a maioria destina-se ao leitor comum. Mais adiante, encontra-se uma relação de sites úteis na internet, que constituem um bom ponto de partida para *explorar* as vantagens da vagarosidade e entrar em contato com pessoas que estão desacelerando.

LIVROS

Blaise, Clark. *Time Lord: The Remarkable Canadian Who Missed His Train, and Changed the World.* Toronto: Knopf Canada, 2000.

Bluedom, Allen C. *The Human Organization of Time: Temporal Realities and Experience.* Stanford: Stanford Business Books, 2002.

Boorstin, Daniel J. *The Discoverers: A History of Man's Search to Know His World and Himself.* Nova York: Random House, 1983.

Claxton, Guy. *Hare Brain, Tortoise Mind: Why Intelligence Increases When You Think Less.* Londres: Fourth Estate, 1997.

De Graaf, John, David Wann e Thomas Naylor. *Affluenza: The All-Consuming Epidemic.* San Francisco: Berrett-Koehler, 2001.

Gleick, James. *Faster: The Acceleration of Everything.* Nova York: Random House, 1999.

Glouberman, Dina. *The Joy of Burnout: How the End of the Road Can Be a New Beginning.* Londres: Hodder and Stoughton, 2002.

Hirsh-Pasek, Kathy, e Roberta Michnik Golinkoff. *Einstein Never Used Flashcards: How Our Children Learn — and Why They Need to Play More and Memorize Less.* Emmaus, PA: Rodale, 2003.

Hutton, Will. *The World We're In.* Londres: Little, Brown, 2002.

James, Matt. *The City Gardener*. Londres: HarperCollins, 2003.
Kern, Stephen. *The Culture of Time and Space, 1880–1918*. Cambridge, MA: Harvard University Press, 1983.
Kerr, Alex. *Dogs and Demons: The Fall of Modern Japan*. Nova York: Penguin, 2001.
Kreitzman, Leon. *The 24-Hour Society*. Londres: Profile Books, 1999.
Kummer, Corby. *The Pleasures of Slow Food: Celebrating Authentic Traditions, Flavors, and Recipes*. San Francisco: Chronicle Books, 2002.
Kundera, Milan. *Slowness*. Londres: Faber and Faber, 1996.
Levine, Robert. *A Geography of Time: The Temporal Misadventures of a Social Scientist*. Nova York: Basic Books, 1997.
McDonnell, Kathleen. *Honey, We Lost the Kids: Rethinking Childhood in the Multimedia Age*. Toronto: Second Story Press, 2001.
Meiskins, Peter, e Peter Whalley. *Putting Work In Its Place: A Quiet Revolution*. Ithaca: Cornell University Press, 2002.
Millar, Jeremy, e Michael Schwartz (editores). *Speed: Visions of an Accelerated Age*. Londres: The Photographers' Gallery, 1998.
Murphy, Bernadette. *Zen and the Art of Knitting: Exploring the Links Between Knitting, Spirituality and Creativity*. Avon: Adams Media Corporation, 2002.
Nadolny, Sten. *The Discovery of Slowness*. Edição revista. Edimburgo: Canongate Books, 2003.
Oiwa, Keibo. *Slow is Beautiful*. Tóquio: Heibon-sha, 2001. (Em japonês.)
Petrini, Carlo. *Slow Food: Collected Thoughts on Taste, Tradition, and the Honest Pleasures of Food*. White River Jct., VT: Chelsea Green Publishing Co, 2001.
Pieper, Josef. *Leisure: The Basis of Culture*. South Bend, IN: St. Augustine's Press, 1998.
Putnam, Robert D. *Bowling Alone: The Collapse and Revival of American Community*. Nova York: Simon & Schuster, 2001.
Rifkin, Jeremy. *Time Wars: The Primary Conflict in Human History*. Nova York: Touchstone, 1987.
Russell, Bertrand. *In Praise of Idleness*. Londres: Routledge, 2001.
Sampson, Val. *Tantra: The Art of Mind-Blowing Sex*. Londres: Vermillion, 2002.

Schlosser, Eric. *Fast Food Nation: The Dark Side of the All-American Meal.* Nova York: Penguin, 2002.

Visser, Margaret. *The Rituals of Dinner: The Origins, Evolution, Eccentricities, and Meaning of Table Manners.* Nova York: HarperCollins, 1991.

REVISTAS

Kingwell, Mark. "Fast Forward: Our High-Speed Chase to Nowhere". *Harper's Magazine*, maio de 1998.

SITES DA INTERNET

Gerais

www.zeitverein.com (Sociedade para a Desaceleração do Tempo, Áustria)
www.slothclub.org/indexoz.html (Japão)
www.longnow.org (EUA)
www.simpleliving.net (EUA)

Comida

www.slowfood.com (Itália)
www.farmersmarkets.net (Reino Unido)
www.cafecreosote.com/Farmers_Markets/index.php3 (EUA)
www.marketplace.chef2chef.net/farmer-markets/canada.htm (Canadá)

Cidades

www.matogmer.no/slow_cities_citta_slow.htm (Itália)
www.homezones.org (Reino Unido)
www.newurbanism.org (América do Norte)

Mente/Corpo

www.tm.org (Meditação Transcendental, EUA)
www.webcom.com/~imcuk/ (International Meditation Centres)
www.qi-flow-golf.com (*chi kung* para jogadores de golfe, Reino Unido)
www.superslow.com (Exercícios, EUA)

Medicina

www.pitt.edu/~cbw/altm.html (Medicina Complementar e Alternativa, EUA)
www.haleclinic.com (Reino Unido)
www.slowhealing.com (Reino Unido)

Sexo

www.slowsex.it (Itália)
www.tantra.com (EUA)
www.diamondlighttantra.com (Reino Unido)

Trabalho

www.swt.org (Shorter Work Time Group, EUA)
www.worktolive.info (EUA)
www.employersforwork-lifebalance.org.uk (Reino Unido)
www.worklessparty.ca (Canadá)
www.timeday.org (EUA)

Lazer

www.tvturnoff.org (EUA)
www.ausweb.scu.edu.au/aw0l/papers/edited/burnett/ (leitura vagarosa, Canadá)
www.tempogiusto.de (Alemanha)

Crianças

www.pdkintl.org/kappan/k0212hol.htm (educação Devagar, EUA)
www.nhen.org (educação em casa, EUA)
www.home-education.org.uk (Reino Unido)
www.flora.org/homeschool.ca (Canadá)

AGRADECIMENTOS

Eu não poderia ter escrito este livro sem a ajuda de muitas pessoas.

Minha investigação sobre o movimento Devagar começou com uma série de artigos no *National Post*, e sou grato ao meu editor nesse jornal, John Geiger. Com sua habilidade, Patrick Walsh, meu agente, permitiu que eu escrevesse este livro. Michael Schellenberg revelou-se um esplêndido editor, paciente, perceptivo e meticuloso. Louise Dennys e Angelika Glover, na Knopf Canadá, Gideon Weil, na HarperCollins San Francisco, e Sue Sumeraj, minha revisora, também contribuíram para que o livro adquirisse forma.

Quero agradecer às centenas de pessoas que compartilharam comigo suas histórias, seus pontos de vista e seus conhecimentos. Algumas apenas são mencionadas no livro, mas cada entrevista foi útil na composição de todo o mosaico. Agradecimentos especiais a Lou Abato; Danira Caleta; Jeff Crump; Diane Dorney; Kyoko Goto; Kathy Hirsh-Pasek; Uwe Kliemt; George Popper; Carlo Petrini e todos os envolvidos no Slow Food; David Rooney; Val Sampson; Alberto Vitale e Gabriele Wulff.

Gostaria de agradecer a meus pais por seu estímulo e pela ajuda no burilamento do livro. Acima de tudo, sou grato a minha mulher, Miranda France, por seu apoio irrestrito, sua habilidade com as palavras e seu jeito de ver o lado engraçado das coisas.

ÍNDICE

A

Abato, Lou, 136-137
Abbey, Edward, 131
Abe, Nobuhito, 179
aceleração, 13-14, 115
Achten, Juul, 130
Adam, Jürgen, 44
agricultura orgânica, e Slow Food, 64
Alberti, Leon Battista, 30
Alessandria, Luciana, 89
A leste do Éden (Steinbeck), 209
alimentos processados, 60
ambientalismo, 50
American Nervousness (Beard), 50
ampulheta, 54
andamento, na música, 215
Andersen, Hans Christian, 12
antiglobalização, 25
Anna Karenina (Tolstoi), 210
Ano na Provence, Um (Mayle), 92
Aristóteles, 199
"armadilhas de velocidade", 44
"Arrefeçam o ritmo!", (sermão), 52
arte e desaceleração, 211
Artes e Ofícios, movimento, 49, 201
artesanato, 201
assistência médica, custos, 149
Associação Portuguesa dos Amigos da Sesta, 197
As Slow As Possible (Cage), 222-224

Atkins, John, 189
aurora, 29
"autonomia de tempo", 191, 192

B

Bach, J. S., 212
Barnes, família, 242, 246
Beard, George, 50
Beethoven, Ludwig van, 214
Bellow, Saul, 211
beneditinos, 29, 30, 36
Benolli, Fabrizio, 88
Bethlehem, Fábrica de Aço, 34
Bitch in the House, The (livro), 178
Bischoff, Gudula, 220
Bischoff, Roger, 119-121
bonde elétrico, o primeiro, 32
Boyd, Charmion, 106
Brahms, Johannes, 215
Brillat-Savarin, Anthelme, 61, 83
brincar, 241
Brodie, John, 125
Burnett, Dale, 210
Bush, George W., 184

C

cabo transatlântico, o primeiro, 32
Cage, John, 222-223
calendário, 28

"Calendário de 1448", 28
Caleta, Danira, 150-154
Callahan, família, 110-112
caminhar, 130-131
Caminho das Oito Verdades Nobres, 119
capitalismo industrial, 31
capitalismo moderno, 32-33
"cara de bicicleta", 50
carros, 95-107 e
  alta velocidade, 98-99
  contato social, 97
  direção perigosa, 98
  estacionamento, 105
  gente, 97
  paixão por velocidade, 95-96
  planejamento urbano, 107
  Programa de Conscientização da Velocidade, 100-104
  Programa de Velocidade de Vizinhança, 99
  proibições, 104
  tempo, 106
Car Smart, 99
Casson, Herbert, 34
175 Ways to Get More Done in Less Time (Layton), 41
Centro Internacional de Meditação, 119
Cervantes, Miguel de, 40
Chakrabarti, Suma, 184
chi, 125, 127
chi kung, 127-129, 145
Cidade Jardim, movimento, 91-92
Cidades do bem viver, 26
  América do Norte, 106-107
  barulho, 95
  cadastramento, 90
  carros, 95-106
  cidades grandes, 95
  cinquenta e cinco compromissos, 86
  cozinha local, 90
  cooperativas, 94-95
  desaceleração, 89
  demografia, 89
  economia, 89

Europa, 90
filosofia, 87
história, 90-93
horas de funcionamento, 95
manifesto, 86
movimento, 86
Novo Urbanismo, 107-108
planejamento urbano, 91-92
Portland, Oregon, 107
princípios Petrini, 85
proibições de trafegar, 25
qualidade de vida, 87
Tóquio, 93-95
Woonerf ("rua viva"), 105
"Zonas Residenciais" e, 105, 106
Chrichton-Browne, James, 50
Churchill, Winston, 197
cidades, história, 90-93
Città Slow (movimento), 85-114
  Ver também Cidades do bem viver
Cityless and Countryless World, A (Olerich), 35
Clarke, família, 244-245
Claxton, Guy, 13, 116
Clínica Hale, 143, 150-154
Clube da Preguiça, 26, 46
Cobra, Maximianno, 217
Cohen, Mark, 125-126
Coleridge, Samuel Taylor, 232
Collins, Ingrid, 144
comer devagar, 72-75
Comerford, Joseph, 102
comida artesanal
  catálogo, 63
  fabricação de cerveja, 68
  mercados externos, 66
  padeiros, 68
  regulamentação, 64-65
  restaurantes, 69
  sabor, 69-70
Comissão Nacional sobre Distúrbios do Sono (EUA), 17
Comitê Olímpico Internacional, 44
conde Kaiserling, 212

ÍNDICE

Conselho Nacional de Segurança, 16
Constable, John, 50
consumismo, 36
Contegiacomo, Sergio, 87
contracultura, 51
Cottrell, David, 41
Creighton, Catherine, 71
crianças e
  aprendizado precoce, 230
  atividades extracurriculares, 227, 229-230
  brincadeiras, 241
  custo da pressa, 229
  desaceleração, 232-238
  escola, 229
  filosofia Devagar, 225-227
  prazos, 228
  Revolução Industrial, 231-232
  televisão, 243-246
  velocidade, 228
Crump, Jeff, 74-75
Curador do Tempo, 53

D

Darwin, Charles, 36, 117
desaceleração, 22, 24
Desaceleradores, 44, 45, 46, 53
Dembowski, Paula, 209
Depressa, definição, 23
Desacelere (carta aberta), 226, 231
Descartes, René, 123
Despertar dos Sentidos, 164
de Tocqueville, Alexis, 36
Devagar, definição, 23, 53
Devagar, movimento, 23-24
Dia da Recuperação do Tempo, 178
Dickens, Charles, 91, 210
dificuldade de concentração, 244
Dimmock, Charlie, 205
dirigir em alta velocidade, 95-107
  câmeras de detecção, 96
  como divertimento, 97
  como forma de desobediência civil, 96
  como instinto, 100
  concepção dos carros, 96-97
  ganhar tempo, 99
  radares, 96
Domaratzki, Karen, 186-187, 191
Donington, Robert, 215
Dom Quixote (Cervantes), 40
dormir, 17
dormir no trabalho, 197
Dossey, Larry, 13, 252
downshifting, 51
Drabert, Angelika, 241
Driscoll, Bridget, 98
Dyer, Tim, 170

E

ecogastronomia, definição, 62
educação
  custos, 246
  escolarização em casa, 238-241
  escolas privadas, 237
  escolas públicas, 238
  estilo "ensolarado" e, 235-236
  filosofia Devagar e, 225-227, 235-236
  governo e, 229
  na Alemanha, 234
  na Finlândia, 233
  no Japão, 234-236
  no Leste asiático, 231
  sufoco e, 236-238
Eigenzeit ("tempo próprio"), 44
Einstein, Albert, 117
Einstein Never Used Flash Cards (Hirsh-Pasek), 230
Electric Signal Clock Company, 33
Elen, Richard, 217
Elkind, David, 227
Elogio do ócio (Russell), 201
e-mail, 38, 194
Émile (Rousseau), 232
ensino particular, 229

ephedra (erva), 148
epinefrina, 39
equilíbrio trabalho-vida. *Ver também* trabalho compartilhado
　barreiras, 189-190
　benefícios, 190
　controle do tempo, 190-193
　custos, 190
　governo e, 179
　mulheres, 178
　na Europa, 180-182
　necessidade, 178
　no Japão, 179-180
　renda, 185-187
era da máquina, 30
era do lazer, 173-175
erva de São João, 148
escada rolante, primeira, 32
Escola Experimental do Instituto de Estudos Infantis, 234
escolarização Devagar, 26, 232-238
"escolas da decoreba", 229
"escravos brancos", 232
espiritualidade e velocidade, 52
"estar sempre presente", 188
estimulantes, 16-17
Estratégia da Caminhada, 130
estudos alimentares, 63
excesso de trabalho, 14-16
exercícios, 123-137

F

Família em Primeiro Lugar, 242
fast-food, 59-61
Fast Food Nation (Schlosser), 61
Fazenda Leckford, 68
fazendas, 59, 61, 74
fazendas industriais, 61, 81
ficção infantil, 208
Finer, Jem, 222
Fisher, Carrie, 21
Fisiologia do gosto (Brillat-Savarin), 83

Fonda, Jane, 125
Ford, Bill, 118
Ford Modelo T, 32
Ford Motors, 118
fornos de micro-ondas, 58-60
Forrest, Marlene, 150-151
Franklin, Benjamin, 31, 173
Friedrich, Caspar David, 49
Fundação Longo Agora, 26, 47

G

galinhas, e Slow Food, 68
geração fureeta, 179-180
"gerenciamento científico", 35
Girdner, John, 50
globalização virtuousa, 25, 65
Green, William, 200
Griffin, família, 236
Grimshaw, Len, 101
grupos pró-Devagar, 46, 48
Guerras do tempo (Rifkin), 55
Guimard, Emilie, 181
gurus de gestão do tempo, 41
Gusardi, Paolo, 89
Gutenberg, imprensa, 28
Gwvilyn, Daffyd ap, 48

H

Hale, Teresa, 143
Hall, Mike, 127-129
Hancock, Jill, 195
Hanh, Thich Nhat, 52
Hanotaux, Gabriel, 50
Hare Brain, Tortoise Mind (Claxton), 116
Hartley, Jenny, 210
Hawking, Stephen, 28
Heller, Erwin, 46, 139
Hell on Earth Made Heaven (Savory), 161
Hensher, Philip, 67
Hensrud, Donald, 195

Hillis, Danny, 47
Hirsh-Pasek, Kathy, 230
História para fazer dormir em um minuto, 12-13
Hodgson, Randolph, 70
Holford, Robert, 123
Holland, Peter, 103-104
Holmes, Sherlock, 117
Holt, Maurice, 232, 234
Hora das Perguntas do Jardineiro (programa de rádio), 205
hora universal, 48-49
horário padrão mundial, 33
horários locais, 33
Hotel Devagar, 45
Howard, Celia, 209
Howard, Ebenezer, 91
How to Make a Hit Record (Jahn), 217
How to Succeed in Business Without Working So Damn Hard (Kriegel), 195
Hughes, Jim, 250
Hurried Child, The (Elkind), 227
Hutchins, Ken, 132-136
"hipereducação", 228

I

I Don't Know How She Does It (Pearson), 178
Importance of Being Lazy, The (livro), 177-178
indústria global de alimentos, 67, 81-82
industrialização, 32
invenções, e economia de tempo, 32
ioga, 124-128, 145, 195

J

Jahn, Mike, 217
James, Gary, 52
James, Matt, 205
jantar de TV, invenção, 59
jardinagem, 201, 204
Jardineiro urbano, O (programa de televisão), 205
Jetsons, Os, 57, 58
John Cage Project, 223
Johnson, Samuel, 93, 228
Juventus, 79

K

Kafka, Franz, 200
Kale, Arvind e Shanta, 157
Kama Sutra, 162
karoshi, 15
Kemp, Dan, 185
Kentlands, 109-113
Keynes, John Maynard, 200
Kimber, Cathy e Roger, 168-169, 171
Kingwell, Mark, 39
Kipling, Rudyard, 23
Kitching, Louise, 19
Kleist, Norbert, 223
Kliemt, Uwe, 212-214
Koike, Hiromi, 235
Kovacevich, Matthew, 71-72
Kraft (jantar industrializado) *versus* macarrão com queijo, 74
Kraft Foods, 64
Kriegel, Robert, 195
Kumar, Satish, 38
kundalini, meneios, 164, 166, 167
Kundera, Milan e
  a pista de alta velocidade, 170
  sabedoria, 116
  velocidade, 18, 39, 40
kwakiutl, indígenas, 73

L

Lagasse, Emeril, 70
La Jamais Contente, 40, 96
Lamb, David, 151-152
Lamiri, Jo e Sam, 237-238

Lawrence, Tom, 147
Lawson, Nigella, 70
Layton, Mark, 41
lazer
　classes, 199
　como direito humano, 199
　cultura, 199
　era do, 173-174, 175
　revolução, 181, 182, 183, 201
Lazy Person's Guide to Success, The (livro), 177
Lazy Way to Success, The (livro), 177
leitura
　como *hobby* Devagar, 201
　crianças e a, 208
　grupos, 208
　lenta, 209-210
　tecnológica, 210-211
levantamento de pesos, 132-137
Lewis, Harry, 225-226, 231
Lieberman, Susan, 186-187
Lightwoman, Leora, 163-166, 168
linha de montagem, a primeira, 32
Lionboy (Young), 208
Liszt, Franz, 213, 214
Little Dorrit (Dickens), 210
Longplayer, 222
Low, Tom, 109

M

macarrão instantâneo, invenção, 60
Macieira, escola, 234-236
Machlowitz, Marilyn, 175
Magnoni, Vittorio, 77-80
Mahler, Gustav, 214
mal-estar existencial, 39
mandar ver, engolir e pronto, 58, 61
marionete de cágado, 44
Marino, Mike, 137
Marriott, cadeia de hotéis, 188
Martinez, Susana, 66
Martinis, Anjie, 113

Masajes a 1.000, 197
Mayle, Peter, 92
McDonald's
　duração média de refeições, 58
　Jetsons, Os, 57
　na Itália, 62, 79
　obesidade, 67
McGuffey, manual, 34
Medição do Tempo, exposição, 54
medicina e
　cura pelo relaxamento, 144
　natureza, 144
　terapias Devagar, 145
　velocidade, 140
medicina complementar e alternativa
　códigos de conduta, 148
　curas holísticas, 141
　desinformação, 147
　doenças crônicas e, 142, 149
　economia, 142, 148-150
medicina convencional, 141-142
"medicina integradora", 142
　períodos de cura, 144
　planos privados de saúde, 149-150
　prevenção, 149
　provas científicas, 142
"medicina do bip", 140
medicina Rápida, 141
meditação, 117-124
　ondas cerebrais e, 118
　salas, 196
　transcendental, 122
Meighan, Robert, 239
Meir, Golda, 53
mente e corpo, 123-124, 144
mercados de produtores, 68-69, 72, 74
meridiano de referência, 33
meridiano solar, 32
metrô, o primeiro, 32
Millet, Jean-François, 50
Mirabeau, Octave, 51
Miro, Elena, 67
Moby, "Thousand" (canção), 217

modelo finlandês de escolarização, 234
Montgomery, Lindsay, 129
Morelli, Cinzia, 76
Morelli, Pierpaolo, 77, 79-78
Morris, William, 201
Mozart, Wolfgang Amadeus, 214
  "Rondò alla Turca", 219
  Sonata em dó maior, KV 214
Mumford, Lewis, 32
Munck, Bill, 188-189
Murphy, Bernadette, 202-204
Museu da Ciência (Londres, Inglaterra), 47, 53
música
  andamento, 215
  ritmos humanos, 219
  Tempo Giusto, 219-221
  uso do metrônomo, 215, 216
  vagar, 212, 213
  velocidade, 214-215

N

Neal's Yard, leiteria, 69
Nietzsche, Friedrich, 34
Nixon, Richard, 174
Nobre Silêncio, 120
norepinefrina, 39
Norton, Reggi, 111
"nova-iorquite", 50
Novo Urbanismo, 107-109, 112

O

obesidade, 61
Observatório Real de Greenwich, 33
Oiwa, Keibo, 47, 179
Olerich, Henry, 35
Oliver, Jamie, 70
Olmstead, Frederick, 91
ondas alfa, 116
ondas beta, 116
ondas teta, 116

Organização Mundial da Saúde, 130
Organização Mundial da Soneca, 197
Orquestra Europa Philharmonia de Budapeste, 217
Osborn, Jack, 136
Oz, Amos, 209

P

Padaria do Farol, 68
parques públicos, 91
Pavitt, Neil, 121
Pearson, Allison, 178
Pearson, Dominic, 206
pensadores instantâneos, 21
pensamento, velocidade do, 115-116
pensamento Devagar, 116
  budismo, 118-119
  exercícios, 129-137
  ioga, 124-127
  meditação, 119
  ondas cerebrais, 116
  relaxamento, 116
pensamento rápido, 115, 116
Petrini, Carlo. *Ver também* **Slow Food**
  desaceleração, 24-25
  "globalização virtuosa", 25
  princípios, 76, 159
  Slow Food, 62-83, 85
  Slow Food, lançamento, 62
Pilates, Joseph H., 129
pintura, 201, 211
Platão, 200
Plauto, 48, 49
Podborski, Alex, 131
Política Agrícola Comum (UE), 82
"políticas do tempo urbano", 95
Pompidou, Georges, 97
Porta, Esther, 152
Post, Emily, 58
Potter, Harry, 208
prazos
  diários, 30

eficiência e, 29
estresse dos trabalhadores e, 35
influência, 26
relógios e, 27
Revolução Industrial e, 30
Preparar, Apontar, Relaxar!, 242
Prestississimo: The Rediscovery of Slowness in Music (Wehmeyer), 216
Programa da Velocidade de Vizinhança, 99
Programa de Conscientização da Velocidade, 100-104
programa de educação do paladar, 63
Pullman, Philip, 208
pontualidade
    escolas e, 34
    manual McGuffey's e, 34
    na América, 49
    no Japão, 36
    virtude moral e, 34

Q

quadrante solar, 60

R

rádio, o primeiro, 32
Rebirth of the Classics, The (Talsma), 216
Rede da TV Desligada, 207
refeições em comum, e velocidade, 58
reiki, 150-154
relaxar, 116-117
relógios
    capitalismo moderno e, 32
    como "principal máquina", 32
    controlados por rádio, 54
    d'água, 28
    despertadores, 33
    Fundação Longo Agora e, 47
    harmonização, 33
    influência, 27
    mecânicos, 28, 29
    relógio portátil, 33-34

    públicos, 29
    reação contra, 48-49
    Revolução Industrial e, 33
relógios de pulso, 54, 55
relógios mecânicos
    em praças públicas, 30
    invenção, 28
    protesto e, 47-49
Repplier, Agnes, 200
Resurgence (revista), 38
Revolução Industrial e
    crianças, 231-232
    Era do Lazer, 174
    jardinagem, 204
    prazos, 30
    refeições, 58
    relógios, 32
    ritmo de vida, 48, 54-55
    salários por hora, 190
    urbanização, 31
Rifkin, Jeremy, 55
Rituals of Dinner, The (Visser), 58
Rodriguez, Mike, 122
Romantismo, movimento, 49, 50, 231-232, 246
Rooney, David, 53-55
Rousseau, Jean-Jacques, 232
Rowling, J. K.
    Harry Potter, 208
Royal Bank of Canada, 186-188, 190, 191
Russell, Bertrand, 200-201

S

Saito, Tetsuro e Yuko, 94
salários por hora, 190
"salões de *siesta*", 197
Salone del Gusto, 66-67, 75, 82
Sampson, Val, 162
Santo Agostinho, 28
SAS Institute Inc., 186
Sato, Takeshi, 196
Savory, George Washington, 161

Schlosser, Eric, 61
Schmoczer, Michaela, 44
Schwab, Klaus, 13
Schwarz, Michael, 35
semana de trabalho
 dissídio coletivo, 183
 horas extras, 183
 isenções fiscais, 181
 mais curta, 181
 "modelo holandês", 184
 na França, 180-183
 previsões, 174
 produtividade, 182
 quarenta e oito horas, 180
 quatro dias, 179
 trinta e cinco horas, 180-182
 trinta e nove horas, 183
Serog, Patrick, 74
Seuss, Dr., 12
sexo
 filosofia Devagar e, 158-171
 instinto de sobrevivência e, 156
 mais lento, 155-171
 na cultura de consumo, 159
 na Itália, 158
 na Polinésia, 158
 no Japão, 158
 no mundo moderno, 156
 pornografia e, 157
 velocidade e, 156-158
sexo Devagar, 24, 158-171
Shaw, George Bernard, 174
Shelley, Percy Bysshe, 91
Shuji, Kamei, 15-16
Sibille, Bruna, 86-87, 90
Simplicidade Voluntária, movimento, 51
Sleep Learning, site na internet, 41
Slow Food
 biodiversidade, 65
 capitalismo global, 65
 como antídoto à velocidade, 61
 cozinhar, 82
 desaceleração, 24

economia, 63
educação, 63, 70, 74
elitismo, 75
em Nova York, 71
encontro bienal, 66-67
"globalização virtuosa", 25
guia, 77
Japão, 71
lançamento, 62
mercados de produtores, 68-69
modificação genética, 64
nos EUA, 64
polinização cruzada, 26
produtores tradicionais, 64, 66-68
sede, 85-86
símbolo, 63
Slow Food de Ontário, 74
Slow Is Beautiful [Devagar está com tudo] (Oiwa), 47, 179
Slowness (Kundera), 18
Snicket, Lemony, 208
Sociedade Europeia para a Desaceleração do Tempo, 26
 conferência anual, 43
 Hotel Devagar, 45
 influência, 46
 música, 212
 objetivos, 43-44
 trabalhar Devagar, 194-198
Speidel, Natascha, 220
Steiner, Rudolf, 234
Stewart, Jackie, 128
Sting (cantor), 155, 160
Stockham, Alice Bunker, 161
Stoker, Nik, 146-147
Stoller, Debbie, 202
Stradling, Steven, 97
SuperSlow, exercícios, 132-137
Suzuki, Kazuhito, 211

T

Tad's 30 Varieties of Meals, 59
Takahashi, Kazuo, 158

Talsma, W. R., 216, 219
tantra
  espiritualidade, 162
  ética Devagar, 166
  explicação, 155-156
  filosofia, 160
  Kama Sutra, 162
  New Age, 161, 168
  workshops, 163-168
Tantra: The Art of Mind-Blowing Sex (Sampson), 163
Tantra: The Secret Power of Sex (Kale), 157
tarefas múltiplas, 20
Tarkington, Booth, 91
Taylor, Frederick, 34, 201
taylorismo, 35
Teale, Dahlia, 126
tecnologia, e o tempo, 37
telégrafo, o primeiro, 32
telefone celular, mania, 195
telefones, 32, 34, 195
televisão, 207, 244-245
tempo
  como algo cíclico, 36
  como algo finito, 38
  como algo linear, 36
  como moeda, 35
  consumismo e, 36
  controle e, 55
  definição, 28
  economia da informação e, 190-193
  filosofia e, 36
  influência, 27
  mensuração, 28
  no Japão, 36
  obsessão com, 41-42
  prazos e, 193-194
  saber o, 29-30
  tecnologia e, 37-38
  trabalho e, 189-193
  unidades, 28
tempo, doença do
  definição, 13
  escolarização em casa, 240
  mal-estar existencial, 39
  velocidade, 38
tempo, marcar o 28-29
  controle, 29-30
  mecanismos, 54
  objeto de sátira, 48
  precisão, 33
  resistência a, 48-49
tempo padrão, criação, 32-33
tempo, pobreza de, 35
tempo, pressão do, 28
tempo, trem do, 27
tempo do relógio, 30
tempo giusto, 24, 44
Tempo Giusto (movimento), 212-214
tempo natural, 29
Thoreau, Henry David, 49
Titchmarsh, Alan, 205
Tolstoi, Leon, 210
Toktology (livro), 161
toque de recolher, 30
trabalhar. *Ver também* trabalho compartilhado
  demais, 176
  dinheiro e, 175
  em casa, 175
  estresse, 176
  freelancers, 185
  horas de, 173-174
  menos, 177
  movimento Devagar e, 117-198
  na Europa, 175
  nos EUA, 175
  prestadores de serviço independentes, 185
  produtividade e, 176-177
  tecnologia e, 175
  tempo parcial, 179-180
trabalho, vício em, 177
trabalho compartilhado, 186-188. *Ver também* trabalhar; equilíbrio trabalho-vida

transcendentalistas, 49, 91
tricô, 202-204
turismo, 50
Turner, Janice, 178

U

Ultimate Training Centre, 135-137
Uncle Ben's, arroz, 60
Universidade de Ciências Gastronômicas, 63
urbanismo Devagar, 109
urbanização, 31, 32

V

Variações Goldberg (Bach), 212
velocidade e
  agricultura, 59
  bicicletas, 50
  críticos da, 50
  economia, 14, 53
  efeitos desumanizadores, 51
  espiritualidade, 51-52
  excesso de trabalho, 14-15
  exercícios, 18
  família, 18-19
  memória, 39
  mortalidade, 39
  reação química a, 39
  refeições em comum, 58-59
  sono, 16-17
  trens a vapor, 51

velocização, 39
Viagens de Gulliver, As (Swift), 48
Virilio, Paul, 207
Visser, Margaret, 58
Vitale, Alberto, 158-159
Vogler, abade, 214

W

Wallmann, Bernhard, 45
Warner, Charles Dudley, 49
Watson, Catherine, 145
Weekly Gendai (revista), 158
Wehmeyer, Grete, 216
Wilde, Oscar, 73, 80
Williams, Sherry, 98
Winfrey, Oprah, 208
Wood, Beth, 240
Wood, Claire, 250
Woods, Tiger, 129
Workaholics (Machlowitz), 175

Y

Yoffe, Jessie, 73
Young, Louisa, 208

Z

Zen and the Art of Knitting (Murphy), 202
Zidane, Zinedine, 79
Zunino, Viviane, 67

Este livro foi composto na tipografia Sabon
LT Std, em corpo 11/15, e impresso em
papel off-white no Sistema Cameron da
Divisão Gráfica da Distribuidora Record.